# 四大经典技术指标必胜术

戈　岩◎著

中国宇航出版社
·北京·

## 内容简介

本书主要对股市中的四大经典技术指标，即MACD指标、RSI指标、KDJ指标、CCI指标的原理、用法、使用法则、实战技巧等进行了详细的讲解和介绍，帮助投资者更好地掌握这四大经典技术指标的使用精髓、优点与缺点。同时，这四大经典指标的使用也是有条件的，最主要的两个条件是克服人性的贪、恋、恐、迁、急和趋势向上，所以本书前两章主要讲解了人性和趋势。投资者在克服人性弱点的基础上，将这四大经典技术指标很好地应用于股市，构建自己的交易模型，必将获得稳定的盈利。



**图书在版编目（ＣＩＰ）数据**

四大经典技术指标必胜术 / 戈岩著. -- 北京 : 中国宇航出版社, 2018.10（2021.10重印）
ISBN 978-7-5159-1509-8

Ⅰ. ①四… Ⅱ. ①戈… Ⅲ. ①股票交易－基本知识 Ⅳ. ①F830.91

中国版本图书馆CIP数据核字(2018)第189550号

**策划编辑** 田芳卿
**责任编辑** 卢　珊　　**装帧设计** 宇星文化

**出版发行** 中国宇航出版社
**社　址** 北京市阜成路8号　**邮　编** 100830
(010)60286808　(010)68768548
**网　址** www.caphbook.com
**经　销** 新华书店
**发行部** (010)60286888　(010)68371900
(010)60286887　(010)60286804(传真)
**零售店** 读者服务部
(010)68371105
**承　印** 北京天顺鸿彩印有限公司

**版　次** 2018年10月第1版
2021年10月第2次印刷
**规　格** 787×1092
**开　本** 1/16
**印　张** 15.25
**字　数** 198千字
**书　号** ISBN 978-7-5159-1509-8
**定　价** 48.00元

# 前言
## Preface

进入股市，相信每位朋友都会有一个梦想，就是梦想着以小博大，在股市中有所收获、有所成就。不管你是刚入市的新手还是“沙场”老将，有没有感觉到在这个市场很难赚钱呢？有没有感觉到实际操作与研究中或想象中根本不是一回事呢？止损似乎非常难，割肉似乎不能承受。市场有时令你灰心丧气，甚至绝望。这些我都经历过。

我在摸爬滚打中，在血与火的洗礼中，一路前行。我试图探索市场的规律，潜心研究十几年，寻找简单、实用、有效的操作方法，经历了无数个不眠之夜，似乎有生以来从来没有这么积极过。我曾经茫然过，徘徊过，甚至绝望过，但最终战胜了自己。

尽管这条路布满荆棘，到处是陷阱，但我靠着这些技术分析方法一路走到今天，且斩获颇丰，觉得非常欣慰。

在诸多的技术分析方法中，技术指标是非常重要的一种，是成千上万市场参与者心血的结晶。随着证券市场的发展，有一两百种技术指标问世，但真正能经得住市场检验的就没几种了。据调查，MACD、RSI、KDJ、CCI这四种技术指标，无论是在股票市场，还是在期货、外汇市场，都是应用人数最多、效果最好、最能经受得住市场检验的，是投资者公认的四大经典技术分析工具。

很多投资者对技术指标只是略懂一二，认识是表面的、肤浅的，有时候应用起来没有自己想象的效果好，便认为技术指标没有指导作用；还有的投资者认为技术指标大部分是根据股价计算出来的，是滞后的，甚至认为是没有参考价值的。其实这些认识是建立在一知半解基础上的，是不全面的，甚至是错误的。

学习技术指标数量不必太多，这四大经典技术指标足够让你赚得盆满钵溢了，它们有看趋势的，有看强弱的，有看股价高低的，有寻找买卖点的。十八般武艺不必样样精通，能精通三四种就够了。与其花许多时间与精力去凿许多浅井，不如花同样多的时间和精力凿一口深井。

关于技术指标的书籍，市面上非常多，但都是泛泛介绍指标的基本用法的，实用价值不大。对技术指标一知半解，无异于小孩玩刀。要真正掌握一种技术指标，只了解基本用法是远远不够的，还应该知道它的来龙去脉、优缺点、缺点如何弥补、技术指标本身所具有的秘招，只有了解了这些，才能提高胜算的概率，本书就是向你揭示技术指标的精髓。

证券市场上没有百分之百的事情，但如果你严格按照本书的要求去做，长期坚持下来，收益一定会大大提高。我做了七八年的周末投资沙龙，这些理论和方法经过了无数人、无数次的检验。请大家记住，四大经典技术指标是有使用条件的，最主要的两个条件是克服人性的贪、恋、恐、迁、急和趋势向上，所以本书的第一章和第二章写了人性和趋势。

这本书是我实战经验的总结，希望大家读完后能少走一些弯路，能在市场中翻身，能够扬眉吐气，希望这本书能改变你在股市中的命运。

献给我亲爱的读者。

**戈 岩**

2018 年 9 月

# 目 录
Contents

# 第一章　心态第一位

阻碍普通投资者成功的不是股票运行有多复杂，而是因为人性有很多弱点。可以说股市的特性就是根据人性的弱点设计出来的，是对人性弱点的挑战。普通投资者要想成为股市中的赢家，要想以炒股为生，就必须了解股市特性与人性弱点之间的关系。

## 第一节 股民为什么很难赚钱

中国证券交易所在 1990 年诞生，发展到今天，经历了 20 多年的风风雨雨，逐渐成熟和完善，市场规模不断扩大，投资人数不断增加，截至 2018 年 6 月，A 股开户数已达 1.4 亿。

证券市场有其自身的运行法则，“二八现象”不可避免。一批又一批新股民踌躇满志地投入其中，一批又一批的老股民被淘汰出局，基本上三四年换一拨人，能坚持下来的少之又少。“铁打的营盘流水的兵”，这是股票市场的真实写照。十几年来，笔者基本上每个周末都组织投资沙龙，和股民们悉心交流投资与技术分析策略。据笔者了解，大部分股民都成了“套牢族”和“股票收藏专家”，最终能够从股市赚到钱的人少之又少，能成为市场中常胜将军的，更是凤毛麟角。

表 1–1 是光大证券北京某营业部的投资者盈亏及仓位情况调查表。

表 1–1 股民盈亏比例调查表

| 市况 | 调查人数 | 盈利比例 | 亏损比例 | 仓位情况 |
| --- | --- | --- | --- | --- |
| 牛市 | 1000 | 17.4% | 52.1% | 93.3% |
| 熊市 | 1000 | 6.7% | 81.6% | 76.5% |
| 震荡市 | 1000 | 9.2% | 76.8% | 82.7% |

最终能从股市挣到钱的人为什么这么少呢？

首先，炒股是一种负和游戏，随着交易次数的增加，印花税和交易佣金也在不断增加。在交易过程中，市场本身不会产生利润，只能减少资金。参与炒股这种游戏，无非是把你账户上的钱转移到了他的账户上，把中小散户账户上的钱转移到了主力或机构账户上。

其次，中小散户大多数是非专业投资者，缺乏专业的投资知识和投资技巧，对技术分析完全不了解或一知半解，还有些半信半疑。股价涨了，他们还想涨得更高，不知道何处是头部；股价跌了，他们不愿意吃小亏止损，舍不得斩仓卖出，结果是越套越深。他们不善于总结经验和教训，找不到股价涨跌的规律。他们买入时缺乏观察和研究，急于买入，有些性格急躁的人不能看到盘面红，盘面一红，他们的眼睛马上就跟着红了，恨不得立刻全仓买入，好像现在不买，这一波行情就抓不住了。他们喜欢四处打探消息，每天上网，看电视，听广播，看报纸，听股评，到证券公司了解市场形势。

我们所处的时代是信息时代，信息满天飞。中小散户缺乏投资专业知识，搞不清楚哪些信息有用，哪些信息没用，分辨不清信息的真假。他们常常相信证券公司提供的信息，只要是证券公司推荐的股票，很可能毫不犹豫地买入。但中小散户常常忘了一个不争的事实：那就是所有证券公司提供交易服务的目的，都是为了赚取投资者反复交易的佣金。

事实上，证券公司与中小散户是相依为命的兄弟，他们相互依存，中小散户需要证券公司为他们提供良好的交易服务，特别是基本面分析、技术分析、心理分析等方面的服务。证券公司需要中小散户支付交易佣金，这种交易佣金的来源是中小散户不断的买卖行为。他们买卖的次数越多，证券公司的收入就越多，效益就越好。

有些证券公司可能天天发布股市早评、收评、投资策略、投资信息等，建议中小散户今天买这只股票，明天买那只股票。虽然证券公司也建议中小散户做中长线投资，但中小散户并不精通技术分析，心情急躁，根本做不了中长线。券商之间的竞争也越来越激烈，大部分证券公司服务质量都不错，他们不但关心投资者能交多少税，能支付多少交易佣金，还关心投资者能否赚钱以及赚多少钱。

有些股评人或分析师职业道德不高，兴风作浪是他们的本性。他们想方设法地促使中小散户不断地买卖，以增加成交量，增加收益，手段也不外乎不断地推荐股票，或不断地制造和传播能够使中小散户卖出和买入的利空或利多信息。这也是证监会严厉打击的行为。中小散户对信息缺乏研判能力，不能研判其真假，只有追随。

市场主力或机构也需要信息，他们具有资金量大的优势，能够对市场产生一定的影响，也需要制造一些信息来完成建仓和出货。可以说，有些信息就是主力或机构的代言人故意散布的。主力为达到最终盈利的目的，会在他们建完仓后让信息与市场同向发展，在拉高到一定的目标价位后就会反信息操作。当然他们不会告诉投资者手心已变成手背了，若是那样，岂不作茧自缚，把自己深深套牢。

其实主力和中小散户的关系就像猫和老鼠的关系，主力就是猫，中小散户是老鼠。在伸手不见五指的夜里，猫拿着手电筒照着一块肉，对老鼠说："前面有一块肉，快去吃！快去吃！"等老鼠刚吃到那块肉，猫立刻就把老鼠逮住了。猫对老鼠说前面有块肉，目的是为了更快、更方便地逮住老鼠。

主力建完仓后，需要中小散户给他们抬轿，把股价抬高，这时他们发布的利好信息往往是真实的。等股价拉升到一定的高度，利好信息就是假的了，所以牛市结束前往往都是利多频出的时候。

2007 年，当指数涨到 6124 点的时候，很多分析师和股评家都预测指数能涨到 10000 点，因为 2008 年是奥运年，当时宏观经济形势一片大好。结果，当中小散户在 6000 多点买入股票后，价格一路下跌，其间连个像样的反弹都没有，很多中小散户倾家荡产，股市中白骨累累。

熊市结束前往往都是利空频出的阶段。当指数跌到 1664 点的时候，分析师和股评家站出来说，熊市不言底，地板下面有地下室，地下室下面有十八层地狱，意在忽悠中小散户赶紧割肉斩仓。

2014 年和 2015 年的情况也是如此。

令人悲哀的是，中小散户不懂技术分析，不知道利多利空本质上是为谁而出。很多人在牛市中把所有家底都拿了出来，到了熊市末期，资金已经赔掉了百分之七八十，如果再不斩仓，可能会赔光所有的钱，导致家庭出现危机，两口子天天吵架闹离婚。这时大家恐慌至极，无论谁再说什么，他们都听不进去了，不卖出股票就吃不下饭，睡不着觉。

中小散户只知道市场有机构和主力，悲哀之处在于不知道主力到底是谁。中小散户看不懂主力、市场、政策、信息相互之间的本质联系，自然就不知道主力何时翻手为云，何时覆手为雨，只好一次又一次地在价格的波动中割肉了。

股价头部一日，底部百日。牛市末期反转下跌，市场会急转直下，在大多数股民还在期盼更好的行情时，已经严重套牢了。中小散户有的会在熊市中期割肉，有的甚至在熊市末期割肉，市场中尸骨遍野，非常凄惨。

牛市再次来临前，中小散户还惊魂未定，不敢贸然买入。等到股价上涨一大波时，中小散户开始追进。但是他们刚买入，股价又开始调整了。历史总是会重演，他们又被套牢了，吃了连环套。

市场经过回档整理后，前期进场的中小散户已下决心补仓降低成本，没进场的中小散户蠢蠢欲动。这时机构或主力便会制造各种信息，“黄鼠狼给鸡拜年”，建议股民防范风险，逢高减仓，多看少动，最好以持币观望为主。就在这些“善意”“感人”的信息帮助下，绝大多数中小散户都会在股价突破底部反转形态的位置卖出股票，随后期待市场再次回头。然而事与愿违，当确认牛市已是事实时，中小散户已被远远地抛在后面。

牛市狂飙猛进时，市场会利好频出，机构或主力不辞劳苦地用一切手段煽动股民说“股市是经济的晴雨表”，股市飙升是市场的内在需要，是经济发展的必然结果，是正常的。在这种氛围中，中小散户自然反空做多，在牛市末期又一次做市场主力的接班人，高高地站在山峰上，再次无奈地等待着“援军”的到来。

主力套牢的情况很少，他们一旦套牢，可以通过抵押股票或其他融资方式在股价底部摊平成本，或拉高股价在高位出局。股民除了割肉就只能认套了，股市中是没有“援军”的，结果历史再次重演。这便是整天泡在股票市场中的股民群体永远无法逃脱的命运。

股民心理与股价走势，如图 1-1 所示。

中小散户将家底投入股市，不是来当接盘侠的，而是来投资赚钱的。要想赚钱，就得明白股市的游戏规则。天上不会掉馅饼，天上有什么，有风、有雨、有雪、有沙尘暴，偶尔还会掉个花盆。即使掉馅饼，也是画着馅饼图案的陷阱。

股市里僧多粥少，中小散户要喝粥，机构和主力更要喝粥，粥不够怎么办？和主力打正规战，必被其玩残；和主力打游击战，必被其玩散；和主力和平共处，异想天开；和主力你死我活地争斗，死得更快。怎么办？只有一招：把技术分析学精学通，发挥资金灵活、船小好掉头的优势，比机构进得更快，比机构跑得更快。

在主力做波段时，中小散户顺应市场走势，只吃主力进货拉高的差价，稍涨就卖，让主力接盘，岂不是能狠狠地吃主力一口。这叫只吃肉不啃骨头。多吃他几口，主力对此也无可奈何，中小散户也就可以赚得盆满钵满了。

其他情况依此类推。务必记住，散户出手一定要快。

达尔文曾说过，在生物界能够生存下来的，不是体格最强大的，也不是最有力量的，而是能够快速适应环境变化的，适者生存。证券市场也是如此，不在乎你明不明白行情，而在乎你能否变得更快。

心理素质要稳，分析要准，出手要狠。这是股民在初级阶段制胜的不二法门。

股市中没有专家，只有输家和赢家。

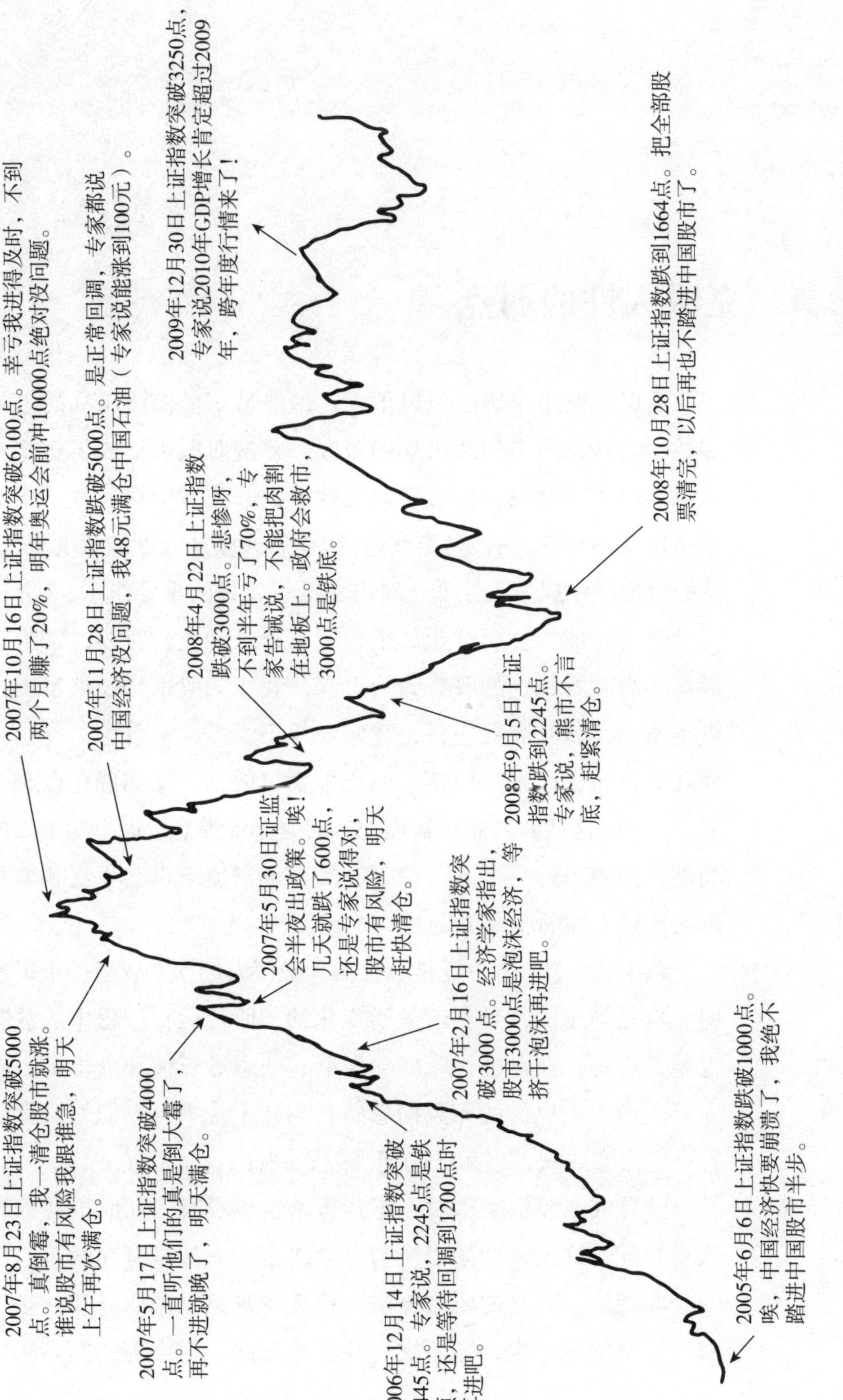


图 1–1　股民心理与股价走势图

# 第二节　克服人性的弱点

股民在股市中历经风风雨雨，最终被市场淘汰出局的占绝大多数。这些从股市淘汰出局的股民，普遍对股市形成了这样一种认识：股市是赌场，没有任何规律可循，盈亏全靠运气，赚不到钱是运气不好，赚到钱是走红运。很少有人会从人性的角度去分析，从股价涨跌中探索人性变化对市场运行发挥的重要作用。

笔者在证券公司营业部组织周末投资沙龙的时候，常听有人说："当时看到别的股票天天上涨，我买的股票却稳如泰山，一点也不动，就是死股一只，我实在等不及了，一着急，一生气，就在低位卖出了这只股票。要是不卖出的话，拿到现在也赚不少钱了。"说这话的人并不知道他当时是不能着急，也不能生气的。当然，换成另外一个人，在当时的市场情境下也会生气和着急，因为这是人性的弱点决定的。

急、贪、恐、恋、迁是股民的大敌。人们常常忽略一个事实，即股价是动态的，是不断运动变化的，股价运行过程中的涨跌、盘整、震荡，在电视、广播、报纸、杂志等媒体和分析师、股评人等业内人士提供的无数信息的影响和干扰下，人们无法肯定股价一定会涨或跌，也无法确定涨或跌到什么位置。

没有人在股价跳水时不感到害怕，也没有人在股价猛涨时不欣喜若狂，这是人性的恐惧与贪婪决定的。如果身在股市，没有一套客观的、成熟的研判方法，单凭主观感觉采取行动，必定失败。你可能赢一次，赢两次，甚至赢三次，但当你买卖多次时，就会发现一半盈利和一半亏损，如果加上交易费用的话，亏损的数量肯定多于盈利的数量，因为这时概率开始发挥作用了。盈亏次数差不多，但是每次亏损亏得多，盈利反而少，这正是大多数人为什么炒股时间越长，赚钱反而越少甚至亏本的主要原因。

刚进入股票市场，人们常有五种反应，这些反应是由人性决定的，很难改变。

第一个反应是“急”。刚进入市场，新手总是迫不及待地要买入。特别是在股价上涨的时候，舍不得空仓，恨不得把家里所有的钱都拿出来买股票。买入股票后，看到其他股票上涨，自己买进的股票却原地踏步，特别是大盘上涨的幅度较大，自己的个股没怎么涨时，新手们又急了，马上把手里的“死股”割掉，找一匹“快马”骑上。谁知刚换完股，“死股”却飙升起来，而“快马”开始休息和调整了。这些股民两边挨耳光，真是有苦说不出。

第二个反应是“贪”。股票价格一旦上涨便欣喜若狂，并且股价越涨越不卖，希望涨得越多越好。

有人调查了一些没赚钱的股民，从中发现，大多数股民都太贪了，以至于牛市中的盈利又吐了回去，如表 1–2 所示。

表 1–2 股民调查表

| 类型 | 涨幅 | 所占比例 |
|---|---|---|
| 1 | 涨过 10% 没及时卖出 | 7.73% |
| 2 | 涨过 5% 没及时卖出 | 16.21% |
| 3 | 涨过 2.5% 没及时卖出 | 63.95% |
| 4 | 涨过 1.5% 没及时卖出 | 7.14% |
| 5 | 根本就没涨过 | 4.97% |

从以上调查表中可以发现如下现象。

（1）股价涨过 10% 以后，投资者有本能的落袋为安的愿望。在这种情况下，没赚钱的比例不大。

（2）股价涨过 5% 以后，有的投资者希望再涨一些。在这种情况下，没赚钱的比例开始增加。

（3）股价涨过 2.5% 以后，给投资者一种利润微薄，还不到抛售的时候的感觉。在这种情况下，有大量的投资者没赚钱。

（4）股价买进后根本就没涨过，或者只涨了 1.5%。在这种情况下，没赚钱的比例也不大。投资者买入股票前主观上都做了努力，希望选到能上涨的股票。实际上选股后涨幅不到 1.5% 的操作次数本身比例并不大。

第三个反应是“恐”。买入股票后，一旦价格下跌，就开始恐慌甚至不能自制，有的人甚至吃不下饭，睡不着觉。特别是在熊市末期，长期套牢，苦不堪言，实在是赔怕了。有的人还会想，如果把股市里的这些钱赔完，后果将不堪设想。

第四个反应是“恋”。一旦在某只股票上赚了钱，就会产生一种迷恋的感觉，总要去关注它，往往再度介入。如果错过了一只涨得非常好的股票，在后市中也会经常关注，从而影响选股思路。

第五个反应是“迁”。当自己买入的股票不涨或涨得慢，其他股票涨势非常好时，便会产生见异思迁的念头，继而导致卖出手上这只，买入涨得较多的个股。五马倒六羊，资金会越来越少。

图 1–2 能很好地反映人性的弱点。

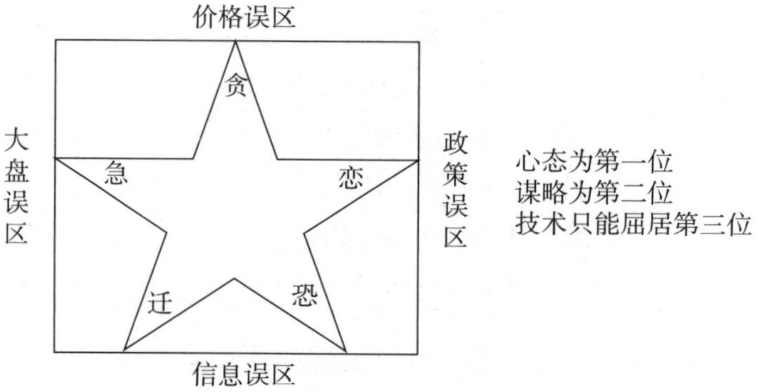


图 1–2　人性弱点与四大致命误区

股票炒作失败的原因有时不在于懂与不懂，因为炒股的知识都可以通过实践和学习获得，失败主要是由人性的弱点导致的。

所以说，股市中懂与不懂是相对的，人性的弱点是绝对的。只有克服了人性的弱点，才能保证操作的客观性、正确性。只有通过对既定的客观条件的衡量，才能有效地进行买卖。

买卖股票的客观依据有两点：一是股价的运行趋势，二是在上升趋势中找次低点买入。有了可靠的客观根据，人们才能不再跟着感觉走，股票投资才能有的放矢。

## 第三节　走出四大致命误区

股市中没有专家，只有输家和赢家。只要从过去的错误中总结教训，在别人的经验中学习，最终就有可能成为赢家。

凡是参与过股票投资的人，实际操作中都不可避免地怀有某种理念或想法，这种理念或想法不外乎是对下述诸方面的认识，即大盘、信息、政策、价格等的重视程度。然而人们并没有意识到自己正陷于某种错误的理念之中，实际上是走进了一种误区，人们很难意识到这种错误理念对自己的控制作用。

下面分别对四大误区进行分析。

### 一、大盘误区

看大盘指数涨跌进行买卖的人，很少意识到在指数大幅下跌的同时，总有个别股票价格走势强劲，一路上扬，与大盘指数背道而驰。普通投资者坚守大势不好不能投资的理念，就错过了不少投资机会。

相反，在大盘指数上涨时，他们认为是牛市，于是不加区分地追涨或捂住手中的股票不放，甚至那些本身已处于下跌趋势的股票，也要紧紧地捂住。这类投资者的误区在于忽略了投资或炒作的对象是个股这个主体，过分注重大盘这一客体的变化，导致主次不分，本末倒置。其实 90% 以上的股民都会受大盘指数涨跌的影响。

大家知道，大盘指数是所有个股走势的一种综合反映。对于大盘来说，你不买，我不卖，关注它的意义不大。那么，大盘的涨跌究竟有没有作用呢？当然有作用，这个作用就是助涨助跌。大盘好时，你手中的个股可能涨得好些；大盘跌时，你手中的个股可能跌得多些。

建议大家操作时要重视个股，轻视大盘。买股票要买趋势，这里所说的趋势是个股的涨升趋势而非大盘的涨升趋势。大盘涨跌对个股走势有影响，但影响不大，个别股票的涨跌是由其自身的趋势和量价关系以及强弱转化决定的。在股票市场中，存在着各种各样的信息，这些信息都是关于大盘或个股的。实际上，这些并不是最重要的。技术分析有一个重要的前提条件，即股价走势已经包容消化了一切因素。股价正在前进的方向是最值得重视的，只有从中发现股价运行趋势，方可做到有的放矢，降低操作风险，提高胜算概率。

下面这段话，应该作为股票投资与炒作的基本原则。

大盘就像浩瀚的海洋，
暗潮汹涌，波涛疯狂。
不要去猜测暗潮的方向，
那只能让你浪费时间，
更加迷茫。
给自己建造一艘诺亚方舟吧，
用技术分析完善操作系统，
去把握正确的航向，
静心悟道，激情创意，

勇敢地做一名股海中的弄潮儿。
月黑风高不可怕，
只要你掌握正确的航向，
就能一步步走向胜利，
最终走向辉煌。

大盘不能像个股那样买卖，所以大盘指数代表的市场并不真实存在，你的股票是根据自身情况的变化而变化。大部分投资者都把注意力过分集中在了大盘指数的变化上，淡化了个股走势的重要性。

不管大盘走势如何，选择底部确认的股票建仓买入，把功夫下在研判个股底部形态及上升趋势上，才能获得事半功倍的效果。把对大盘的注意力转移至个股上，注意力会更集中，更有效。

趋势有三种：上升趋势、下降趋势和盘整趋势。上升趋势又分为三个阶段：累积阶段、主升阶段和末升阶段。研判的目的是选择股票主升阶段启动时的临界点。在大盘进入调整时，某只个股可能正处于主升阶段启动的临界点，从波浪理论来看，这就是主升浪的启动点。至于如何抓住主升浪，请参考《选出大牛股——波浪理论实战技巧》一书。能够及时辨认并行动，才是判定职业操盘手水准的试金石。

人们在操作中很容易忽略个股目前价格走势的趋势性，过于迷恋狭小的股价波动，加上受大盘走势的影响，更易降低对个股独立趋势的判断。事实上，不管大盘是牛市还是熊市，总会有独立于大盘走势“自行其势”的股票。实战中，真正的重点是研判将启动主升浪的股票，而非关注大盘的潮涨潮落。

## 二、信息误区

追随信息炒作的人们认为，没有利好信息的刺激，股价便不会涨升，因为市场实践中常会出现利好后股价产生或短暂或长时间的涨升。这类人错误地视利好信息为股价上涨的动力，其实市场上常有利好反跌、利空反涨的现象，不能机械地认为有利好信息股价就会上涨。信息对股价走势的影响只是短暂的，信息本身不可能根本扭转股价走势的大方向，只有在股价上升趋势相应的位置，信息方能起到一些推波助澜或是导火索的作用，价格走势内在的真正动力是其趋势及循环周期。在操作过程中，信息只能作为参考，不能作为操作的依据。

股市中的信息多如牛毛，有政治的、经济的、军事的、科技的、大盘的、个股的、权威的、小道的、利多的、利空的，等等。搜集、加工和整理这些信息，对于没有专业知识的股民来说很困难，辨别这些信息的真伪，更是难上加难。

实际上，信息本身并不重要，股价对于信息作出了怎样的回应才是最重要的，所以最重要的还是观察盘面的走势。常常出现有利好时股价却下跌、有利空时股价却上涨的现象。人们对这种情况的解读是，利好不涨是因为机构打压，利空不跌是因为机构护盘。不管如何解释，问题的关键是实际走势。不管主力是打压也好，护盘也罢，你不是机构肚子里的蛔虫，你永远无法知道机构和主力的真实想法。所谓的打压和护盘，不过是散户自己的想象罢了。

无论新闻报道、媒体信息、权威人士评论或小道消息，对于广大中小散户来说，都无法确认其信息的正确性、完整性、及时性、一致性甚至欺骗性。就算能够确认，对散户来说意义也不大。股价是否真正按信息指示的方向运动，这对于散户来说才是第一位的。事实上，股价走势已经包容消化了一切因素，股价走势已经摆在那里了，用不着复杂地思考，按股价走势进行操作，才是硬道理。

市场上总是有人把精力花在收集各种信息上，忽略了对股价现行走势的跟踪和判断，以至于走进了信息误区，这是错误的。信息是要了解，但要对信息有批判性地认识，并且信息只能作为辅助性的参考，不能作为操作行动的指令。股价走势及量能与价格的关系，才是买进卖出的决定因素。

对于没有分辨能力的股民来说，股市中的虚假信息是害群之马。不论传播的是好的还是坏的信息，都会对股民的信心与判断产生重大影响。对很多散户来说，收集信息常常会取代理智的研判，从而导致不理智的买卖行为。

## 三、政策误区

根据政策进行投资的人们错误地认为中国股市是政策市，政策的变化决定股价的走势。他们的指导思想是唯利好政策买入，唯利空政策卖出，却全然忘掉了政策变化与市场走势的对应关系，忽略了股价走势的规律性和阶段性。

实践证明，股价走势与政策相互影响，互为因果。国家政策对市场走势有至关重要的影响，然而政策的出台又是市场走势带来的结果，即什么样的市场走势决定什么样的政策出台。政策调整走势，走势修改政策。

因为股票市场走势反映国家整体经济状况，为保证经济的稳定发展，股市过热时需要冷却，股市过冷时需要刺激。对股市过热及过冷修正的有利措施非政策莫属，所以只要跟踪股市走势，就会提前知道什么样的政策将会出台，是冷却性政策还是刺激性政策。冷热政策的出台不是随意的，而是根据一定的时间周期循环进行，因而导致市场走势也是循环波动的。走势的循环又会导致政策循环，这就是市场与政策的互动定律，也是国家经济行为之定律。

政策出台的偶然性是现象，政策出台的必然性是本质。股民往往感到重大政策的出台很偶然，原因是忽略了市场走势的预警信号。实际上，在每一项重大政策出台前，市场走势基本上都走到了相对极端的位置，政策正处于呼之欲出的势态，这就是政策出台前的基本条件。如 2008 年上证指数跌到 1664 点的时候，国家出台了 4 万亿投资计划。

如同供热锅炉原理一样，要保持锅炉的温度，就要增加燃料。当水温达到一定的温度后，又要适当地降低水温，否则锅炉就有爆炸的可能。可是当水温过低时，又需要提高水温以维持供暖，这是一种平衡关系。

股票市场也一样，它存在的意义是维持和促进经济发展，与经济发展也是一种平衡关系。当市场过于低迷时，就是流入市场的资金太少，为促进经济发展，就需要刺激市场，也就需要调整政策。

设立证券市场的目的是融资。市场过于低迷时，就不会有人来投资，也就无法融到资金。市场涨升过猛时，后续资金就会有问题，有出现崩盘的可能。所以在市场过于低迷的情况下，容易出现重大利好，否则相反。

政策的出台并不是偶然的，它是根据国家经济发展的需要，根据市场的走势制定的，大家要看清出台政策的本质。例如西部大开发、振兴东北工业区等政策出台，可能给西部板块和东北板块的股票带来利好，但这些板块所有的股票不一定都涨，即使涨也有可能是“一日游”行情。

## 四、价格误区

新手看价，老手看量，高手看势。以价格高低决定买卖的投资者，认为股价之所以涨升是因为它有涨升的潜能，即它的价格很低。这一点是对的，然而仅有这一点不足以构成价格启动涨升的基础，它只能是涨升的条件之一。低廉的股价只有在其走势生命周期的谷底末段出现，多数投资者认为它将上涨时，才能开始上涨。同理，某些股票的价格可能很高，也不能说明它将会下跌，问题的关键是该股票的价格走势处于什么样的周期阶段。

投资者操作过程中，常会在媒体上看到专家提示：中价股该涨了或低价股该涨了，再或高价股该跌了。这都是不负责任的臆断。同样价位的股票，价格走势的循环周期是不同的，股票的循环周期和个体属性也是不同的，所处的价格循环周期的阶段位置也不同，怎么可能单纯以价位来判断呢？

每股 5 元的股票大部分人认为它很便宜，可是这么便宜的股票跌到了 3 元，如图 1–3 所示。

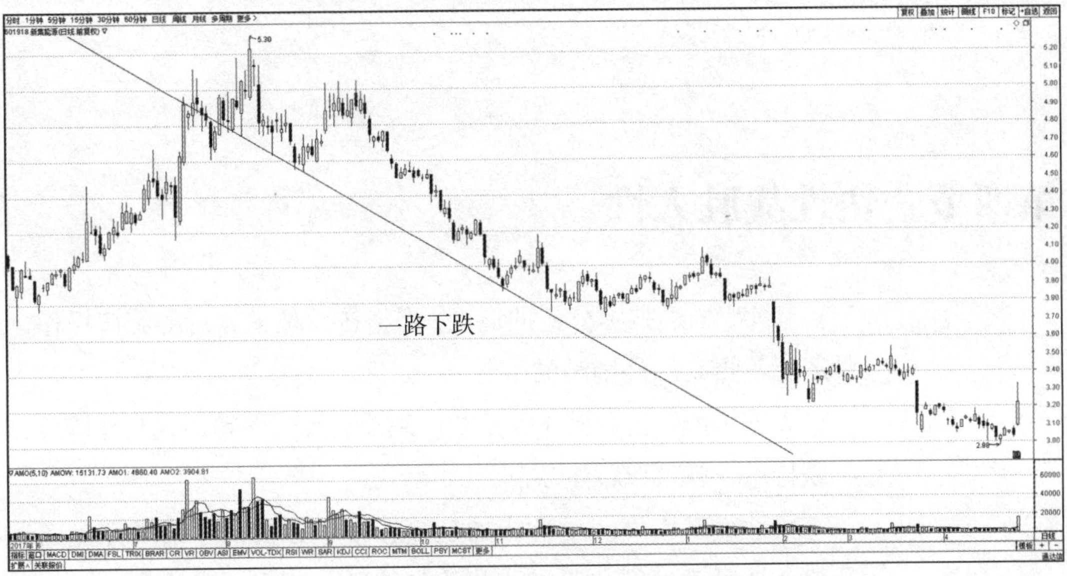


图 1–3　新集能源（601918）走势图

200 多元的股票大部分人认为它很贵了，可是这么贵的股票会涨到每股将近 800 元，如图 1–4 所示。

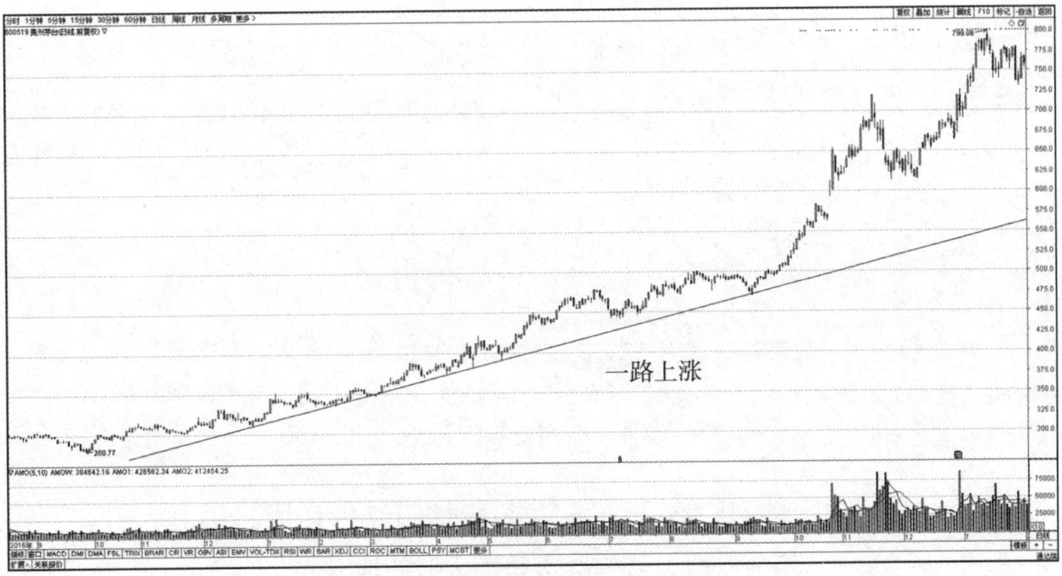


图 1–4　贵州茅台（600519）走势图

# 第四节　悟性战胜人性

其实，悟透技术分析的道理，严格按照技术分析的纪律操作，炒股就不再是一件困难的事。

大道至简，股市操作就是找底和顶。找到底和顶，上升持股，下跌持币，就可以稳定获利。

悟性战胜人性。悟性指的是熟悉技术分析，仔细研究盘面，严格按照科学的操作系统去操作，战胜急、贪、恐、恋、迁，坚持下来，就能成为一名操盘高手，如图 1-5 所示。

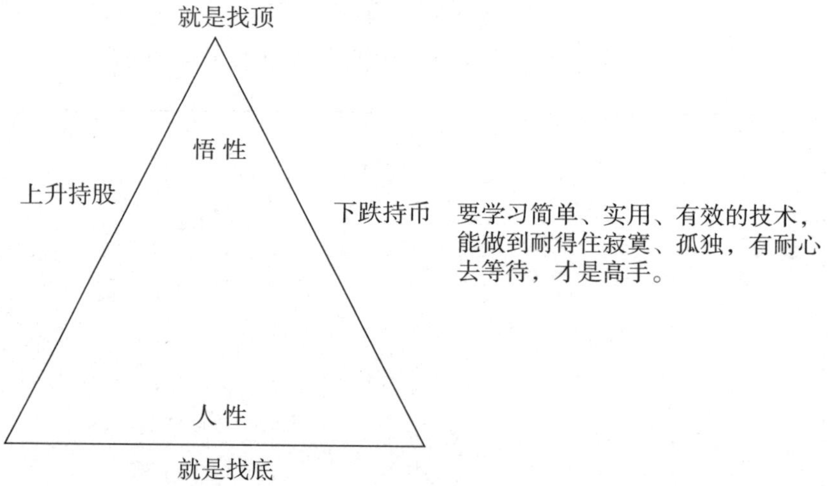


图 1-5　悟性战胜人性

学习技术分析，一般要经过以下五个阶段。

第一阶段，认为股市是赚大钱的地方。

这是投资者开始交易的第一个阶段。由于听过众多百万富翁的发家史和朋友炒股挣钱的经历，你知道“交易”是一个能赚大钱的买卖，于是想进入股市大赚一笔。

不幸的是，就像你第一次坐在方向盘前开车一样，一开始有点手忙脚乱。在一夜暴富思想的影响下，你开始不停地交易，不停地亏损。有时你一买进，股价就往下跌，于是你又卖出，买进—卖出—买进—卖出……行情好时你可能赚点儿钱，不过这更糟，你以为炒股太简单了，然后开始“随心所欲”地操作。出现亏损时，你就尝试加仓去摊平成本，就像赌博时，这次输了一元，下次就赌两元。有时，你侥幸地赢了回来，更多的时候却是断手断脚。这时，你已经完全忘记自己还是一名炒股新手。

这个阶段通常不会持续很长时间，随着对股市的了解和周围信息的增加，很快你就会进入到第二阶段。

第二阶段，认为在股市赚钱很难。

在这个阶段，你认识到要想通过炒股获利，还有不少功课要做，意识到自己还缺少真正可以获利的技术和能力。

于是你开始阅读一些炒股的书籍，试图探索一套盈利技术。从葛兰碧八大买卖法则、道氏理论开始，接着学习各种技术指标，希望用最短的时间获得收益。但是实践证明，你还是在给市场交学费。

又过了一段时间，你开始懂得要综合看盘，要把技术分析工具组合在一起。于是你在盘面上设置了各种指标，例如KDJ+MACD+RSI，又或是移动平均线 +KDJ 之类。

你想找到炒股必胜术，周而复始地寻找各种技术分析方法。每次想到一种方法，就会欣喜若狂，希望自己找到的是“屠龙术”。

你想成为一个最低点买进、最高点卖出的“大师”，试图用你的技术分析方法寻找市场反转的精确点位。尽管你发现还是在亏损，但仍然坚持不懈地寻找，因为你坚信自己的做法是正确的。

你希望在电视、报纸、股评、投资报告会上遇到高手。如果遇到高手，你可能会问他，手中的个股套牢了该怎么办？其实你想听到的是：继续持股，不用担心，总有一天你会解套的。就算他建议你卖出，你也会用怀疑的眼光看着他。

你可能还会在网上找一个“股神”来跟着他操作，这个“股神”向你保证跟着他操作肯定赚钱，并且告诉你他以前的业绩有多好。当然，通常这种“保证”是收费的。不论这个“股神”是真神还是假神，你还是没办法赚钱。

其实，技术分析是一门统计学的旁支。没有一种技术分析工具是百分之百准确的，能超过70%就算很不错了。技术分析高手，比到最后比的是心态，不是交易系统或交易工具。

这个阶段可能会持续数年，可能会经历无数次打击，很多人通常会彻底退出，远离股市。

大约60%的新手在前3个月就放弃了炒股。试想一下，如果炒股是一件容易的事，那得有多少人成为富翁！另外20%的人在坚持了一年后，可能也缴械投降了。

只有20%的人会坚持3年之久。四五年之后，只有5%~10%的人能真正坚持下来，而且他们开始慢慢地赚钱了。

以上这些统计数据都来自真实的资料，并不是笔者凭空想象出来的。

可能你已经在股市沉浮了五六年甚至十几年，可能你已经投入了比想象中多得多的时间和金钱，退出股市又进入股市，这样的循环已经无数次了。你也曾经有许多次想要彻底放弃，但是这时股市已经深深地融入了你的血液之中，想退也退不出来了。

某一天，在某个瞬间，你突然进入了第三个阶段。

第三阶段，豁然开朗。

非常偶然的一天，你意识到只要心态稳定，资金管理适当，其实只看一条移动平均线或一个指标就可以赚钱了。从此，你开始读一些关于投资心态的文章。当你将书中描绘的角色与自己对号入座时，就豁然开朗了。

你突然意识到，不仅是你，所有人都无法精确地预测到下一个 10 秒市场会怎么走，更别说下一个小时或下一个交易日了。

有了这种意识，你不再关注其他人想什么，各种信息似乎对你都没有太大的影响。你开始成为一个绝缘体，只按照自己的交易策略来炒股，而且风险也在你的掌控之中。

你开始用属于你的交易系统来操作，只是简单地买与卖，成功的概率却越来越大，结果证明你的交易策略是可行的。

你终于不再有一夜暴富的想法，认识到炒股是一个长期的过程，只要一直坚持自己的交易系统，遵守自己的交易纪律，最终是会实现盈利的。

你学会了仓位管理和风险控制，认识到在股市中经验的积累通常比知识的积累更重要。每个大师级的人物，似乎在年轻时都经历过类似的惨痛教训，这个市场也一直在重复着这样的故事。

豁然开朗出现在你无法准确预测市场的那一瞬间。

第四阶段，在股市可以赚到钱。

你严格按照自己的交易系统操作，接受亏损就像接受获利一样。你现在懂得“截断亏损，让利润奔跑”的含义了。不过亏损还是经常有，但通常不会亏大钱。

这时你仍然在继续研究和思考你的交易系统，在这个过程中，你的获利次数已经持续多于亏损次数了。

随着实践经验的不断积累，你的交易系统也在不断地完善。每次下单时你都会仔细思考，不像之前几个阶段那样轻易出手。操作不顺利时，你会休息一段时间，找出问题所在。你思考问题的时间比之前多了许多，花在交易上的时间却比之前少了许多。

这个阶段将会持续一段时间。

第五阶段，在股市能持续赚到钱。

这时你的交易已经到了一种“行云流水”的状态，开始做真正的“大交易”了。不过无论盈亏，你的情绪都非常稳定，因为获利而兴奋，因为亏损而沮丧，对你来说似乎是一件很遥远的事情。

当你在网络或电视上看到有人推荐个股，引得投资者趋之若鹜时，好像看见了自己的影子，不过那已经是多年前的自己了。

这个阶段，你已经有了非常高的操作境界，无论股价涨跌，你都能控制自己的情绪，不会随着市场起舞，就像是一个旁观者，似乎没有投入资金在市场中。这时，你已经是一个真正的“操盘手”了。

现在交易变得不再那么令人兴奋，事实上，你还会觉得交易实在是有点闷。这时，你认为交易对自己来说只是在给退休铺路，只是这样而已。

最后，你可能找到了几个志同道合、已经迈入第五阶段的人一起来聊聊天，你能从其他人身上观察到从前没留意的东西。

你潜心磨炼出来的交易模式，给你带来了较大的利润，而风险并没有因此增加。你拥有一种交易直觉，买卖决策可能在一瞬间就决定了，但思考的过程花费了不短的时间。真要让你讲出买卖的理由时，你可以说出十几条甚至更多。

现在，你是一名合格的操盘手了。不过，你觉得没有必要告诉任何人，因为这只是一种赚钱的方法而已。

统计显示，只有不到1%的人能真正走到第五个阶段。

通过以上五个阶段的分析，笔者认为，对于交易最重要的，也是进入股市要学习的第一堂课，就是要学会止损。

在资本市场，本金安全是第一位的。那么，怎么设置止损位？如果止损让你倍感焦虑，或者让你痛得要命，就表示你操作的资金量太大，让你心理上感到不安，这时你应该缩小投入金额。

止损造成的损失，对于你来说应该是不痛不痒，是心理上能承受得起的范围。因此，在交易中投入的资金规模应该考虑自己的止损承受能力。操作是长久的事情，并非一次决定胜负，也不是为了彰显你的硬气，操作是为了取胜。

设置止损可以依固定金额止损，或依一定百分比止损，或依切入点的状况制定止损点。一般情况下，笔者在操作过程中设置的止损是跌到买进的价位加上手续费时坚决出局。

在一个上涨趋势中，价格走势会呈现高点不断创新高，低点也随之不断抬高的现象。如果是采取拉回走势承接股票的方式，你无法准确知道它何时企稳，在什么价位上企稳，此时若要设置止损，应设在前一波的低点，这是根据低点抬高的价格运动惯性而定。

若是依据技术指标进场买进，应根据技术指标由强转弱或由多转空来设置止损。如根据 CCI 指标，出现挂尖带量，应该坚决出局。如根据 RSI 指标，破上升趋势线，坚决出局。

如根据 K 线形态买进，应按进场 K 线的大小或幅度设置止损。例如进场 K 线是一根大阳线，那么止损设在大阳线下方的一个位置。如果进场 K 线离最近拉回行情最低谷很近，可以将止损设在最近的谷底位置。

如果进场是采取突破形态颈线为依据，止损有两种情况要注意：一是突破形态颈线前，价格呈现整理格局，那么在整理区间的最低点设置止损即可。二是突破形态颈线是直接过颈线的方式，那么止损设在过颈线的突破 K 线最低点，以防止突破后立即拉回，或走出突破逆转的走势。有关设立止损的具体技巧，请参考《一把直尺闯天下——股票操作中的画线方法与应用技巧》。

## ★ 本章内容总结

在股市中，心态是第一位的，仓位管理是第二位，技术分析是第三位，所以本书把心态控制放到了第一章。大家学习技术分析，一定要学习简单、实用、有效的分析方法。在操作过程中，一定要有一个沉稳的心态，在股市中要做到耐得住孤独、寂寞，学会等待。

# 第二章　趋势为王

自然界万事万物的变化都是有规律的，股市也不例外。其实炒股就是炒规律，炒趋势。任何技术分析都是建立在趋势和突破的基础上的。认清趋势是应用四大经典技术指标的前提条件。

## 第一节 认清股价走势规律

股价走势有规律吗？你问赔钱的人，他会说那岂不是天方夜谭吗？根本没有规律可循。你问挣钱的人，他会说，当然有了，万事万物皆有规律，股市也是有规律的，股价运动的规律就是股市的自然法则。

股价走势到底有没有规律，自从股市产生以来，人们对这个问题的看法就莫衷一是。然而，股市的历史走势证明，股价的走势是有规律的，市场的走势也是有规律的，因为市场运行的基础是人的交易行为，特别是大众的群体行为。大众的主流行为是有规律可循的，因为大众的心理对市场状况的反应基本上是大同小异的，都是由人性驱使的，所以应该按照市场的规律进行操作。

有些股评家或专家认为市场规律是子虚乌有的，如同天方夜谭，那只能说明他们还没能发现和把握市场规律，并不能说明规律不存在。这个世界是阴阳交替、互为动能的世界，潮汐的变化，日出日落，四季交替，都是客观规律的体现。万事万物的运动都是有规律的，人类的思维也是有规律的。规律是客观存在的，非人为产生，包括人类本身也是客观规律的体现，人类的股市行为更摆脱不了其客观的规律性。

股市的运动规律是客观存在的，那么如何运用规律进行操作呢？首先是懂得判断趋势的方向，其次是要有好的买入点，再次是要知道如何设定止损，最后是要知道如何获利出场。每一个操作步骤都要清楚地规划，严格地执行，才能更好地运用股市运动规律。

要把入场操作的规矩养成一种习惯，就像每天不忘洗脸、吃饭，出门不忘带钥匙，学生每天不忘做功课一样，每个动作本身都像是例行的规矩。

投资者的心情往往随着行情起伏，再加上急、贪、恐、恋、迁作祟，容易怕涨又怕跌，行情上涨时怕追不到，下跌时又怕跌无止境，完全忘记了规矩的存在。这就是为什么投资者每次满怀期待地进入股市淘金，却都弃甲而归，主要就是因为投资者没有把操作当成一个习惯，没有遵守操作纪律进行买卖。

进场时要有进场策略，选好买入时机，不能想买就买。当行情的发展向你操作预期的方向前进时，表示你的判断正确，应该加仓买进。出场时机的选择也是一种策略，有时行情大，应勇于跟进，争取获取最大的利润。反之，行情小，就不应再执着于原先的判断，该走就走，不猜不想，丝毫不带个人感情。换句话说，获利一倍还是只能赚 1%，不是依据个人的期望，而应该根据市场的内在走势决定。

一般人对于已经获利的股票，总是担心回跌吃掉原先的利润，于是因为恐惧而提前卖出。后续行情继续上涨时，又慌了手脚，不断地在心中自问“要不要再买回”，因此陷入两难：再买怕追高被套牢，不买又怕这只股票扶摇直上，悔不当初。这种纠结的心理普遍存在于投资者的行为中，个中原因全在于没有操作的习惯和方法。

股评家常用模糊的语言来搪塞市场发展的不确定性。“逢低买入，逢高卖出”这八字真言成了股评家的护身符。然而多低才叫逢低买进，多高才叫逢高卖出，并没有明确的数据验证。如果投资者在操作过程中无法建立逢低买进或逢高卖出的量化观念，就无法把进出场策略明确化、模式化。

很多股评家往往是主力的代言人。主力根据投资者的心理，在股价走势的不同位置说出不同的言辞，采取不同的操作方法，诱使散户陷入坑中。对于市场走势，大家千万不要随波逐流，要学会自己思考，有自己的判断标准。图 2–1 和图 2–2 能够很好地说明这个问题。

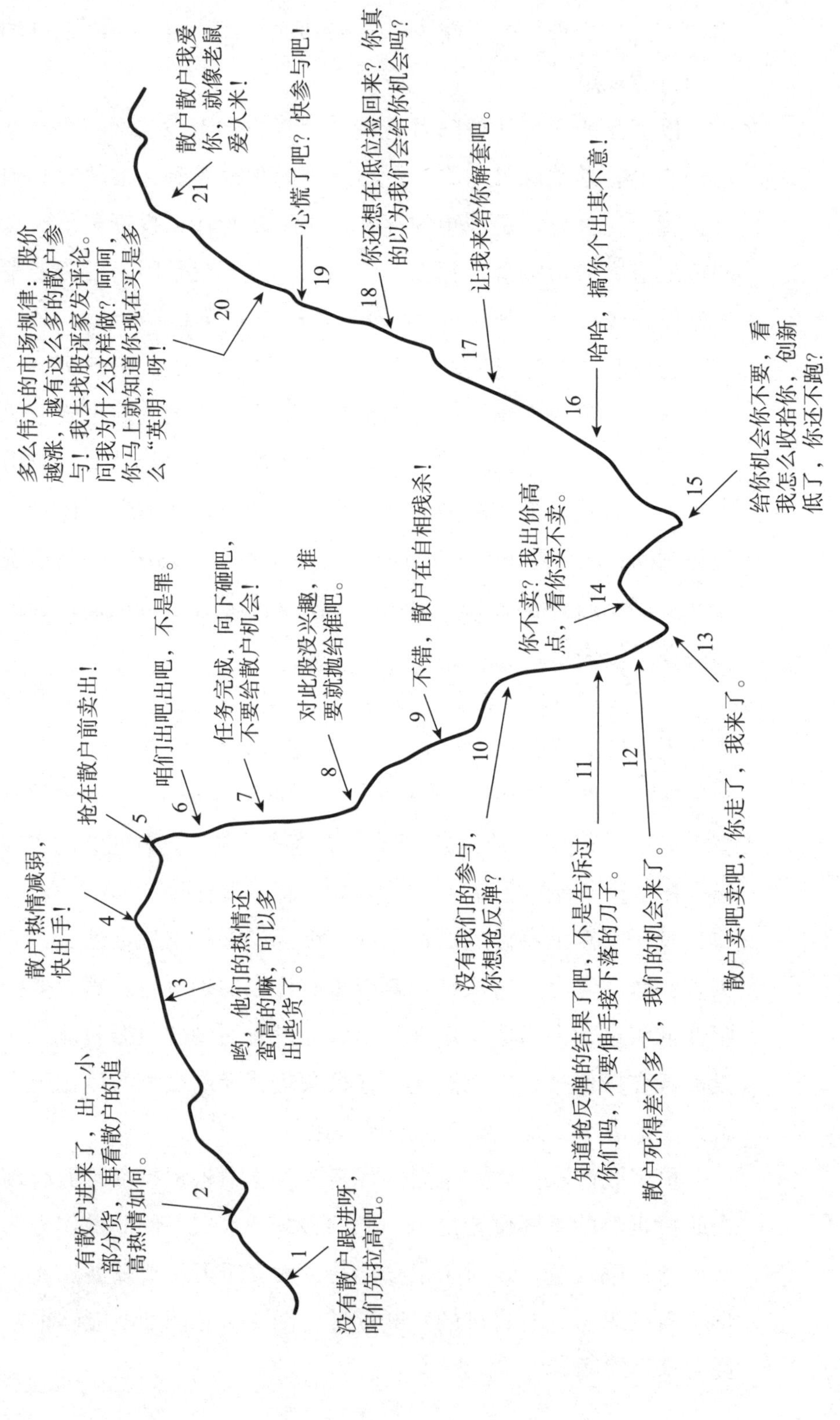


图 2-1　主力运作过程示意图

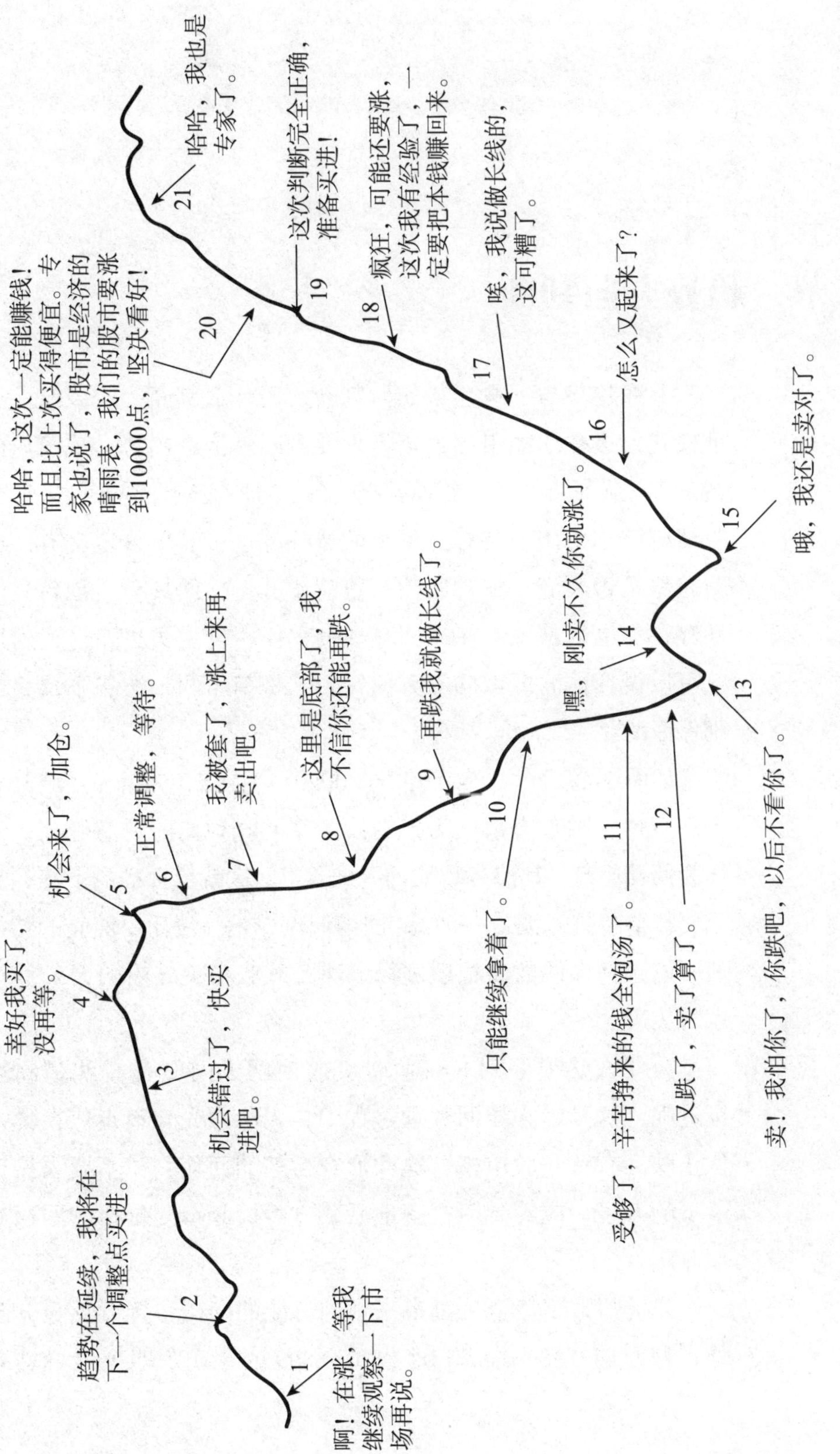


图 2-2　股民操作过程示意图

## 第二节 趋势方向判断

上涨趋势与下跌趋势如何判断，用什么判断，应该有一套标准模式，这样才能引导投资者理性判断。上涨趋势，最简单的描述是“高点不断提升，底部不断抬高”，即前波高点拉回整理之后，行情应该创出比前波峰点更高的波峰，这个简单的定义有助于判断趋势是否改变。只要回档不破前波低点，便具有再创新高的惯性存在。也就是说，在拉回整理过程任一价位买进，最大的风险点可以设在前波低点的下方位置，这是基于两个波谷不重叠的原则保证的。

如图 2-3 所示，美年健康（002044）在 2017 年 3 月展开一段上涨行情，图上奇数波为推动波，其波峰均比前一波峰高；偶数波为回档整理，其波谷均比前一波谷高，这就是标准的上涨趋势。只要行情呈现一波比一波高，回档低点亦是一波比一波高的特征，便可以选择在偶数波整理过程出现 K 线收盘突破前两天 K 线最高点时买进。

为什么必须等到 K 线收盘突破前两天内所有 K 线最高点才买进呢？这是因为拉回整理过程中，无法预先知道走势在哪一价位止跌。有一句股市格言这样形容行情的回档：“不要去接正在落下的刀子，应等到刀子落地后，方可捡起。”价格的回档亦是如此。

分析师常用黄金分割率来预判可能的回档位置。黄金分割率分别是回档 0.382、0.5、0.618 或 0.809 的比例，四个位置均有可能止跌，同时也表明交易者无法在回档过程中准确判断价格回档到底在哪一个黄金分割率止跌。交易者不可能在这四个比例做四次买进，正确的做法是等价格走稳，开始向上突破区间高点时才进场，这样才符合“刀子落地后捡起”的原则。

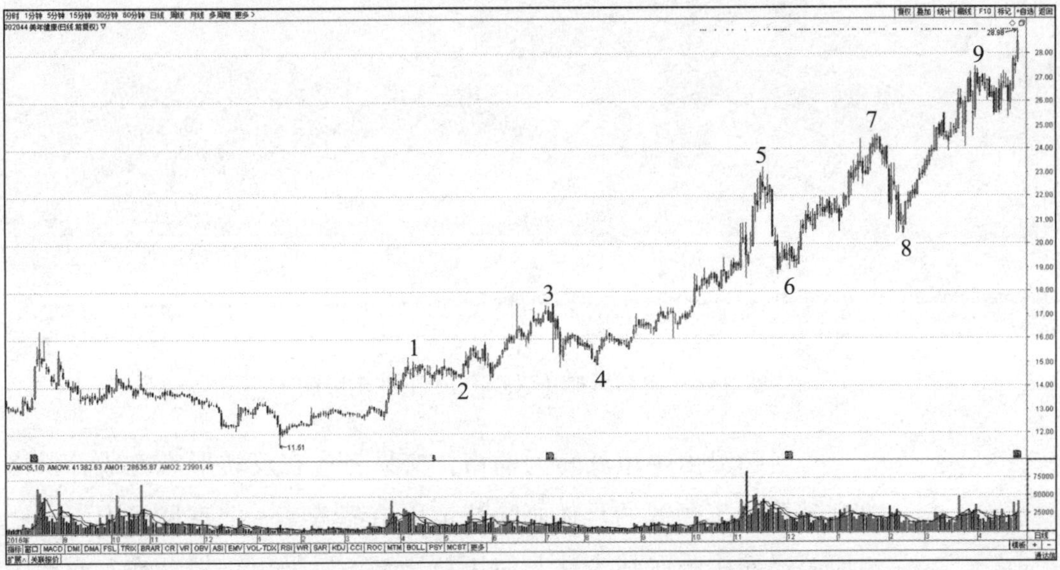


图 2-3 美年健康（002044）上升走势图

在价格回落过程中，买到最低点并不值得欢呼雀跃，那只是巧合的好运，企图买在最低点却遭受套牢的情况比比皆是。熊市过程中，低点之后还有更低点，地板下面还有地下室，地下室下面还有十八层地狱。市场低点若能够预测，那么 2008 年和 2015 年的大跌也不会让股民遭受空前的损失。交易者应该敬畏市场的力量，不要盲目猜顶和测底。交易中要实事求是，没有明确的进场点或认可的进场信号坚决不进场，不要被小道消息左右而盲目进场。

与此相对应，下跌趋势的定义是一波比一波低，价格会持续创新低（奇数波），跌势过程中的反弹高点（偶数波）也比前一波反弹峰点低，如图 2-4 所示。

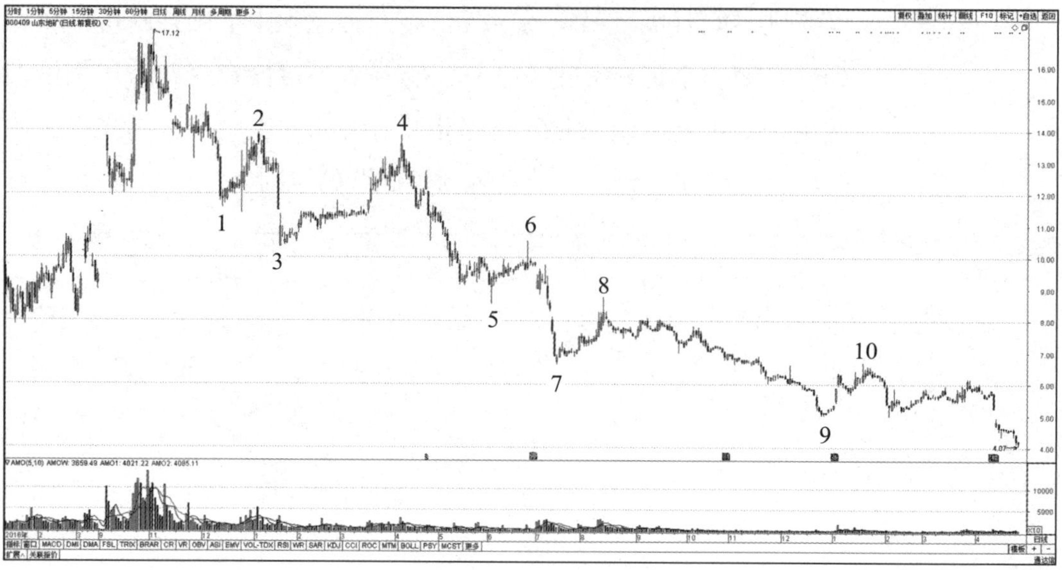


图 2-4　山东地矿（000409）下跌走势图

当趋势由牛市反转为熊市，交易者应在反转形态完成，价格突破颈线（颈线的具体画法与运用请参考《一把直尺闯天下——股票操作中的画线方法与应用技巧》）后做出止损动作，或利用反弹见高后的转折点卖出。转折点的认定是观察价格 K 线收盘是否跌破前两天的低点。有些反弹呈现急涨的股票，甚至可以依据其 K 线收盘有无跌破前一天低点作为卖出的标准，通常跌破颈线后的第一次反弹走势称为逃命波走势。

当船要沉时，只能选择弃船逃生或放出救生艇逃命，操作股票的道理也是一样。当行情进入熊市后，不宜持有任何股票，甚至应该采取卖空动作（借券预卖，目前尚未开放此业务）。下跌趋势可以从均线的角度观察，如 60 日均线（季线）及 145 日均线（操盘手的灵魂线）呈现下滑状态，如图 2–5 所示。在均线未走平上扬前，任何价格的上涨都只是跌势的修正走势，反弹结束后，行情仍向更低的价位发展。

预测熊市底部是不明智的想法，但熊市底部的迹象是可以观察出来的。市场处于底部时人气低迷，交易清淡，成交量屡创新低，股票价格震荡幅度缩小，基本面最好的股票亦不免遭到错杀而出现补跌。一般投资者如惊弓之鸟，敢于买进的人越来越少，因为买了就会被套住。整个市场弥漫着沉闷低迷的气氛，这种氛围会持续一段时间，任何利多消息都激不起人们交易的兴致。尽管公司基本面还可以，但是人们对公司前景充满疑虑。以上这些都是市场处于底部阶段时常见的现象。底部不是机构吸纳造成的，而是想卖的筹码都卖出后造成的。

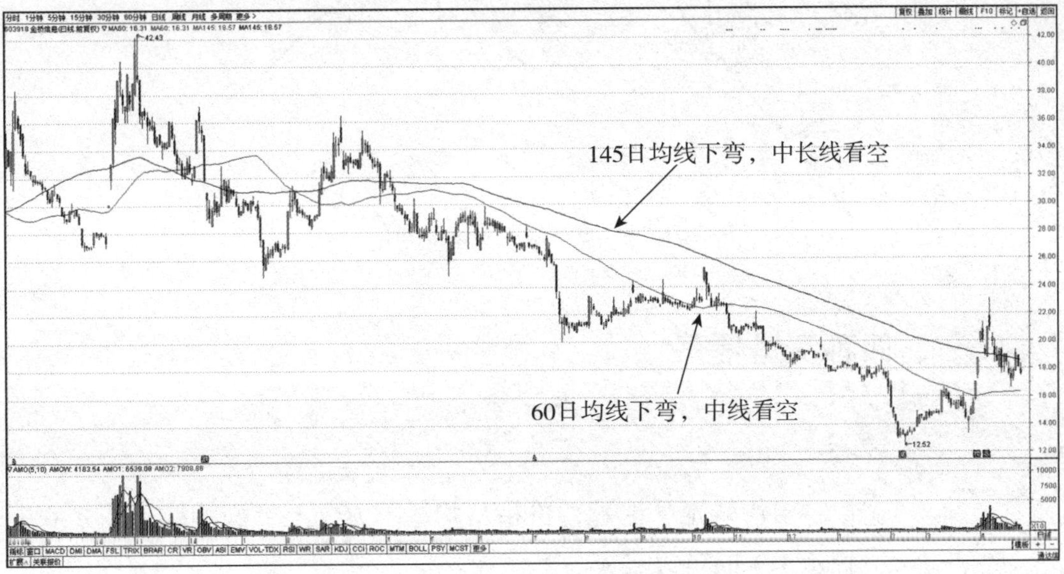


图 2-5　金桥信息（603918）从均线系统能看出下跌趋势

“头部发生在疯狂乐观中，底部诞生于绝望悲观中。”头部就像乐极生悲一般，当市场从头部开始反转时，任何消息或评论仍然呈现一面倒地看好，人们如同打了鸡血一般兴奋，所有股民都是满手股票，殊不知巨熊已经悄悄接近。如果不了解形态反转的预兆，将遭受巨大的亏损而不自知。

事情往往“物极必反，否极泰来”，股市亦是如此。有志于投资股市的交易者应努力学习技术分析，拟定操作策略，才能在千变万化的市场中总结出正确的投资方法和投资技巧，不依赖落后的消息，也不被媒体误导。永远依照交易策略和市场信号来操作，自然能免于熊市的冲击。

趋势判断，最简单的方式就是用均线结构来分析。选用均线来界定趋势的走向，就必须了解葛兰碧八大买卖法则，如图 2–6 所示。

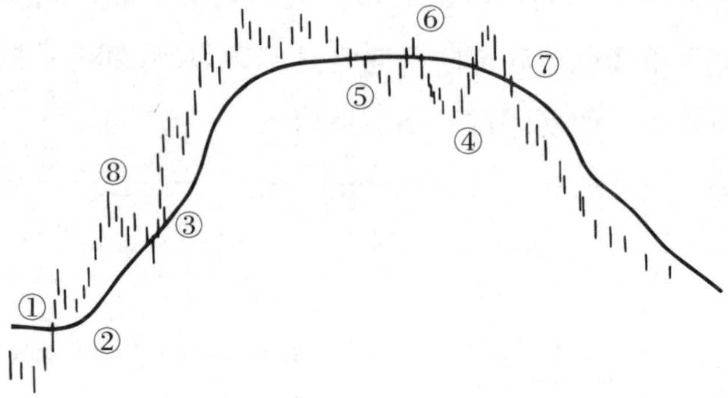


图 2–6　葛兰碧八大买卖法则

## 一、四种买进信号

### 1. 买点一

当均线走平上翘，价格从均线下方向上突破均线（图 2–6 中标示①）时可以买入。

这种买点，K 线最好呈现中阳线或大阳线，而且突破均线前最好有完整的底部形态，如浅型 W 底、头肩底或圆弧底，或横向三角形、旗形、楔形、矩形整理。

为什么浅型会比深型好？这和价格能量的消耗有关系。如果是深型底部形态，表示当价格攻抵均线时，涨幅已大，消耗的能量过多，此时突破均线正好多方买气用尽，很容易形成获利回吐。突破前若价格陷于窄幅震荡（即浅型结构），突破均线的买进信号可靠性较高。

突破均线时，最好是放量上攻突破。量能越大，后劲越足，后市涨幅越可观。更仔细地观察可以发现，突破前一天 K 线收阴线比收阳线好，因为表示前一天市场呈现偏空 K 线，突破当天拉升，有看跌反涨的效果，容易吸引空仓的投资者追买。

这一点是从能量消耗的角度来观察。如果价格大幅上涨，已大大突破均线，就如同奔跑的汽车，汽油耗尽才抵达起跑点，容易出现后继无力的走势。经常出现的形态假突破和骗线就是属于这种状况。浅型形态的突破均线，如同汽车发动时油料足够，后劲十足，如图 2–7 和图 2–8 所示。

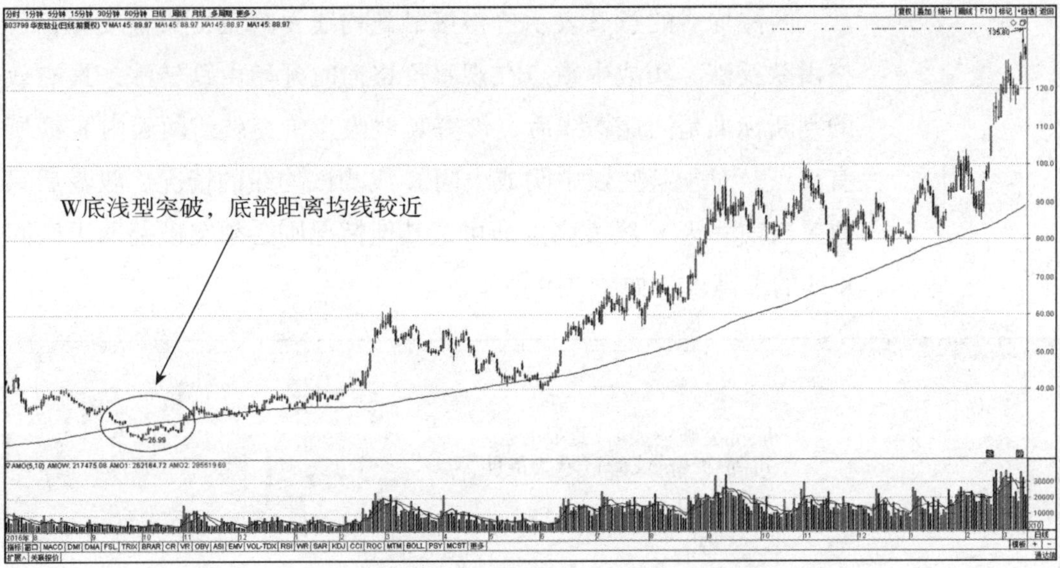


图 2–7 华友钴业（603799）以浅型形态突破均线

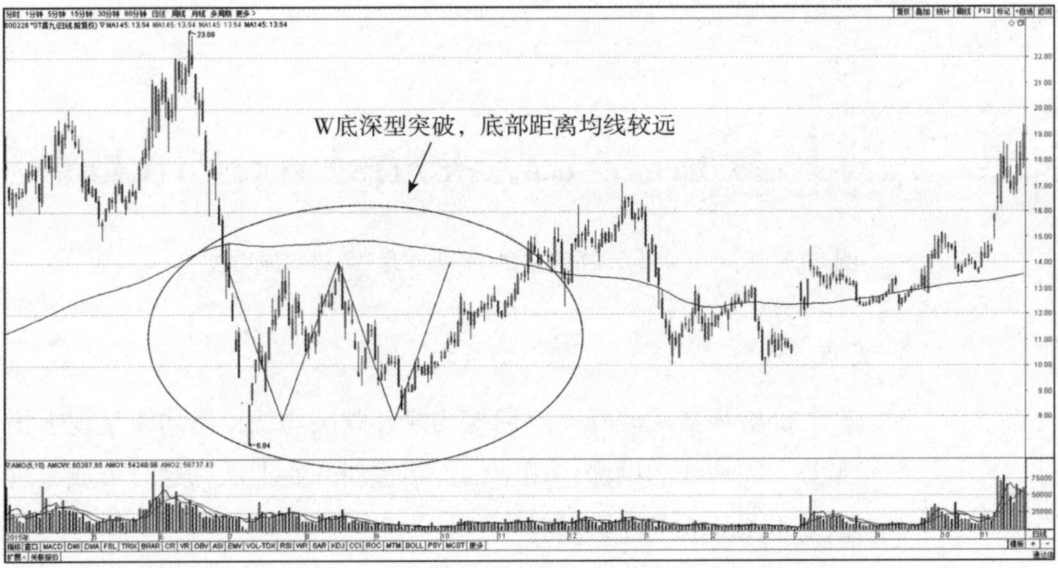


图 2–8 *ST 昌九（600228）以深型形态突破均线

2. 买点二

股价从某一高点回探均线，回探均线后重新上涨。

这个买点可靠性较高，胜算概率较大。尤其是均线走平上翘后，股价第一次回探均线时，往往是整个上涨趋势中的最佳买点（图 2-6 中标示②）。

回探均线的意义表示价格接触到均线立刻获得买盘支撑，价格由跌反涨。实战中重点在观察价格何时开始由跌转涨，最有效的判断标准是回探均线后，价格 K 线收盘价突破前两天内 K 线所有高点。对于某些以中阴或大阴 K 线测试均线的情况，收盘后只要突破前一天 K 线最高点即可，其他情况则必须突破前两天区间 K 线的最高点，如图 2-9 所示。

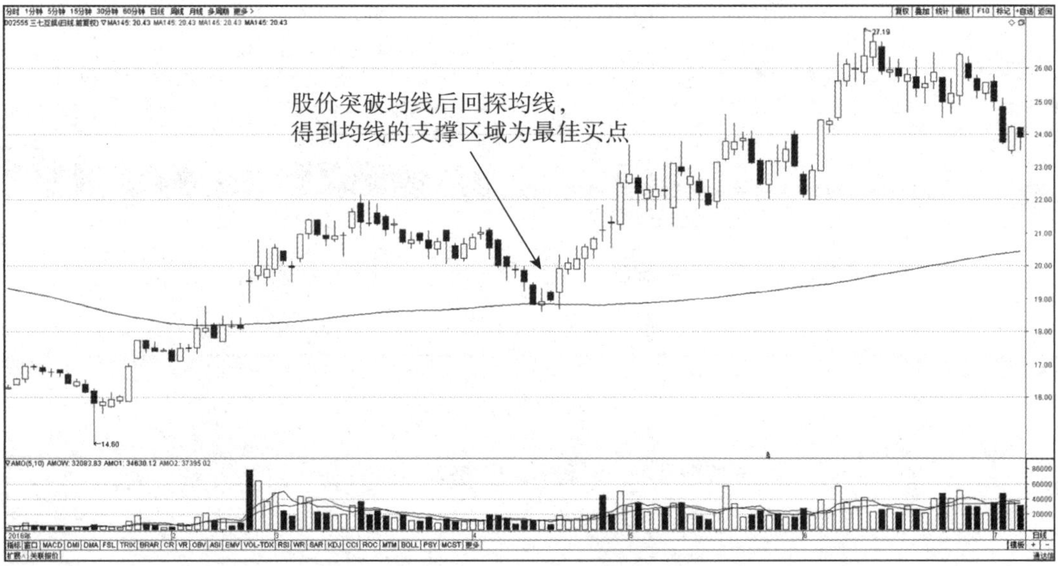


图 2-9　三七互娱（002555）2017 年 4 月 17 日回探均线

3. 买点三

价格从某一波峰高点回探均线并跌破均线，但均线呈现上扬走势，在均线的助涨作用下，价格重新开始上涨，这时形成买进信号（图 2-6 中标示③）。

在上升趋势中，价格通常回测至 10 日均线或 30 日均线处即出现止跌回升的情况。买点三的情况不同于前两个买点，股价可能跌到 60 日均线或 30 日均线与 60 日均线之间才止跌回升，此时 60 日均线仍呈现上扬走势，如图 2-10 所示。

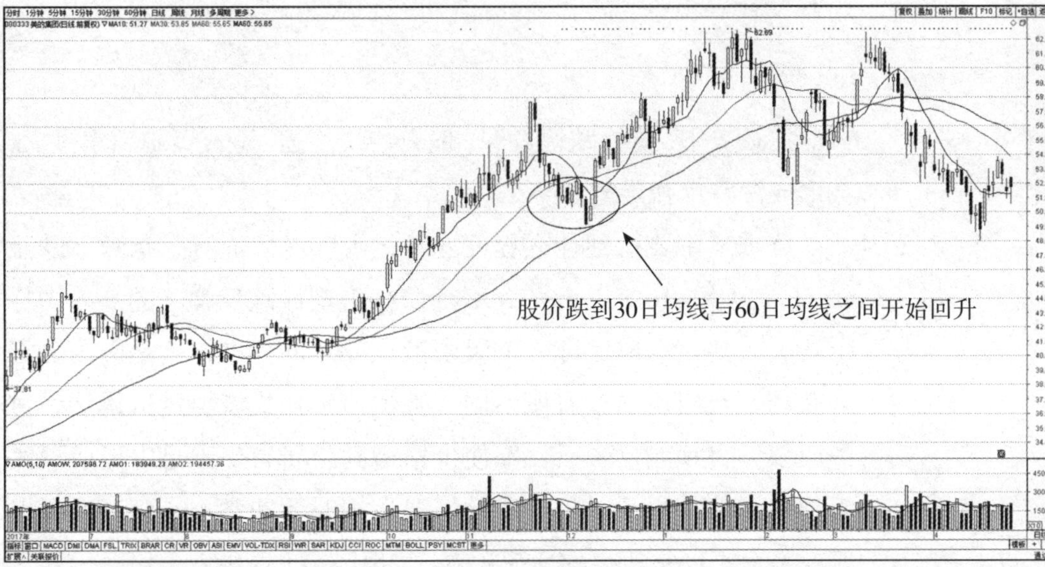


图 2-10 美的集团（000333）2017 年 12 月 8 日止跌回升

前面的内容提到过，不要去接正在下落的刀子。价格从高点回档不能就认定价格必然在均线处获得支撑，因为它可能跌破均线一段距离再止跌回升。买进的时机不是建立在价格便宜或跌幅较大的基础上，而是建立在价格重新开始上涨的基础上。

当价格 K 线不再继续下探，反而出现收盘价突破前两天内所有 K 线高点，或以中阴或大阴 K 线测试均线的支撑力度时，价格 K 线收盘只要突破前一天 K 线最高点，就表示行情将要上涨，此时进场买进胜算的概率较大，风险较低。

出现买点三的时候，通常上涨趋势已经存在一段时间。从拉回幅度跌破均线来看，获利回吐的卖压大到均线的买盘支撑不足以消化。换句话说，距离头部不远或距离中段大整理的顶点不远。

通常头部形态开始的前兆是价格自某一高点回档过深，吓怕了投资者，回跌过深也表示机构抛盘的事实。因此，当价格止跌回升再创另一个价格高峰时，会引来更多的解套卖压及机构抛盘的压力。这个买点信号无法提供长线利润，因此要特别小心操作。

4. 买点四

在跌势中，价格跌幅过深，偏离均线甚远，造成负乖离率过大，会形成深跌反弹走势。

负乖离率要达到什么程度才算过大？一般而言，指数下跌至60日乖离率 -10% 以上，表示行情将出现深跌反弹（图 2-6 中标示④），甚至形成底部。个股则没有一致的标准，这是因为公司的获利性及板块前景有所不同。基本面不佳或者经过机构炒作过的股票，自顶点反转后，即使价格遭到腰斩，仍不足以形成深跌反弹的走势，因此对买点四的情况运用时要非常小心，其实买点四就是大家经常所说的反弹买点，如图 2-11 所示。

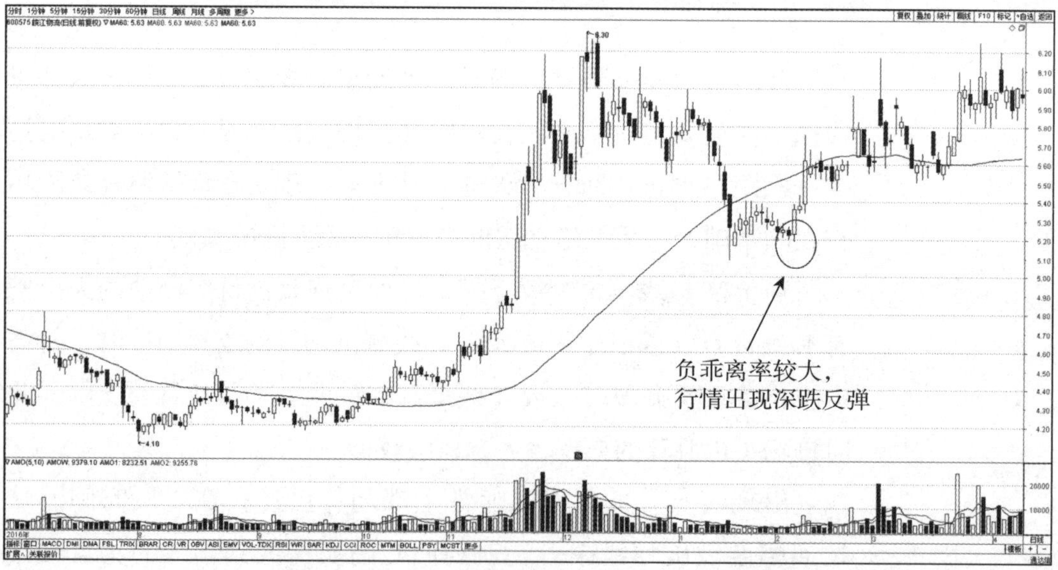


图 2-11 皖江物流（600575）2017 年 2 月 8 日开始反弹

## 二、四种卖出信号

### 1. 卖点一

当均线由平下弯，价格从均线上方向下跌破均线（图 2-6 中标示⑤）时应该卖出。

这种卖点当天最好走出中阴或长阴 K 线，而且跌破均线前最好有头部形态，如 M 头、头肩顶或圆弧顶，或横向三角形、旗形或矩形整理。跌破前，价格最好陷于窄幅震荡（即浅型结构）。

跌破均线的卖出信号可靠性较高，胜算概率较大。更仔细地观察，跌破前一天 K 线收阳线比收阴线好。前一天市场呈现偏多 K 线，当天跌破均线或形态颈线，价格更容易看跌，极易造成止损卖压涌现，如图 2-12 所示。

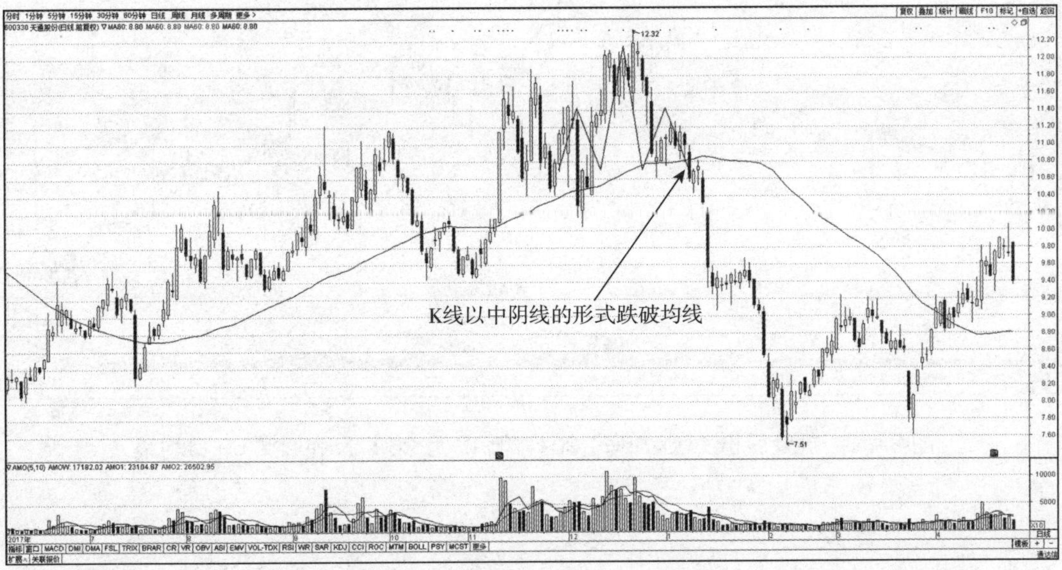


图 2-12　天通股份（600330）2018 年 1 月 9 日跌破 60 日均线，应该卖出

### 2. 卖点二

价格从某一低点反弹回探均线后，受到均线的压力作用重新下跌。

这个卖点可靠性较高，尤其是均线由涨转跌后价格第一次反弹回探均线，往往是整个下跌趋势的最佳卖点（图 2–6 中标示⑥）。

反弹回探均线的意义表示价格 K 线最高点曾接触到均线，立刻遭到卖盘压力打击，价格由涨转跌。对于这一卖点，重点在观察价格何时转跌。最有效的方式是反弹回探均线后，价格 K 线收盘价出现跌破前两天内 K 线所有低点的情况。对于某些以中阳或大阳 K 线回探均线的情况，后续价格 K 线收盘，只要跌破前一天中阳或大阳 K 线最低点即可。某些状况则必须跌破前两天所有 K 线最低点，如图 2–13 所示。

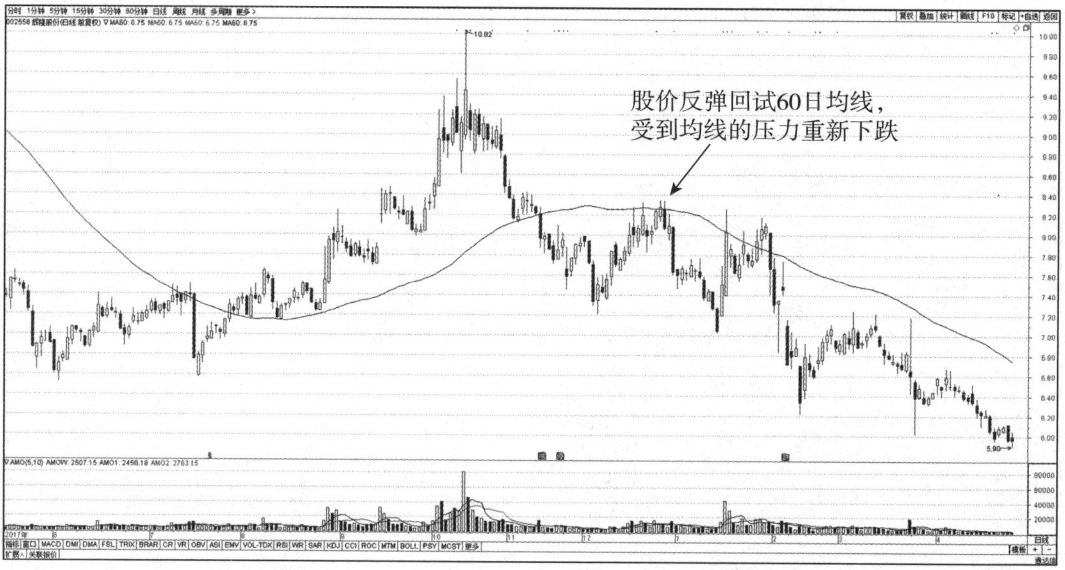


图 2–13　辉隆股份（002556）2017 年 12 月 26 日反弹回测 60 日均线

### 3. 卖点三

价格从某一波谷反弹回探均线并突破均线，但均线呈现下跌走势，对价格具有助跌作用，形成卖出信号（图 2–6 中标示⑦）。

下跌过程中，价格通常回测 10 日均线或 30 日均线即产生下跌压力。卖点三表示价格可能反弹至 60 日均线或 30 日均线与 60 日均线之间才遇压回跌，此时 60 日均线可能呈现下跌走势或走平，如图 2–14 所示。

图 2-14 光大证券（601788）2018 年 2 月 5 日反弹回探均线

价格从低点反弹过程中不能认定价格必然在均线遭遇反压，因为它也可能突破均线一段距离再止涨回跌，因此卖出时机不是建立在价格涨多少的基础上，而是建立在价格开始下跌的基础上。

当价格 K 线不再继续上涨，反而出现收盘价跌破前两天内所有 K 线低点，即可认为下跌开始。如果出现以中阳或大阳 K 线测试均线的情况，价格 K 线收盘价只要跌破前一天 K 线最低点即可认定。出现这些情况，表示行情即将下跌，此时做出卖出操作可靠性较高，胜算概率较大。

出现卖点三的情况（图 2-6 中标示⑦），通常下跌趋势已经存在了一段时间。从反弹幅度突破均线而言，表示追高的买盘大到均线压力不足以抵挡，换句话说，股价距离底部不远或中段整理的低点不远。

通常底部形态开始的前兆是价格自某一低点反弹幅度超乎常态，提高投资者买进的信心，反弹超乎寻常也表示价格被过度抛售的事实。在主跌段，往往不分好股烂股，都被杀跌卖出，因此当个股价值浮现时，会受到长线投资者青睐，追进持有，造成反弹气势，一举突破均线。

### 4. 卖点四

在上涨趋势中，价格涨幅过大，偏离均线太远，造成正乖离率过大，形成急拉急杀的走势（图 2–6 中标示⑧）。

正乖离率达到什么程度才算过大，市场上没有一个标准的数值，但可以利用价格惯性改变作为卖出信号。例如，急拉走势中往往呈现 K 线高点日日创新高的现象，当 K 线收盘跌破前一天低点，或者在连续阳 K 线的状态下出现第一根阴 K 线，即为卖出信号。卖点四与买点四都属于逆势操作，风险较大，因此不建议采用，如图 2–15 所示。

图 2–15　鹏辉能源（300438）2017 年 8 月 2 日偏离均线的乖离率过大

均线上扬表示牛市，均线下弯表示熊市。也可以用短期均线与长期均线黄金交叉（即短期均线向上穿越长期均线）作为牛市的先兆，将短期均线与长期均线死亡交叉（即短期均线向下跌破长期均线）作为熊市的警告。

利用价格与均线接触或脱离的过程，可以设计出辨别价格重新上涨或下跌的滤网。例如，在上涨过程中价格回探均线，即 K 线最低点与均线接触或穿越后，出现阳线收盘价突破最接近的阴线最高点的情况，可以作为买进信号，如图 2–16 所示。

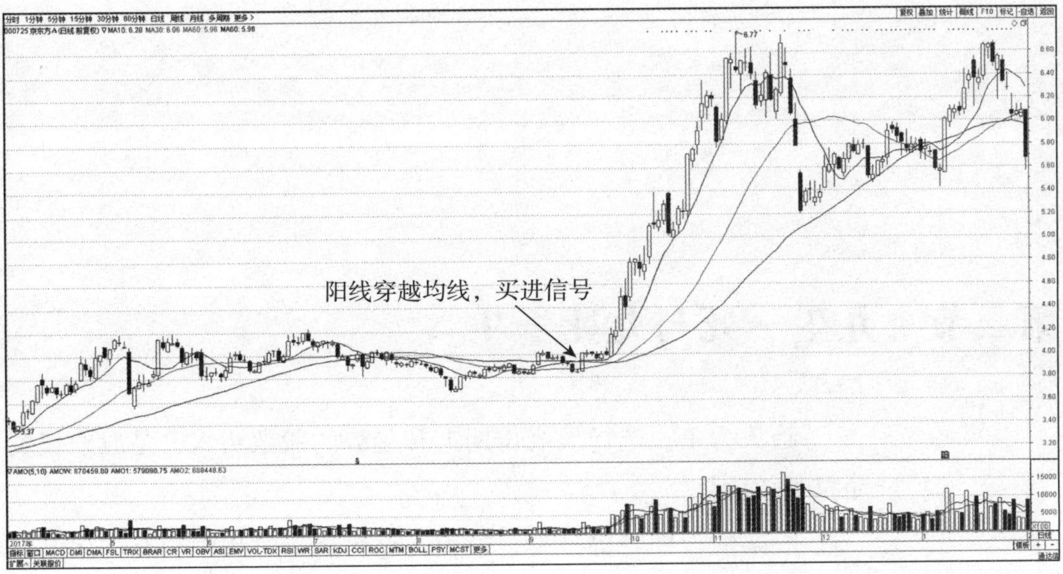


图 2-16　京东方 A（000725）2017 年 9 月 18 日 10 日中阳线穿越三条均线，预示牛市开始

在下跌过程中，价格从某一低点反弹回探均线，即 K 线最高点与均线接触或穿越后，出现阴线收盘价跌破最靠近的阳线最低点的情况，此为起跌信号，如图 2-17 所示。

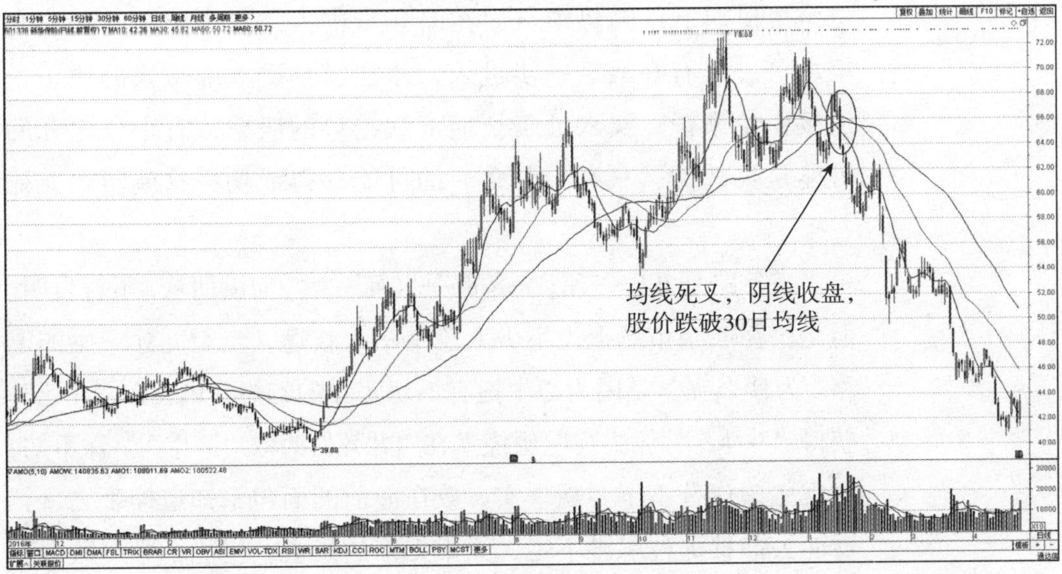


图 2-17　新华保险（601336）2018 年 1 月 16 日 10 日均线死叉 30 日均线，预示熊市开始

## 第三节　九生一死与九死一生

趋势为王。选择形成长期上升趋势的股票买入，是股票投资的基本原则。

股票的长期趋势是一个过程，趋势运行过程中会有许多上下起伏的情况出现，一般都会经历半年以上的时间。假设这段趋势要用十步走完，那么，在长期上升趋势中，你在前九步买入，都可以获得利润，只有在最后一步买入并长时间持有，才是死路一条。从概率论来说，买入处于上升趋势的股票，有十分之九的可能是获得成功的，只有十分之一的可能是失败，这就叫“九生一死”。

在长期下跌趋势中，你在前九步进入，都难免遭受长期套牢之苦，只有在最后一步进入，才能够享受上涨带来的快乐。从概率论来说，买入处于长期下跌趋势的股票，有十分之九的可能是失败的，只有十分之一的可能获得成功，这就叫“九死一生”。

一条路是九生一死，一条路是九死一生，何去何从，不言自明。但是，在股票市场上，不少人总是踏入歧途，走上九死一生的道路。为什么呢？是因为心中抱有不切实际的幻想，热衷在“九死”获得“一生”，凭主观愿望侥幸在“九死”搏取“一生”。殊不知，主观愿望代替不了客观现实。放在面前的面包不知道伸手去拿，反而去捕捉那种飘渺不定、无影无踪的机会，岂能不胜少败多？记住一点：只有现实的盘面才是最可靠的！

股价上升或下跌的道路犹如连绵起伏的山峰，上升趋势一峰（谷）比一峰（谷）高，下跌趋势一谷（峰）比一谷（峰）低。

选择上升趋势的股票买入，轻松获利是大概率事件。别说在每个谷底买入，即使在前面九个高峰位置买入，仍然可以获利。因为上升趋势的股票只有一个真正的最高峰，那就是最后一个峰。前九个峰都是暂时的峰，它们都会成为长期上升趋势的低位。

买入下跌趋势中的股票，情况就完全不同了。别说买在每一波的峰尖上，就是买在每一波的谷底，稍有不慎，也会死无葬身之地。因为下跌趋势中，股票只有一个真正的最低谷，那就是最后一个谷。前九个谷都是暂时的低谷，它们都会成为长期下跌趋势的高位。

这就是交易要弃弱取强的奥秘所在。说是奥秘，其实很简单。散户之所以屡屡亏损，只是因为人们心中的贪低侥幸心理，在实际操作中忘记了这一根本原则。

## 一、抓一条牛熊分界线

股票走势的强与弱究竟如何判断呢？有一种简单明了的方法，就是六十甲子（60线）判别法。甲子者，天地合一也！

六十甲子原用于干支纪法，是由10天干和12地支排列而成。10天干是甲、乙、丙、丁、戊、己、庚、辛、壬、癸，12地支是子、丑、寅、卯、辰、巳、午、未、申、酉、戌、亥。10天干与12地支依次排列6轮，每轮10组，共60组，以此纪年、纪月、纪日、纪时，60单位一轮，循环往复。

### 1. 股票强弱一线分

甲子线（60月、60周、60日、60小时）是股票强弱的分水岭。

（1）长期趋势强弱以60月线为界。长期强势股的浪底基本以60月线为依托，长期弱势股的波峰基本以60月线为压力，遇之必落。平势股则以60月线为轴心，上下震荡运行，如图2-18所示。

（2）中期趋势强弱以60周线为界，如图2-19所示。

（3）短期趋势强弱以60小时线为界，如图2-20所示。

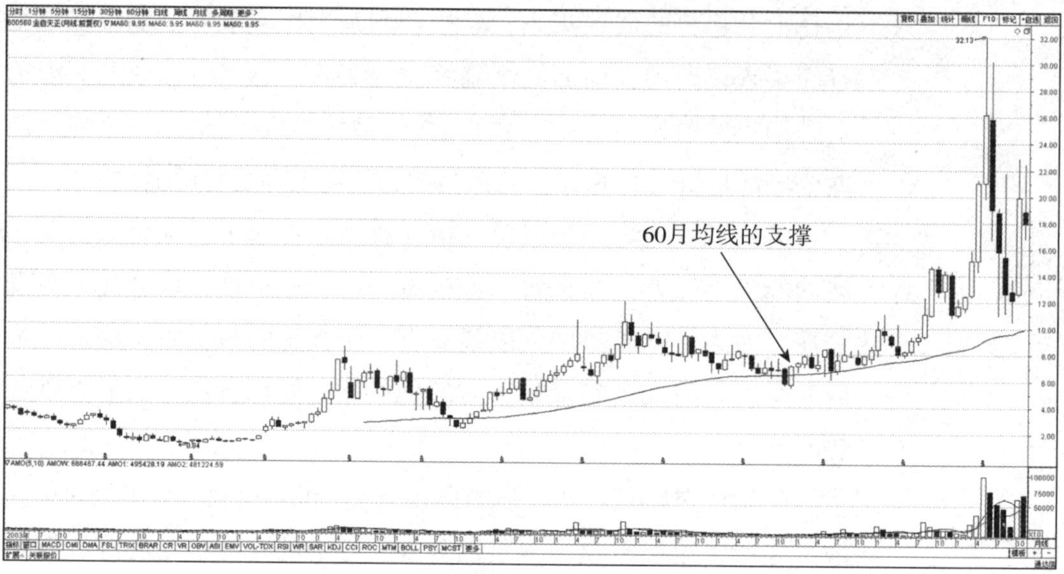


图 2–18　金自天正（600560）60 月界线图

图 2–19　安洁科技（002635）60 周界线图

据此标准，打开股票 K 线图，其走势强弱便一目了然，选择什么样的股票买入，也就不是难事了——在甲子线上方运行的股票，应为首选对象，逢低介入，大概率可以买入强势股票。

图 2-20　乐谱医疗（300003）2018 年 4 月 18 日站上 60 小时均线

## 2. 其他均线与甲子线的关系

在股市技术分析中，股价移动平均线是最常用且有效的技术指标。人们常用的其他均线参数与六十甲子之数 60 有极其微妙和神奇的关系。

（1）甲子（60）线是其他各均线的轴心，5 年刚好是 60 个月。

（2）30 线是甲子（60）线的 1/2，30 恰为月之天数，2 恰为一天一地之和数。

（3）10 线是甲子（60）线的 1/6，10 恰为天干之数，6 恰为天干地支之组数。

（4）5 线是甲子（60）线的 1/12，12 又恰为地支之数，5 恰为 60 个月之年数。

（5）120 线是甲子（60）线的 2 倍，120 月恰为 10 年之月数。

（6）240 线是甲子（60）线的 4 倍，4 恰为一年之季数。

股价的变化体现了这些数字由小到大、由大到小的自然变化过程。

（1）当股价在所有均线下方（或上方）时，每条均线都构成一定的压力（或支撑）。

（2）当股价向上（或向下）突破某条均线后，该均线转化为支撑（或阻力），上方（或下方）均线仍为压力（或支撑），这就是股价每上涨（或下跌）一段就要回调（或反弹）的原因。

股价上方的均线越多，其上涨的阻力就越大，各条均线就像一道道封锁线；反之，股价下方均线越多，其支撑就越强，各条均线就像一道道防守线。这也是交易要弃弱取强的原因所在。当然，物极必反，股价离均线上方过远，必然回落；反之，股价离均线下方过远，必然反弹，这是均线的引力作用引发的。

## 二、选一只强势股

选股的精髓在于看趋势，看大趋势。股票大作手要先观大势，后看小势。大势观年线、月线走势，小势看日线、分钟线走势。依大势选股，弃弱取强；据小势操作，低入高出。

第一，先看月线图（至少是周线图）。看该股是否为清晰流畅的上升波浪形态，即总体走势是否一浪高过一浪，而且股价运行中不拖泥带水。是则取之，否则弃之。如图 2–21、图 2–22、图 2–23 等股均属于这种形态（前复权价）。

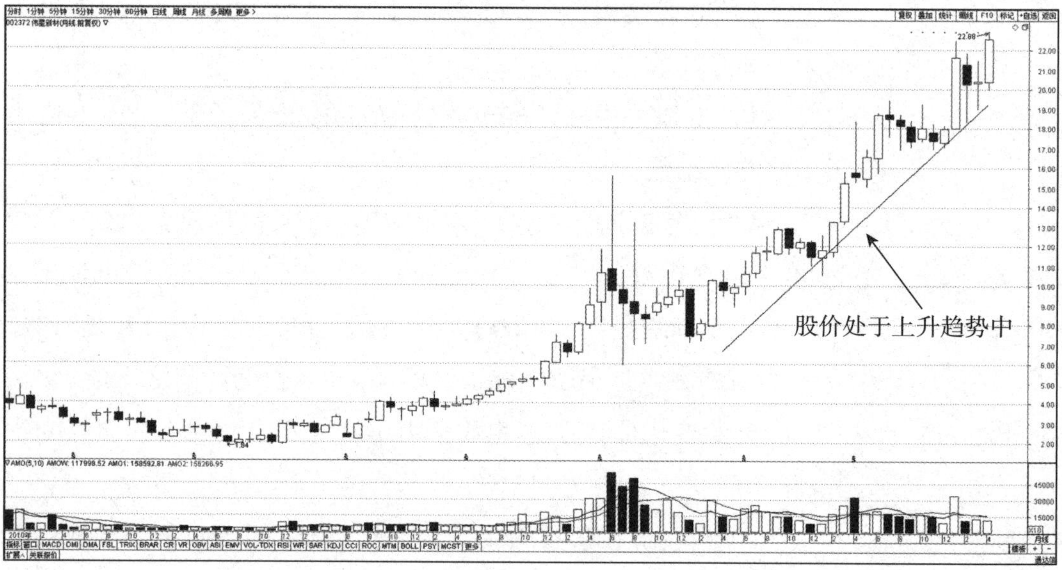


图 2–21　伟星新材（002372）大趋势向好

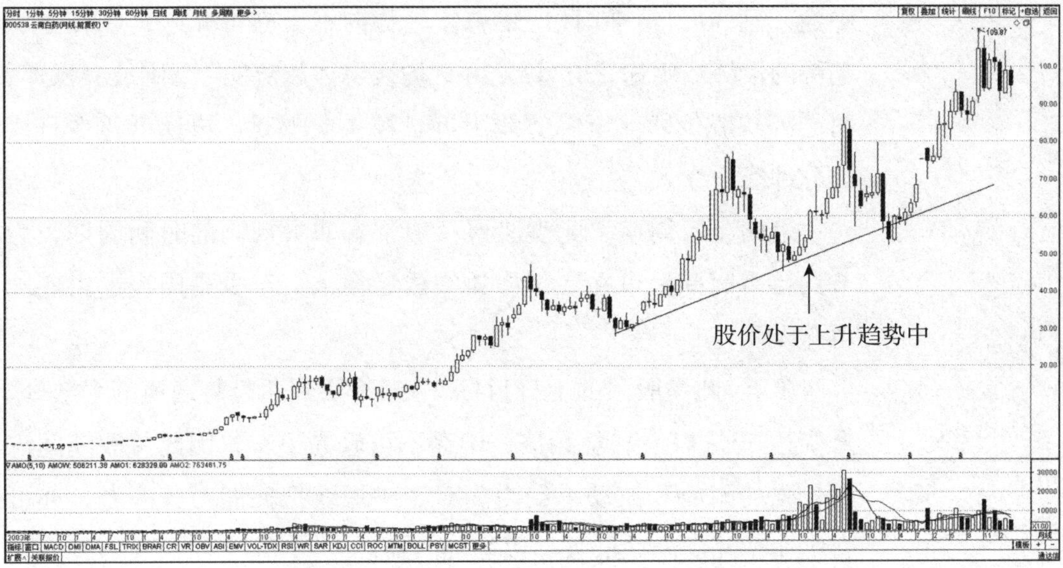


图 2-22　云南白药（000538）大趋势向好

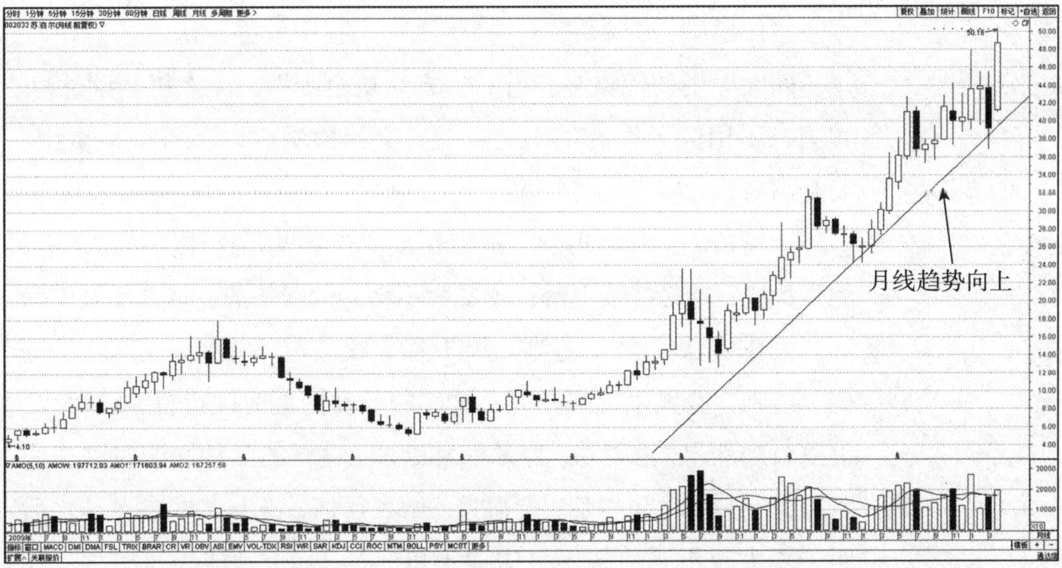


图 2-23　苏泊尔（002032）大趋势向好

第二，看目前运行的是上升浪还是下跌浪，即 30 日均线或 20 日均线的方向是向上或向下。

第三，看目前股价所处的位置。如在谷底附近，且 20 日均线已转头向上，为上升初期，是最好的介入时机；如在上涨趋势的中途，且30日或20日均线总体趋势向上，亦可介入；如在上涨趋势的浪峰或中途，30日或20日均线总体趋势向下，则放弃操作，耐心等待股价回落至趋势线附近且掉头向上时，再逢低（看日线或分钟线）介入。

第四，看周期。此类股票一般都有非常规则的时间周期，为节约持有时间，可在底部构筑完成后介入，至少是周线走出底部再介入。

第五，此类股票的上升目标，一般都要到达趋势通道的上轨处，升幅达70%以上甚至翻倍，中途不可轻易下车，因此持股期间需要较强的耐心和波动承受力。对于中短线把握能力较高者，亦可在中途做几次高抛低吸，以增加收益。

## 三、坚守“四大原则”

操作原则：弃弱取强，择优汰劣，强中取强，优中选优。

四大原则的优点是：省时，有大机会则做，无大机会则休息；省力，不用天天忙进忙出；省钱，交易次数少，节省交易费用，安全高效。

市场机理：强者恒强，弱者恒弱。市场就是这样，越是不敢买的强势股，越是持续上涨；越是舍不得割的弱势股，越是反复下跌。

操作方法：看大趋势，周（月）线波浪一浪比一浪高，一波比一波强。选大牛或强马股，这样的品种回调时跌得慢，跌得浅，上涨时起涨早，涨得快；弃笨熊和瞎驴，这样的品种回调时跌速快，跌得深，上涨时起步晚，走得慢。做大行情，骑上大牛或强马之后，胆子要大，不要怕颠簸，中途不可轻易下车，争取走完大行情的全程；弃小反弹，对于弱势股出现的小反弹不宜抢买，抢反弹如火中取栗，刀口舔血，一不小心就会烧焦手，割伤口。

素质要求：要有博大的胸怀和稳定的心态——不以大涨狂喜，不以小跌慌乱；不朝秦暮楚，不见异思迁，不这山望着那山高，做完一个再做下一个。股市永远有做不完的股票，做不完的行情。

## ★ 本章内容总结

本章主要讲解趋势分析。趋势的定义为：涨势一峰比一峰高，一底比一底高，这是涨势的基本特征；跌势反弹一峰比一峰低，一底比一底低，这是跌势的基本特征。在趋势惯性没破坏前，不宜武断判断趋势反转。另外，本章也讲解了周期选股法及如何寻找切入点，这是一个科学的操作系统，希望读者用心体会。

# 第三章　MACD 技术指标必胜术

狙击目标，首先要清楚目标是否处在狙击枪的有效射程范围之内，然后才是枪械的优势功能是否得到充分利用。用 MACD 炒股与狙击目标一样，先要掌握它的使用条件和使用规则。

MACD 的使用条件是：① K 线必须出切线；② 30 日均线走平上翘；③ K 线二次上穿均线；④当日成交量大于 5 日均量线。

MACD 的使用规则是：① DIF 上 0 轴，不上不买；② 0 轴上方的曲线、黏合、风洞均为有效信号；③一波上涨只有两次有效信号，其他信号不做；④ MACD 红柱变长到不能再长时逐步卖出。

# 第一节 MACD 指标的来龙去脉

## 一、MACD 指标的设计原理

MACD 指标是根据均线的构造原理，对股票价格的收盘价进行平滑处理，求出算术平均值以后再进行计算得出的技术指标，是一种趋势类指标。

MACD 指标是对快速（短期）和慢速（长期）移动平均线加以双重平滑运算，由快线和慢线的离散、聚合状态，表征当前的多空状态和股价可能的发展变化趋势。根据移动平均线原理发展出来的 MACD 指标，一则去除了移动平均线频繁发出假信号的缺陷，二则保留了移动平均线的效果。也就是说，MACD 指标具有均线趋势性、稳重性、安定性等特点，是用来研判股票买卖时机，预测股票价格涨跌的技术分析指标。

MACD 指标主要是通过 EMA、DIF 和 DEA（或叫 MACD、DEM）这三个数值之间关系的研判，DIF 和 DEA 连接起来的移动平均线的研判，以及 DIF 减去 DEA 值绘制成的柱状图（BAR，也有人称其为 MACD）的研判等来分析判断行情，预测股价中短期趋势。其中 DIF 是核心，DEA 是辅助，DIF 是快速平滑移动平均线（EMA1）和慢速平滑移动平均线（EMA2）的差。BAR 柱状图在股市行情软件上用红柱和绿柱来表示，以红绿柱的伸长和收缩来研判行情，如图 3-1 所示。

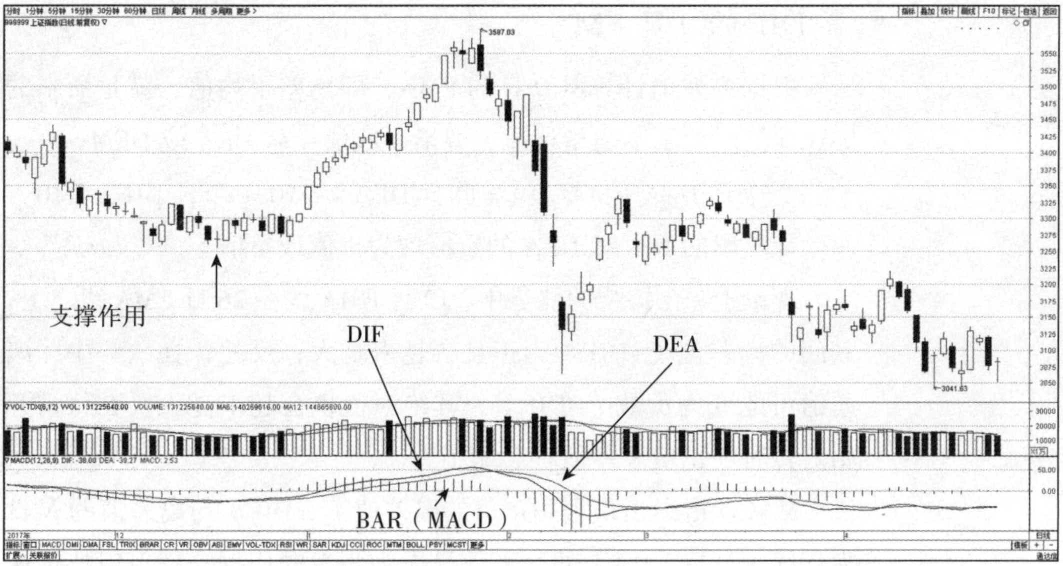


图 3-1　上证指数（999999）MACD 中的 DIF、DEA、BAR

## 二、MACD 指标的计算方法

在应用 MACD 指标时，首先计算出快速移动平均线（即 EMA1）和慢速移动平均线（即 EMA2），以这两个数值来作为测量快线、慢线离差值（DIF）的依据，然后再求 DIF 的 $N$ 周期平滑移动平均线 DEA。

以 EMA1 的参数为 12 日，EMA2 的参数为 26 日，DIF 的参数为 9 日，来看看 MACD 的计算过程。

### 1. 计算指数平滑移动平均值（EMA）

12 日 EMA 的算式为：

EMA（12）= 昨日 EMA（12）×11/13 + 今日收盘价 ×2/13

26 日 EMA 的算式为：

EMA（26）= 昨日 EMA（26）×25/27 + 今日收盘价 ×2/27

### 2. 计算离差值（DIF）

DIF= 今日 EMA（12）– 今日 EMA（26）

### 3. 计算DIF的9日EMA

根据离差值计算其9日的EMA，即离差平均值，就是所求的MACD值。为了不与指标原名混淆，此值又名DEA或DEM。

今日DEA（MACD）= 昨日DEA × 8/10 + 今日DIF × 2/10

计算出的DIF和DEA的数值均为正值或负值。

理论上，在持续的涨势中，12日EMA线在26日EMA线之上，其间的离差值（+DIF）为正且会越来越大；反之，在跌势中，离差值可能变为负数（–DIF），其绝对值也会越来越大；在行情开始好转时，正负离差值将会缩小。

MACD指标正是利用正负的离差值（± DIF）与离差值的*N*日平均线（*N*日EMA）的交叉信号作为买卖的依据，就像以快慢速移动平均线的交叉原理来分析买卖信号一样。另外，MACD指标在行情软件上还有一个辅助指标——BAR柱状线，其计算公式为：BAR=2 ×（DIF – DEA），实战中，还可以利用BAR柱状线的伸长与收缩来决定买卖时机。

离差值DIF和离差平均值DEA是MACD指标研判行情的主要依据，其计算方法比较繁琐。目前这些数值都会在行情分析软件上由计算机自动完成计算，因此，投资者只要了解其运算过程和原理即可，重要的是掌握指标的研判功能和原则。另外，和其他指标一样，由于选用的计算周期不同，MACD指标也包括日线MACD指标、周线MACD指标、月线MACD指标、年线MACD指标以及分钟线MACD指标等各种类型。经常用于股市研判的是日线MACD指标和周线MACD指标。虽然它们计算时的取值有所不同，但计算方法基本一样。

在实践中，将各点的DIF和DEA（MACD）连接起来，就会形成在0轴上下移动的快线（短期）和慢线（长期），此即为MACD指标图。

# 第二节 MACD 指标的一般用法

MACD 指标是市场上绝大多数投资者熟知的分析工具，但在具体运用时，投资者可能还有很多茫然的地方，有时会发现，用书上学来的 MACD 指标分析方法和技巧研判股票走势，得出的结论往往和实际走势存在很大的差异，甚至会得出相反的结果，于是对指标的准确性、实效性、可操作性产生怀疑。

产生这种问题的主要原因是，市场上绝大多数论述技术分析的书中，关于 MACD 的讲解只局限在表面层次，只介绍 MACD 的一般分析方法和原理，对 MACD 指标的一些特定内涵和独特分析技巧的介绍鲜有涉及。本节将在介绍 MACD 指标一般研判技巧和分析方法的基础上，详细阐述 MACD 指标的特殊研判原理和功能。

MACD 指标的一般研判方法是围绕快速和慢速两条均线、红绿柱线和它们的形态展开的。重点包括 DIF 和 MACD 值以及它们所处的位置、DIF 和 MACD 的交叉情况、红绿柱的伸长收缩情况和 MACD 图形形态这四个大的方面。

## 一、DIF 和 MACD 位置分析

（1）当 DIF 和 MACD 均大于 0（图形上表现为处于 0 轴以上）并向上移动时，一般表示股市处于多头行情中，可以买入或持股，如图 3–2 所示。

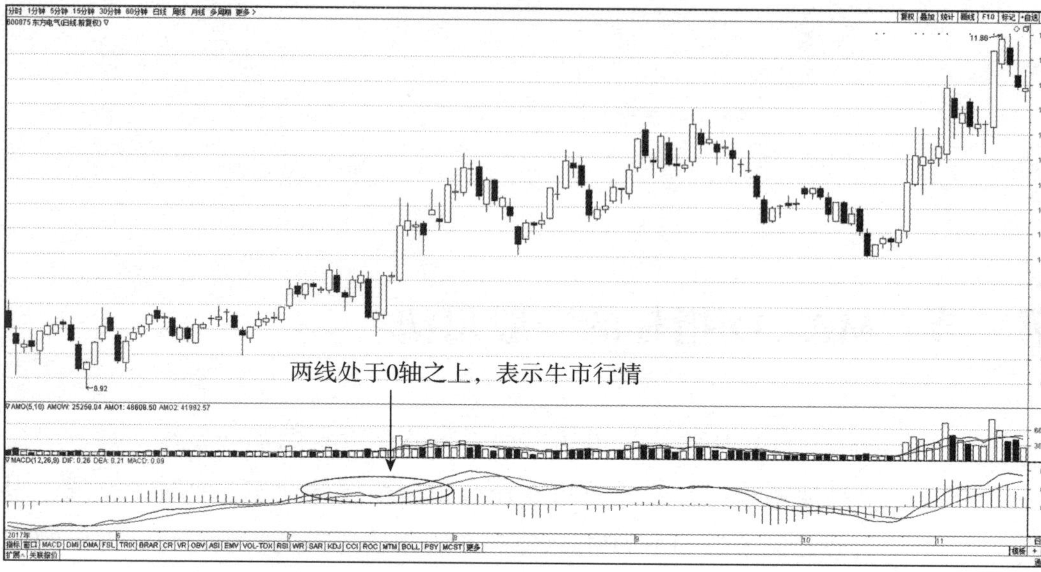


图 3-2　东方电气（600875）MACD 向上穿越 0 轴

（2）当 DIF 和 MACD 均小于 0（图形上表现为处于 0 轴以下）并向下移动时，一般表示股市处于空头行情中，可以卖出股票或观望，如图 3-3 所示。

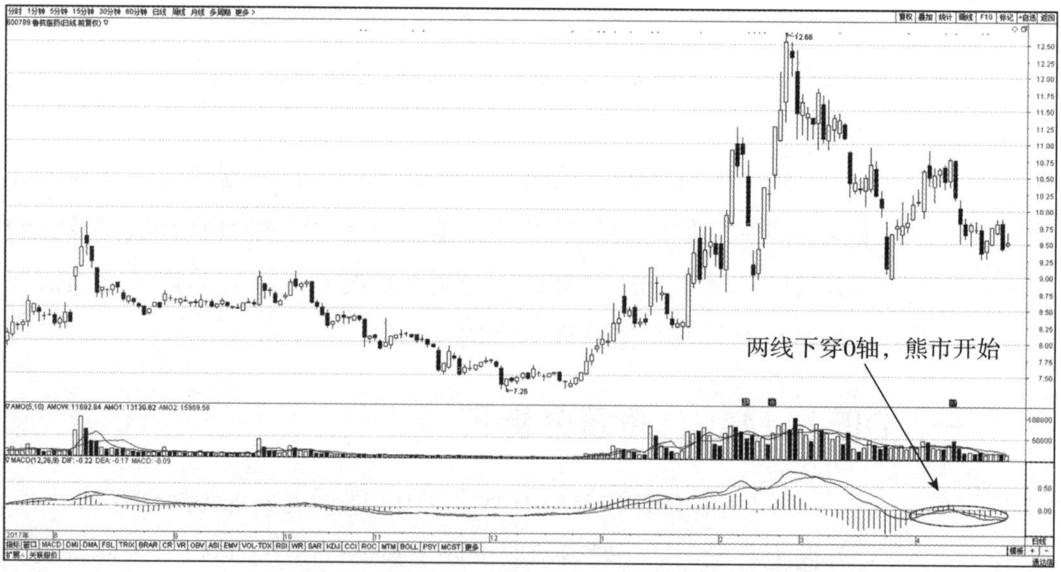


图 3-3　鲁抗医药（600789）MACD 向下穿越 0 轴

（3）当 DIF 和 MACD 均大于 0（图形上表现为处于 0 轴以上）

但都向下移动时，一般表示股票行情处于退潮阶段，股价将下跌，可以卖出股票或观望，如图 3-4 所示。

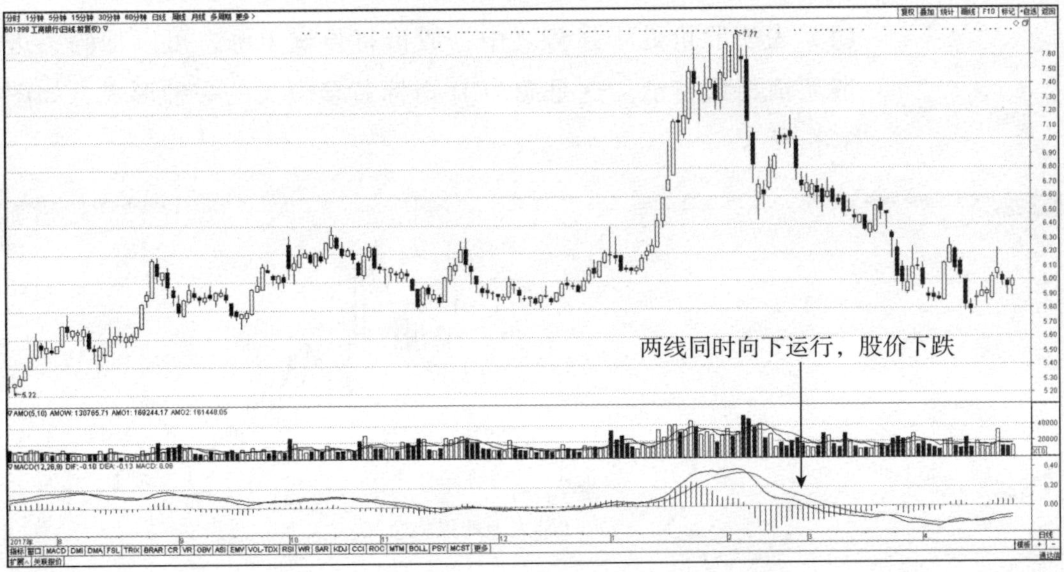


图 3-4　工商银行（601398）MACD 向下移动

（4）当 DIF 和 MACD 均小于 0（图形上表现为处于 0 轴以下）但向上移动时，一般表示行情即将启动，股票将上涨，可以买进股票或持股待涨，如图 3-5 所示。

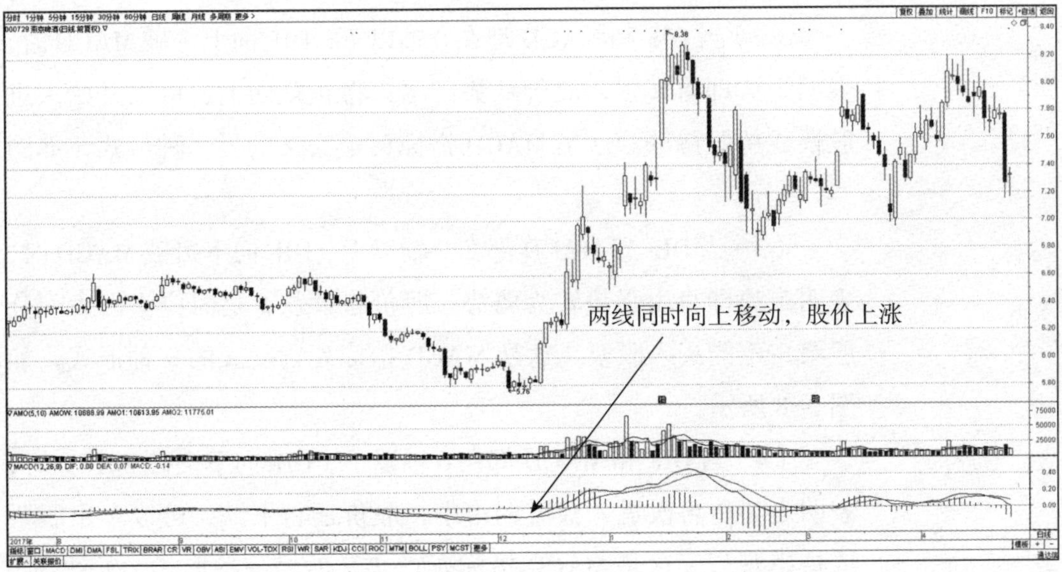


图 3-5　燕京啤酒（000729）MACD 向上移动

## 二、DIF 和 MACD 交叉分析

（1）当 DIF 与 MACD 都在 0 轴以上，DIF 向上突破 MACD 时，表明股价处于强势之中，股价将再次上涨，可以加码买进股票或持股待涨。这是 MACD 指标黄金交叉的一种形式，如图 3-6 所示。

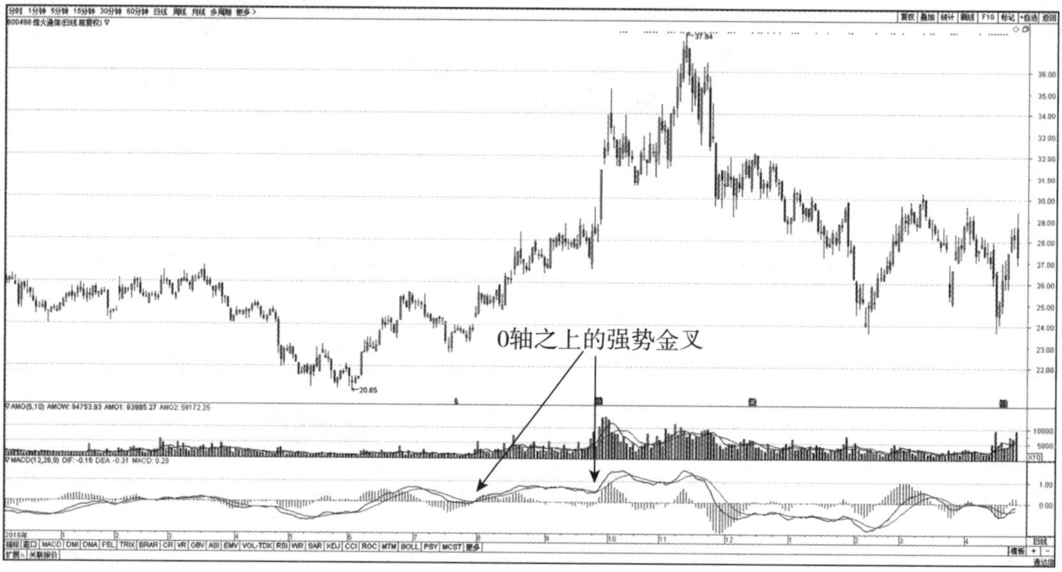


图 3-6　烽火通信（600498）MACD 指标在 0 轴之上金叉

（2）当 DIF 和 MACD 都在 0 轴以下，DIF 向上突破 MACD 时，表明走势即将转强，股价跌势已尽，将止跌向上，可以开始买进股票或持股待涨。这是 MACD 指标黄金交叉的另一种形式，如图 3-7 所示。

（3）当 DIF 与 MACD 都在 0 轴以上，DIF 向下突破 MACD 时，表明走势即将由强势转为弱势，股价将大跌，这时应卖出大部分股票，不能买入股票。这是 MACD 指标死亡交叉的一种形式，如图 3-8 所示。

（4）当 DIF 和 MACD 都在 0 轴以下，DIF 向下突破 MACD 时，表明走势将再次进入极度弱市中，股价还将下跌，可以卖出股票或持币观望。这是 MACD 指标死亡交叉的另一种形式，如图 3-9 所示。

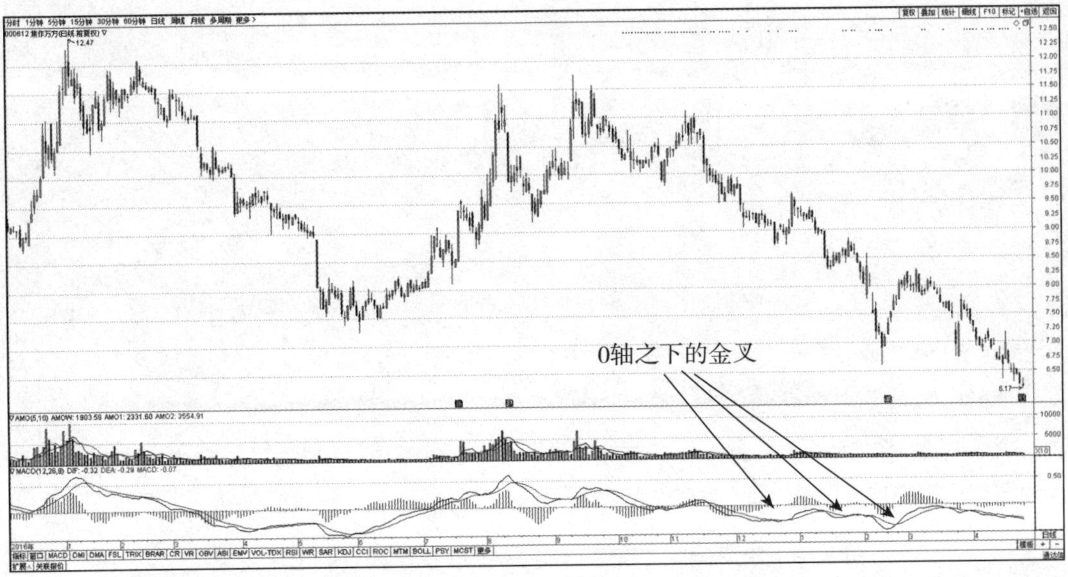


图 3-7　焦作万方（000612）MACD 指标在 0 轴之下金叉

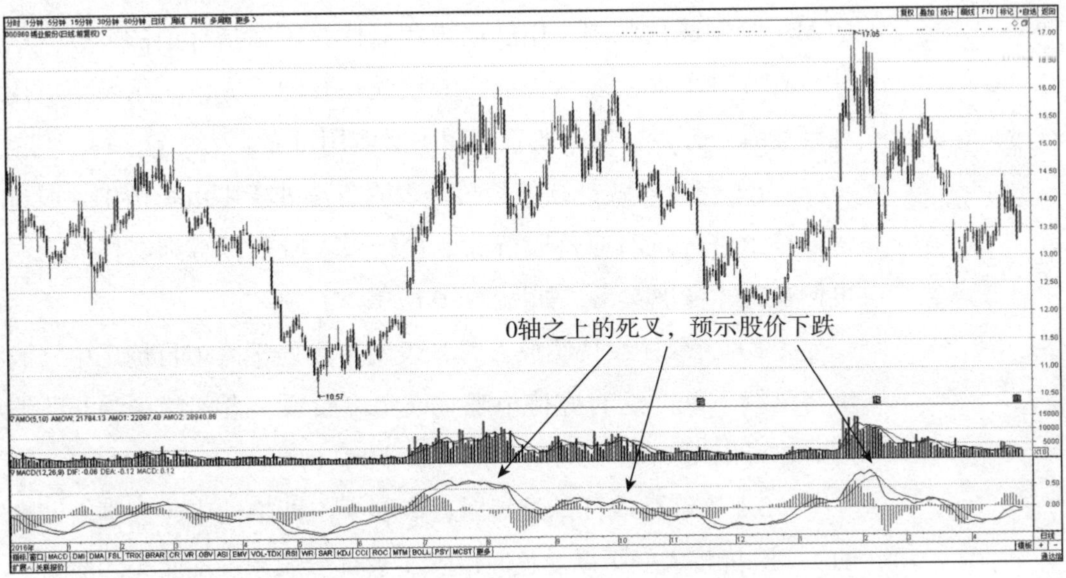


图 3-8　锡业股份（000960）MACD 指标在 0 轴之上死叉

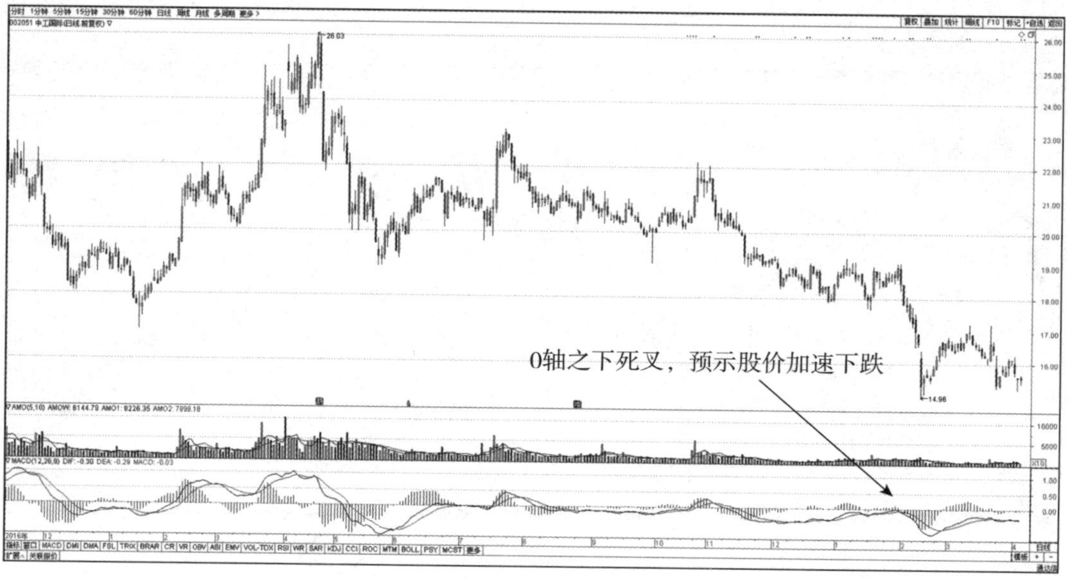


图 3–9　中工国际（002051）MACD 指标在 0 轴之下死叉

## 三、MACD 指标柱状图分析

在电脑分析软件中，通常把 DIF 值减 DEA 值（即 MACD、DEM）绘制成柱状图，用红柱线和绿柱线表示指标值的变化。红柱线在 0 轴上方，表示正值，绿柱线在 0 轴下方，表示负值。用红绿柱线来分析行情，既直观明了又实用可靠。

（1）当红柱线持续伸长时，表明市场处于牛市行情中，股价将继续上涨。这时应持股待涨或短线买入股票，直到红柱线无法再伸长时才考虑卖出，如图 3–10 所示。

（2）当绿柱线持续放大时，表明市场处于熊市行情之中，股价将继续下跌。这时应持币观望或卖出股票，直到绿柱线开始缩短时才可以考虑少量买入股票，如图 3–11 所示。

（3）当红柱线开始缩短时，表明牛市即将结束（或进入调整期），股价将大幅下跌。这时应卖出大部分股票，不能买入股票，如图 3–12 所示。

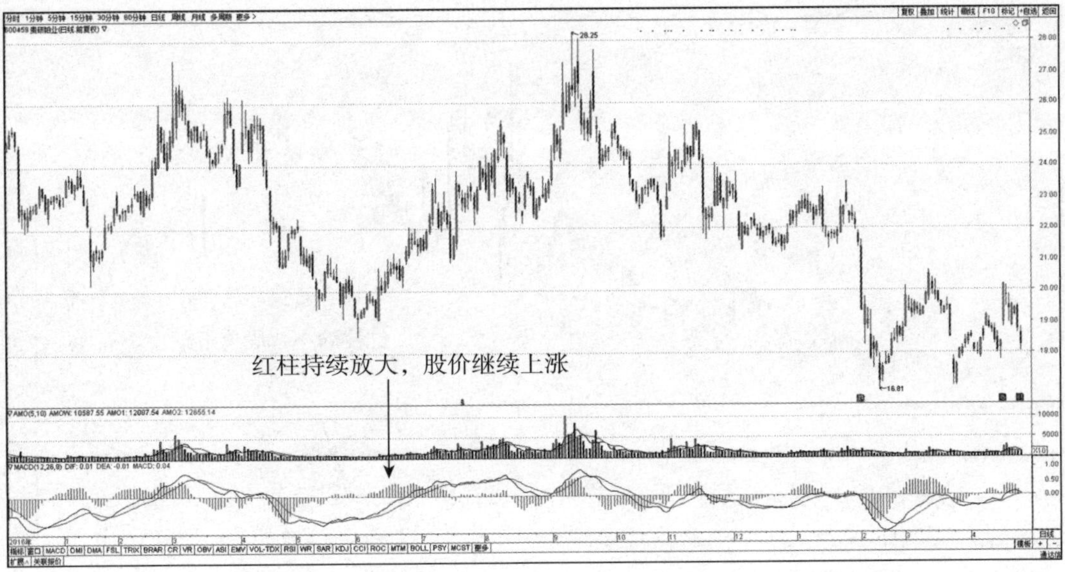


图 3–10　贵研铂业（600459）MACD 红柱持续放大

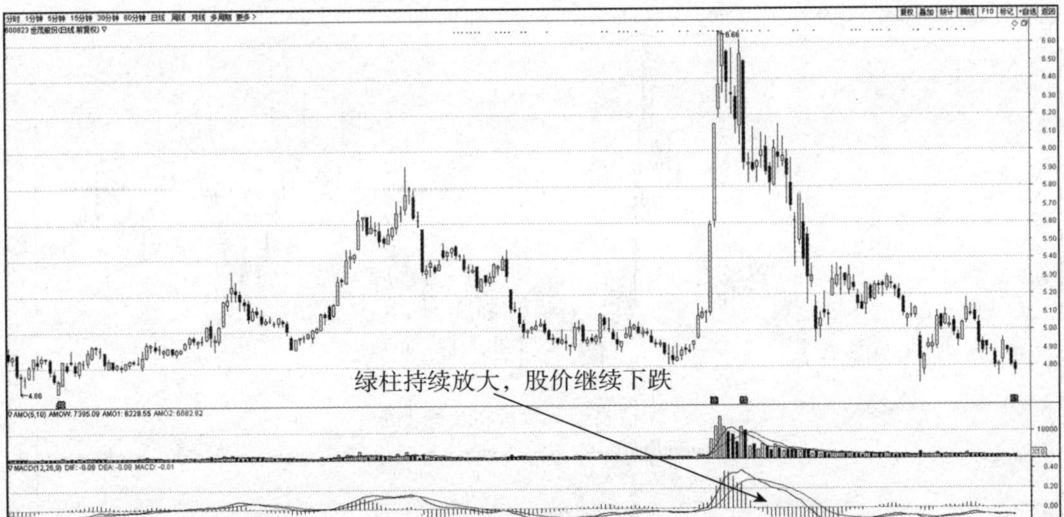


图 3–11　世茂股份（600823）MACD 绿柱持续放大

（4）当绿柱线开始缩短时，表明市场大跌行情即将结束，股价将止跌向上（或进入盘整）。这时可以少量进行长期战略建仓，不要再轻易卖出股票，如图 3–13 所示。

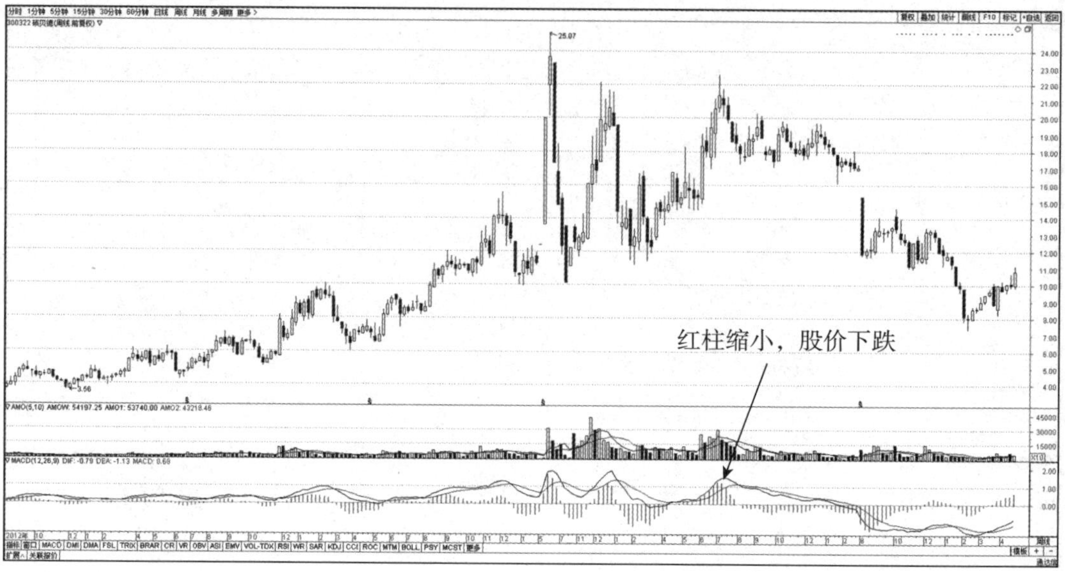


图 3-12　硕贝德（300322）周线图，2016 年 7 月 8 日红柱开始缩短

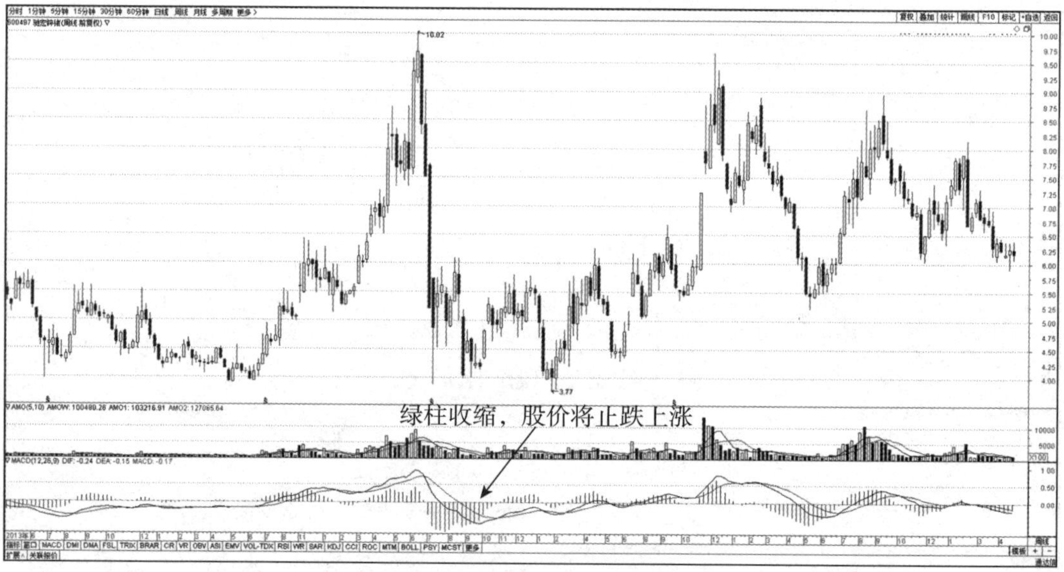


图 3-13　驰宏锌锗（600497）周线图，2015 年 9 月 11 日绿柱开始收缩

（5）当红柱消失，绿柱开始放出时，这是市场转势信号之一，表明市场上涨行情（或高位盘整行情）即将结束，股价将开始加速下跌。这时应开始卖出大部分股票，不能买入股票，如图 3-14 所示。

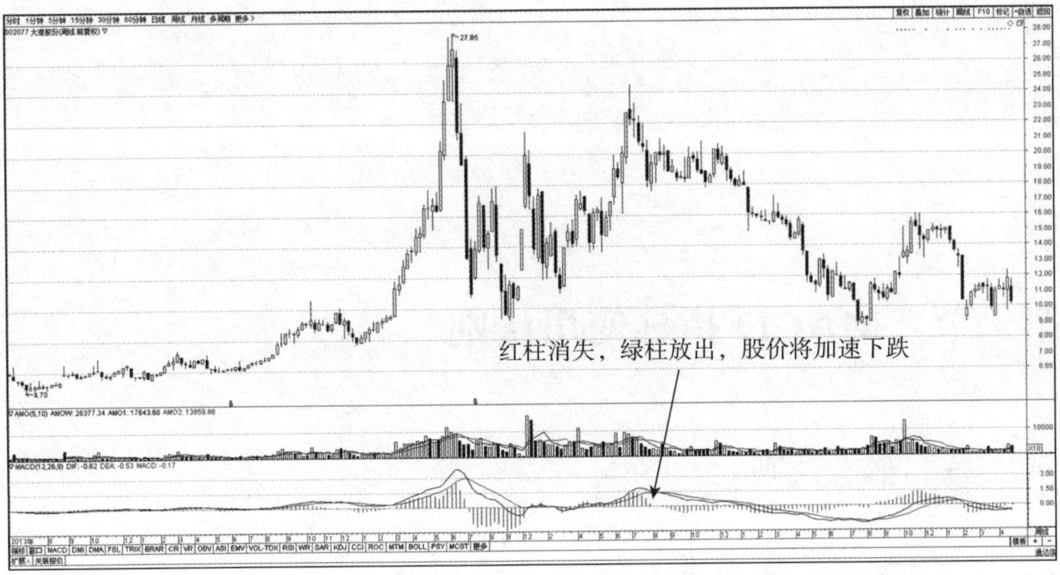


图 3-14　大港股份（002077）周线图，2016 年 8 月 12 日红柱消失、绿柱放出

（6）当绿柱消失，红柱开始放出时，这也是股市转势信号之一，表明市场下跌行情（或低位盘整）已经结束，股价将开始加速上升。这时应加码买入股票或持股待涨，如图 3-15 所示。

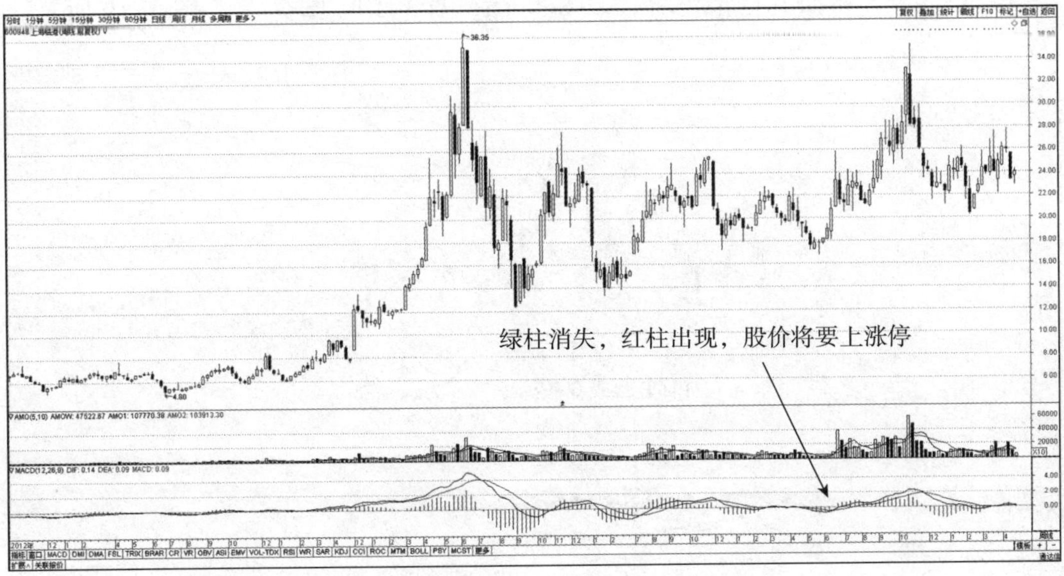


图 3-15　上海临港（600848）周线图，2017 年 6 月 23 日绿柱消失、红柱放出

# 第三节 MACD 指标使用法则

## 一、形态法则

### 1.M 头、W 底等形态

使用 MACD 指标时，还可以通过 MACD 图形形态来帮助研判行情走势。

当 MACD 的红柱或绿柱构成的图形形成双重顶底（即 M 头和 W 底）、三重顶底等形态时，可以按照形态理论的方法来分析研判行情走势，如图 3-16、图 3-17、图 3-18、图 3-19 所示。

图 3-16 中国银行（601988）MACD 形成双头

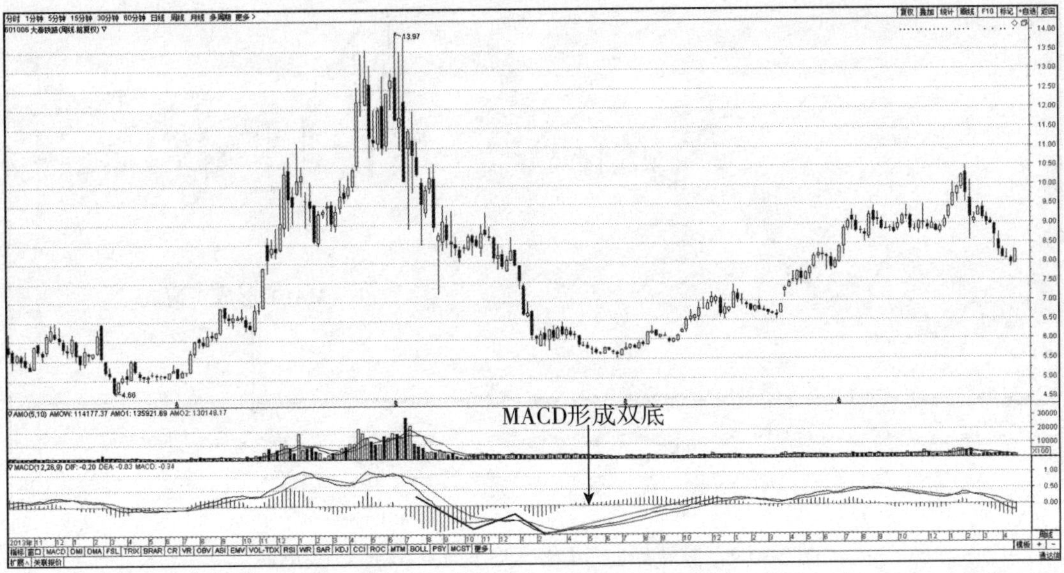


图 3-17　大秦铁路（601006）MACD 形成双底

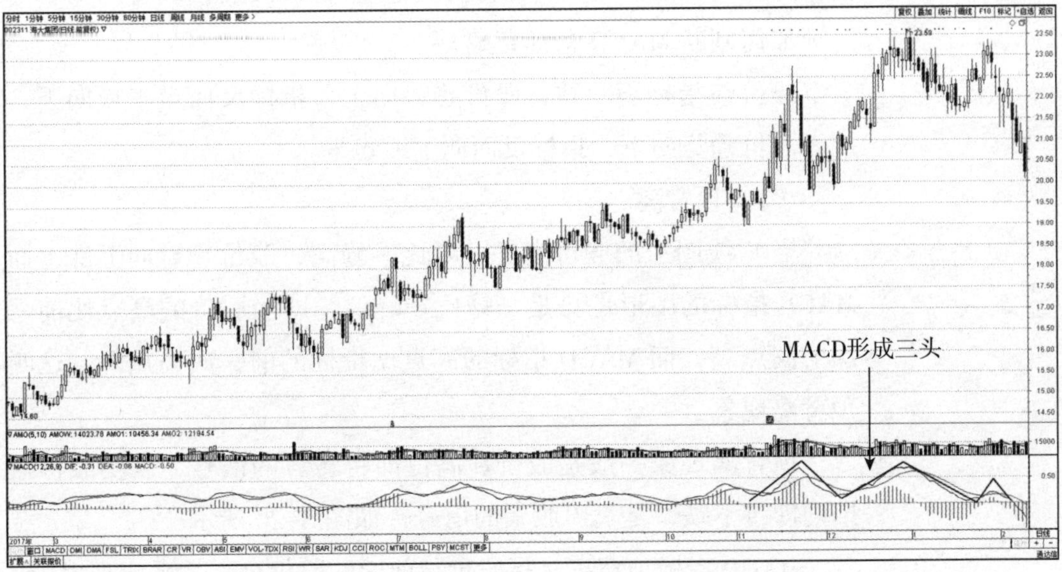


图 3-18　海大集团（002311）MACD 形成三头

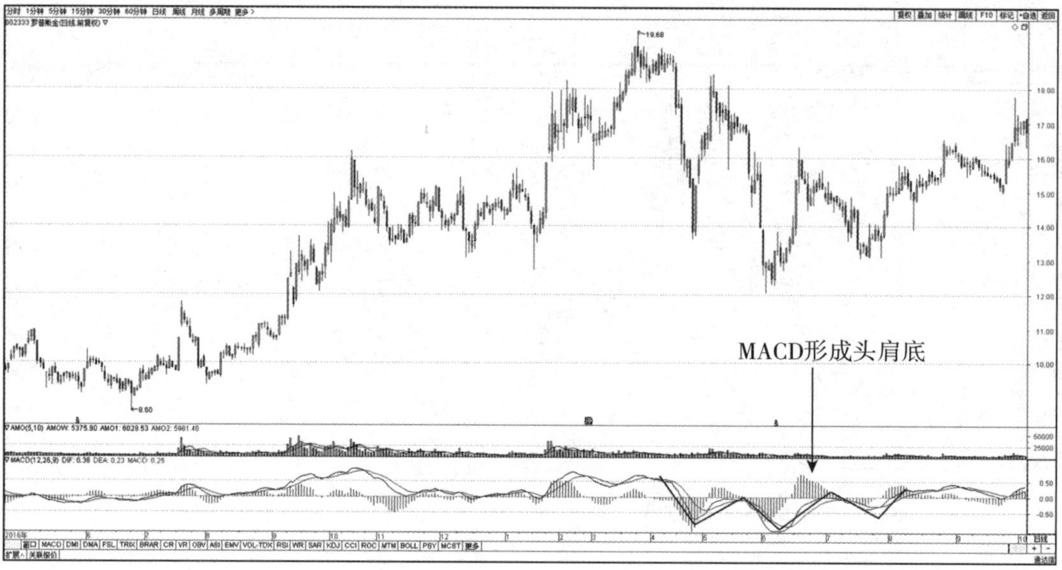


图 3-19　罗普斯金（002333）MACD 形成头肩底

## 2. 顶背离和底背离

MACD 指标的背离是指 MACD 指标的图形走势正好和 K 线图的走势方向相反。MACD 指标背离有顶背离和底背离两种。

如何判断 MACD 指标背离？

股价与指标不一致，股价趋势向上，指标反而走平或向下，或者股价趋势向下，指标反而向上或走平。

（1）顶背离。

当 K 线图上的股价走势一峰比一峰高，股价一直向上涨，而 MACD 指标的图形走势是一峰比一峰低，即当股价的高点比前一次的高点高，而 MACD 指标的高点比指标的前一次高点低，这叫顶背离现象。

顶背离现象一般是股价在高位即将转势的信号，表明股价短期内即将下跌，是卖出股票的信号，如图 3-20 所示。

MACD 指标顶背离是指股价与前面的股价高点持平或高出（宏观地看，粗看，看股价趋势），MACD 指标中的 DIF 不与股价同步向上，反而低于前期低点或持平（细看，比数值大小，这样才有可操作性），在 MACD 指标中就是 DIF 由红翻绿了。价格主要是看趋势，不一定要按最高价、最低价、收盘价来细致分析，看一个大概样子就可以了。图 3-20 中的 DIF 是和前面的峰比高低，比较尽量要精确。

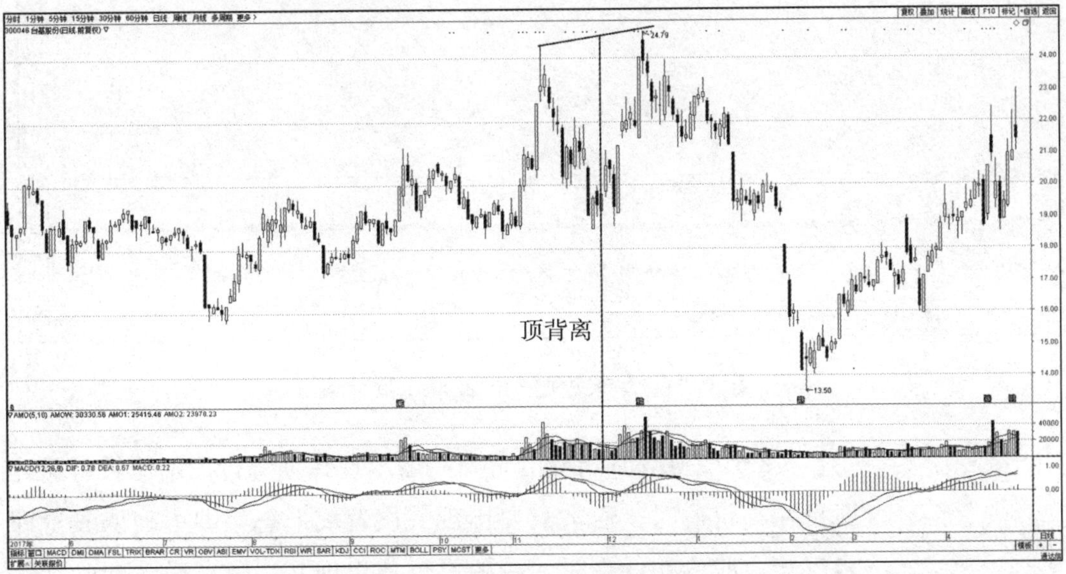


图 3-20 台基股份（300046）顶背离

发挥性用法就是不看上面的股价，只看 MACD 指标的 DIF 最高点。只要这个新出来的 DIF 高峰没有超过前高，就算是顶背离了，一般往下至少有 15% 的跌幅。深层的原理是股价超越前高而 DIF 没有创新高，属于顶背离；没有超越前高，意味着这只是 b 浪反弹，随后将马上展开 c 浪下跌，下跌幅度更深，后市看空。

（2）底背离。

底背离一般出现在股价的低位区。在股价 K 线图上，股价走势还在下跌中，而 MACD 指标的图形走势是一底比一底高，即当股价低点比前一次低点低，而指标的低点却比前一次的低点高时，就叫底背离现象。底背离现象一般是预示股价在低位可能反转向上的信号，表明股价短期内可能反弹向上，是短期买入股票的信号，如图 3-21 所示。

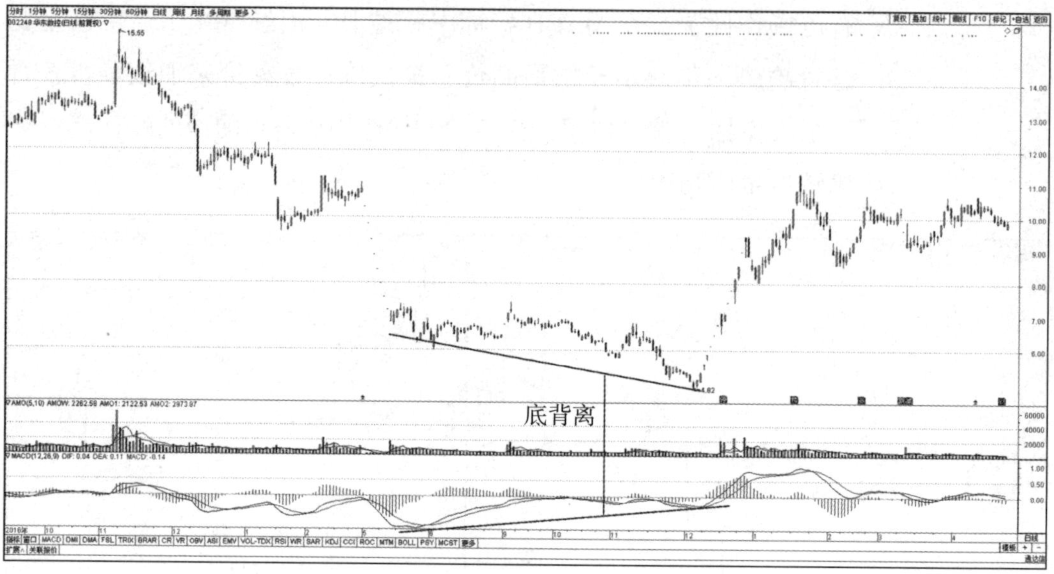


图 3–21　华东数控（002248）底背离

实践中，MACD 指标的背离一般出现在强势行情中比较可靠。股价在高价位时，通常只要出现一次背离形态，即可确认股价即将反转；股价在低位时，一般要反复出现几次背离后才能确认。因此，实战中用 MACD 指标顶背离研判行情走势的准确性要高于底背离，这一点投资者要加以留意。

股价创新低，DIF 不再创新低（前面应有一个最低点），这个次低点的后一天就是底背离点。要注意：这个次低点是由后一天的上涨而形成，底背离点只是一个进货参考点。

发挥性用法就是不看上面的股价，只看 DIF，只要 DIF 不再创新低了，造成这次低点的那天就是底背离点。原因是股价创新低，DIF 不创新低属于底背离；股价不创新低，意味着 2 浪或者 4 浪回调，马上将展开主升浪，因此后市看多。

这里要说明的是，教科书上所说的 MACD 指标背离是股价与 MACD 指标中的 MACD 比较，而本书是股价与 MACD 指标的 DIF 值比较。

### 3. 趋势线、压力线

在 MACD 指标中画趋势线和压力线，比在 K 线图中画更简单、更实用、更有效。MACD 突破压力线可以买进，跌破支撑线可以卖出，如图 3-22、图 3-23 所示。

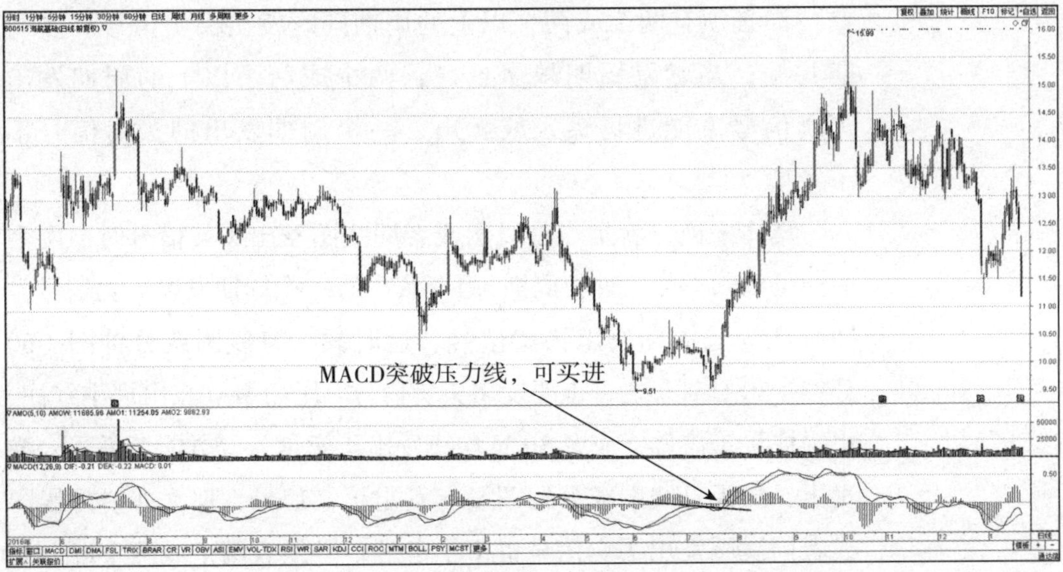


图 3-22　海航基础（600515）向上突破压力线可买进

图 3-23　湖南黄金（002155）向下跌破支撑线可卖出

## 二、多周期共振法则

多周期指的是月、周、日、60分钟、30分钟、15分钟、5分钟这7个K线周期。月、周可以归类为一个周期，60分钟、30分钟可以归类为一个周期。多周期共振是指任何一个买点或卖点，都必须有两个或两个以上的周期同时发出买卖信号。多周期共振，当然是周期越多越好，两个或两个以上的周期发出买卖信号方能进场买入或卖出，一个周期发出的买卖信号不予考虑。

具体来说，就是当月线图或者周线图发出买卖信号时，两个周期可以归类为一种长周期，只要其中有一个周期发出买卖信号，即可认为长周期发出买卖信号。这时候，日线图或分钟图（60分钟、30分钟）之一也要发出买卖信号，比如MACD出现小红柱、小绿柱买卖信号，或者30日均线发出买卖信号，方能考虑买入或卖出。如果日线图或分钟图没有发出买卖信号，那么即使月线图或者周线图发出买卖信号也不予考虑，必须有两个或两个以上的周期发出买卖信号，方能考虑进场交易。

如果是做短线交易，则是当60分钟图或者30分钟图发出买卖信号时（这两个周期可以归为长周期，只要其中有一个发出买卖信号，就可以认为长周期发出信号），这时候，如果15分钟图或者5分钟图其中之一也发出买卖信号，比如MACD指标出现小红柱、小绿柱买卖信号，或者MA30均线发出买卖信号，方能考虑买入或卖出。如果15分钟图或5分钟图没有买卖信号，那么即使60分钟图或者30分钟图发出买卖信号，也不应考虑交易，必须有两个或两个以上的周期发出买卖信号，方能考虑进场交易。

当然，如果月线图和周线图都有买卖点，那么说明后市的涨跌力度将会很大。一旦日线图或者分钟图发出买卖信号，交易者应重仓长线持有或空仓持币观望。因为这是两个以上周期发出的共振买卖点，分钟图也一样。

另外要强调一点，在这里，选什么指标并不是最重要的。可以用 MACD 指标，也可以用 KDJ 指标，都没关系，重要的是必须几个周期共同发出买卖信号，如图 3-24、图 3-25 所示。

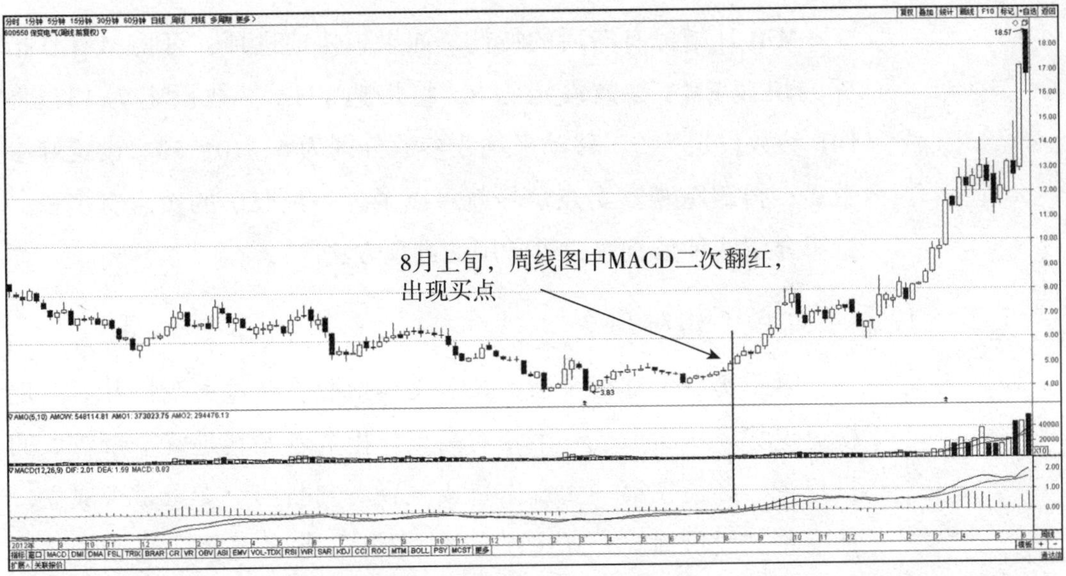


图 3-24　保变电气（600550）周线图出现买点

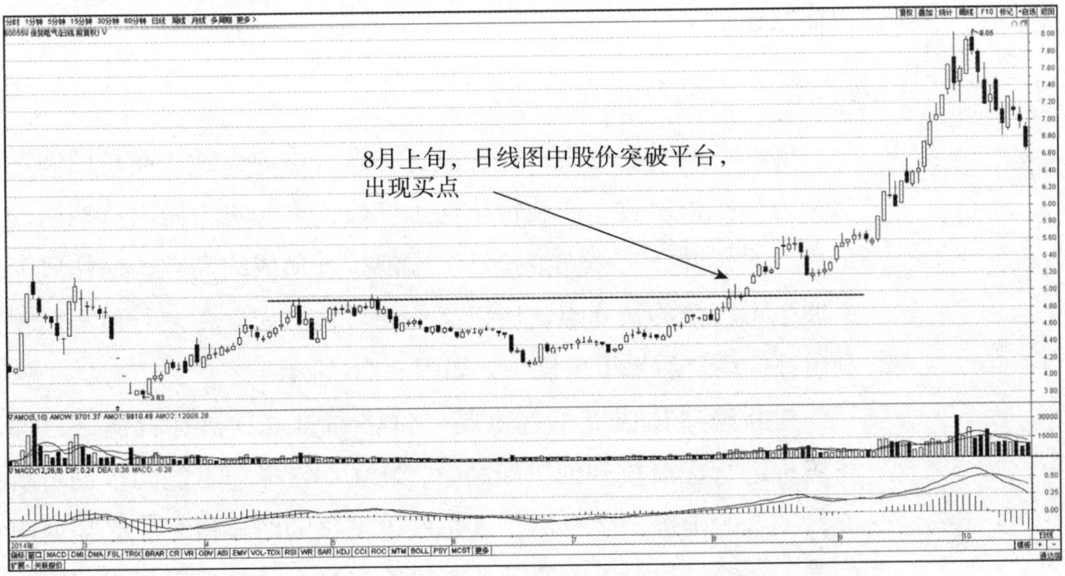


图 3-25　保变电气（600550）日线图出现买点

## 三、参数的修改法则

MACD 指标参数越大，反应越慢，表现也越稳定；参数越小，反应越快，表现也越灵活。

MACD 指标有滞后的特性，如果想快速逃顶，可将 MACD 指标的快速 EMA 参数设定为 8，将慢速 EMA 参数设定为 13，将 DIF 参数设定为 9。移动平均线参数分别为 5、10、30。设定好参数后，再跟踪观察卖点信号就可以了。一只股票的卖点有多种，这里介绍两种最有效、最常用的逃顶方法。

### 1. 第一卖点（相对顶）

第一卖点也称相对顶，其含义是指股价经过大幅拉升后出现横盘走势，从而形成一个相对高点。投资者尤其是资金量较大的投资者，必须在第一卖点出货或减仓。判断第一卖点是否成立，标准是“股价横盘，MACD 死叉卖出”。也就是说，当股价经过连续上涨出现横盘时，5 日、10 日移动平均线尚未形成死叉，但 MACD 率先死叉，死叉之日便是第一卖点出现之时，此时应该卖出或减仓。

### 2. 虚浪卖点（绝对顶）

第一卖点形成之后，有些股票并没有出现大跌，而是回调之后主力为掩护出货，假装价格向上突破，多头主力做出货期间的最后一次拉升，又称虚浪拉升。虚浪拉升形成的高点，往往成为一波牛市行情的最高点，所以又称绝对顶。如果在绝对顶不能顺利出逃的话，后果不堪设想，如图 3–26 所示。

判断绝对顶成立的标准是“价格和 MACD 指标背离”，即当股价进行虚浪拉升创出新高时，MACD 指标却不能同步创出新高，二者的走势产生背离，这是股价见顶的明显信号。必须说明的是，在绝对顶卖出股票时，不能等 MACD 死叉后再卖出，因为当 MACD 死叉时，股价已经下跌了很多。在虚浪顶卖出股票，必须参考 K 线组合。

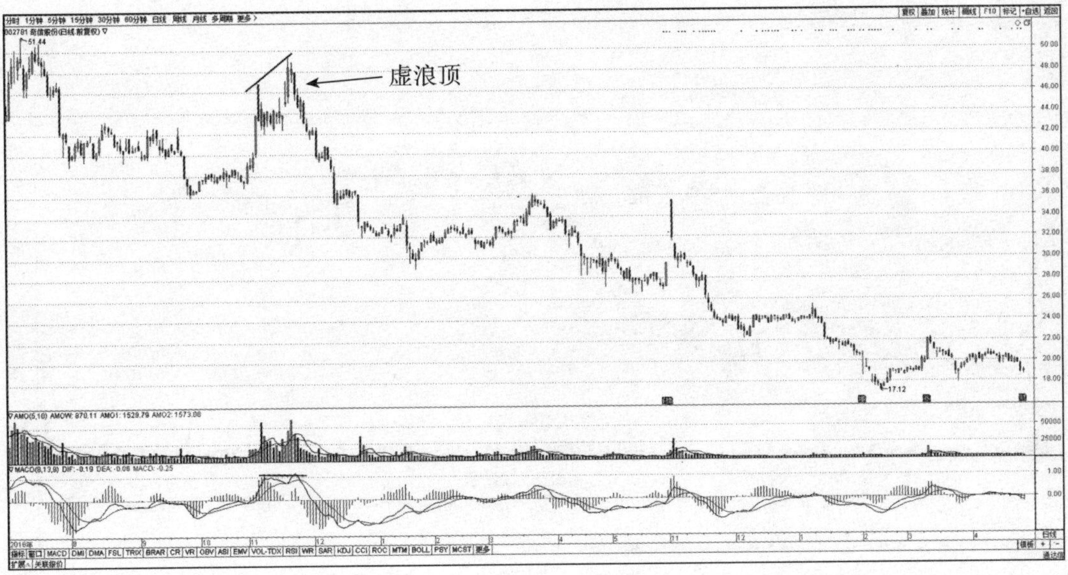


图 3-26 奇信股份（002781）2016 年 11 月 7 日形成相对顶，2016 年 11 月 21 日形成虚浪顶

一般来说，在虚浪急拉过程中，如果出现“高开低走阴线”或“长下影涨停阳线”时，是卖出的极佳时机。最后需要提醒投资者的是，由于 MACD 指标具有滞后性，用 MACD 指标寻找最佳卖点逃顶，特别适合那些大幅拉升后做平台头的股票，不适合那些急拉急跌的股票。另外，以上情况大多出现在股价大幅上涨之后，也就是说，出现在股票主升浪之后。如果一只股票尚未大幅上涨，没有出现过主升浪拉升，那么不要用以上方法指导卖出交易。

## 四、均线为先法则

均线有支撑和压力作用，多条均线组合在一起就形成了均线流。笔者把所有组合在一起的均线比喻成渔网，把 K 线比喻成鱼，如果 K 线在所有均线的上方，就好比鱼在渔网上面一样，鱼跳起来没有遮挡。如果 K 线在所有均线的下方，就好比鱼在渔网下面一样，阻力重重。

在上升趋势中，均线黏合后多头发散，一般后市看好，有大行情，如图 3-27、图 3-28 所示。

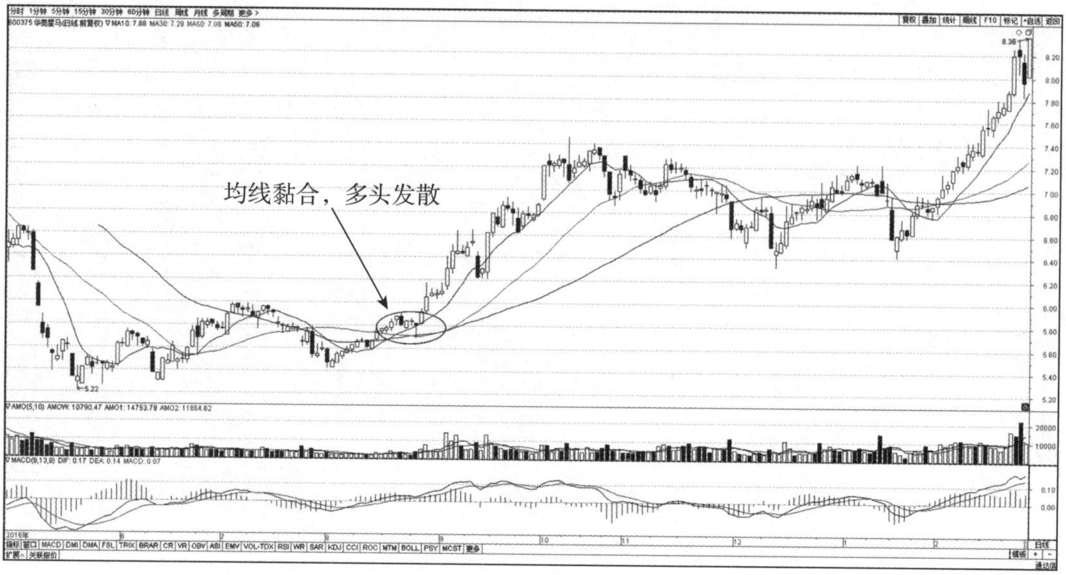


图 3-27　华菱星马（600375）均线黏合，多头发散

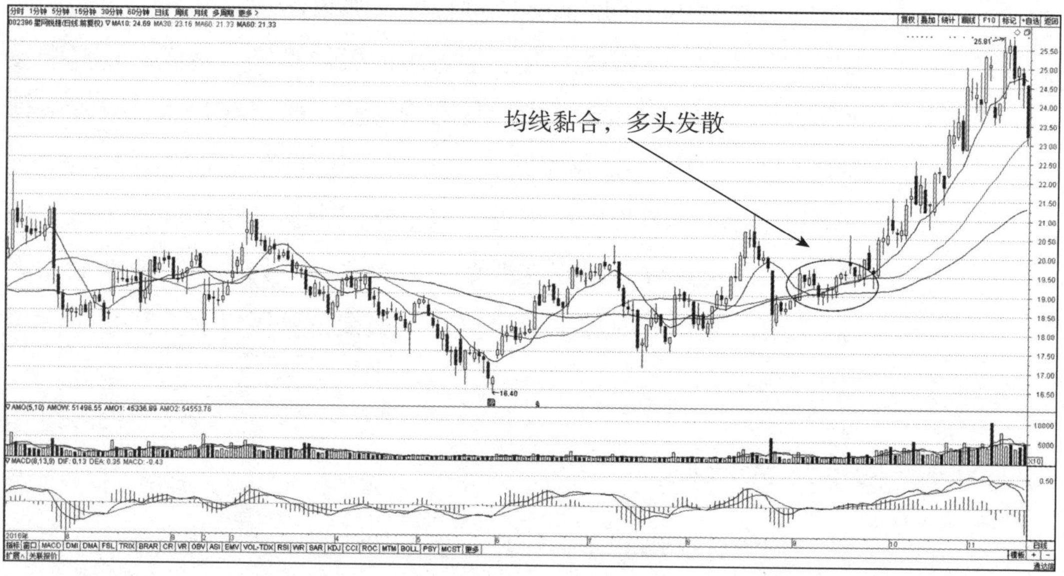


图 3-28　星网锐捷（002396）均线黏合，多头发散

## 五、红绿柱法则

柱状线在0轴上下移动，给出的是中短期信号。如果柱状线在0轴之上，至少要持续3天，这时的价格趋势定义为中短期多头。

如果柱状线在 0 轴之下，最少要持续 3 天，这时的价格趋势定义为中短期空头。

理论上，柱状线在 0 轴之下，按最长一根为依据买进，在 0 轴之上以最长一根为依据卖出，一般都是可以获利的。相对地，在期货市场，空头最大的获利也是选择柱状线在 0 轴之上的最长一根做空，在 0 轴之下的最长一根买回，这样可以获得最大利润。

为什么要选择在柱状线最长时进场呢？答案就在于它是暴涨暴跌时产生的。当市场价格在短时间内暴跌时，最有可能的变化是柱状线由长变短，由正转负；当市场价格在短时间内暴涨时，最有可能的变化是柱状线由短变长，由负转正。

不过投资者也会发现一种现象，就是当价格从大跌变为中跌再变为小跌时，早先依据柱状线最长时介入的资金，在后市的发展中却无利可图。类似的情况是，当价格从大涨变为中涨再变为小涨时，依据柱状线最长时减掉的仓位，在后市的发展中也会损失不少利润。投资者没能抓住较好的出场点，这是什么原因呢？道理很简单，因为价格并没有向相反的方向发展。

于是问题就来了，暴涨之后，余波仍在，其后常常有续涨；暴跌之后市场通常不会马上止跌，后期常常有续跌的现象。这一波三折的走势，是造成根据柱状线难以找到准确进出点的根本原因。

如果出现这样的情况，价格波动的最大获利点，是在一波三折之后的低点买进。三折的意思是跌了又跌。跌了三次，自然是跌深了，这时再结合趋势演化，就可以选择进场点了。

相对地，价格涨了又涨，一涨再涨，在初升段、主升段、再升段之后的高点做空，再结合顶背离现象，才有获得最大利润的可能性。

根据时间周期，绿柱线间隔的时间越长，未来上涨空间和力度越大，持续时间越长；红柱线维持的时间越长，未来下跌空间和力度越大，持续时间越长。

# 第四节　MACD 指标的实战技巧

MACD 指标的实战技巧主要集中在 MACD 指标的金叉、死叉以及 MACD 指标中的红绿柱状线的转换等方面。

## 一、买入信号

### 1. MACD 交叉情况分析

（1）0 轴线以下区域的弱势黄金交叉。

MACD 指标中的 DIF 线和 MACD 线在远离 0 轴线以下区域同时向下运行很长一段时间后，当 DIF 线开始转为横向运行或缓慢勾头向上靠近 MACD 线时，如果 DIF 线接着向上突破 MACD 线，这是 MACD 指标的第一种黄金交叉。

这种黄金交叉表示股价经过很长一段时间的下跌并在低位整理后，股价将开始反弹向上，是短线买入信号。这种黄金交叉只是预示着反弹行情可能出现，并不表示该股的下跌趋势已经结束，可能出现股价反弹行情很快结束，股价随后重新下跌的情况。对于这种情况，投资者应谨慎对待，在设置好止损价位的前提下少量买入做短线反弹行情，如图 3-29 所示。

（2）0 轴线附近区域的强势黄金交叉。

当 MACD 指标中的 DIF 线和 MACD 线都运行在 0 轴线附近区域时，如果 DIF 线在 MACD 线下方由下向上突破 MACD 线，这是 MACD 指标的第二种黄金交叉。

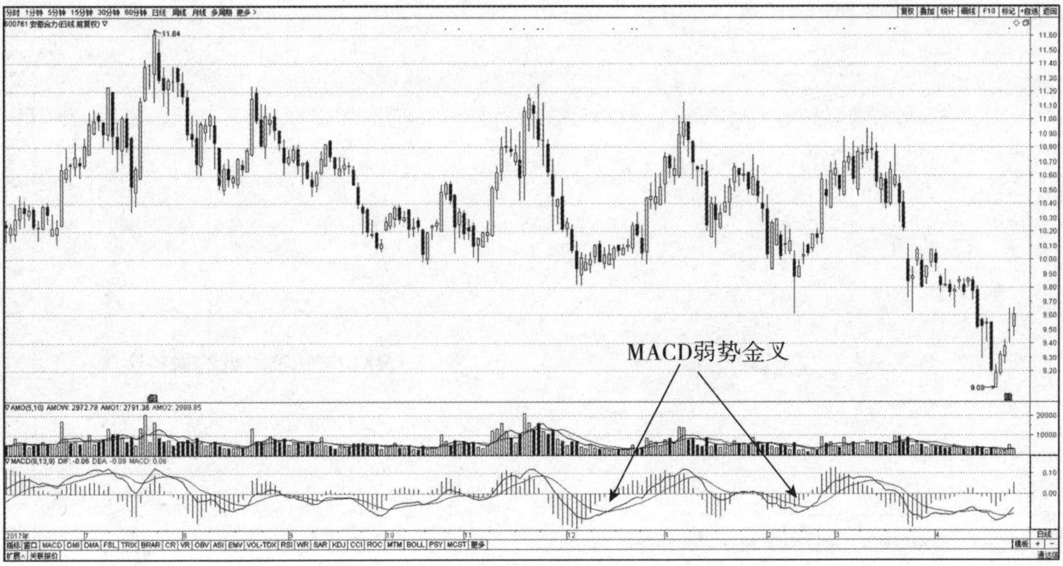


图 3-29　安徽合力（600761）2017 年 12 月 15 日 MACD 指标在 0 轴之下出现金叉，反弹出现，但下跌趋势仍未结束

这种黄金交叉表示股价经过一段时间的涨势并在高位或低位整理后，股价将开始一轮比较大的上涨行情，是中长线买入信号。该信号可能预示股价一轮升幅可观的上涨行情将很快开始，对投资者来说，是比较好的买入股票的时机。

对于这种黄金交叉，投资者应区别对待。

①当股价是在底部小幅上升，并经过了短时间的一段横盘整理，然后股价放量向上突破，同时 MACD 指标出现这种金叉时，是长线买入信号。此时投资者可以长线逢低建仓，如图 3-30 所示。

②当股价从底部启动，已经出现一轮涨幅比较大的上升行情，并经过上涨途中较长一段时间的中位回档整理，然后股价再次掉头向上扬升，同时 MACD 指标出现这种金叉时，是中线买入信号，如图 3-31 所示。

（3）0 轴线以上区域的一般黄金交叉。

当 MACD 指标中的 DIF 线和 MACD 线都运行在 0 轴线以上区域时，如果 DIF 线在 MACD 线下方掉头，由下向上突破 MACD 线，这是 MACD 指标的第三种黄金交叉。

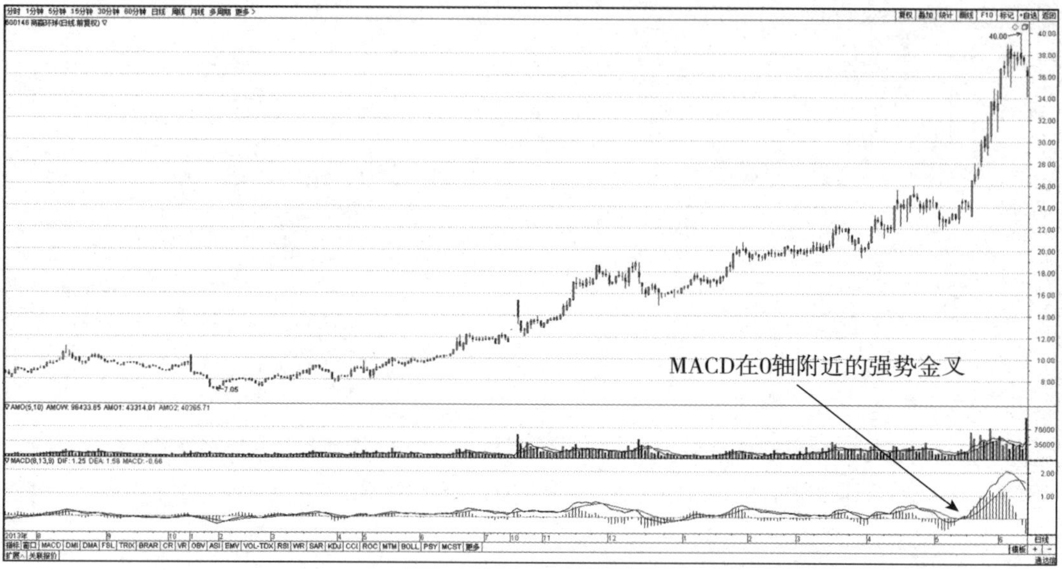


图 3–30　商赢环球（600146）MACD 指标在 0 轴附近出现金叉

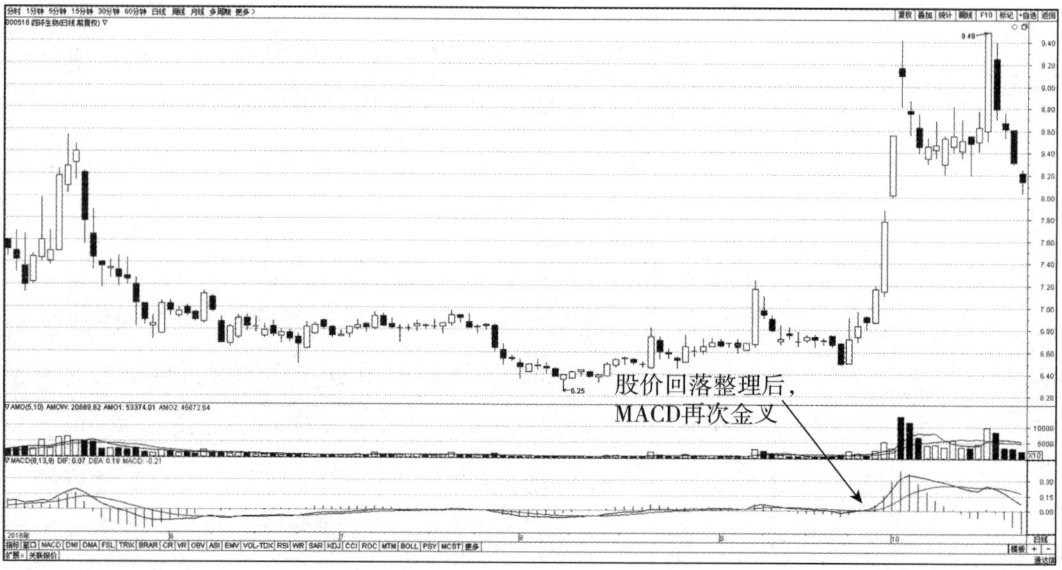


图 3–31　四环生物（000518）MACD 指标在 0 轴附近再次金叉

这种黄金交叉表示股价经过一段时间的高位回档整理后，开始启动新一轮涨势，是第二个买入信号。此时，激进型投资者可以短线加码买入股票，稳健型投资者则可以继续持股待涨，如图 3–32 所示。

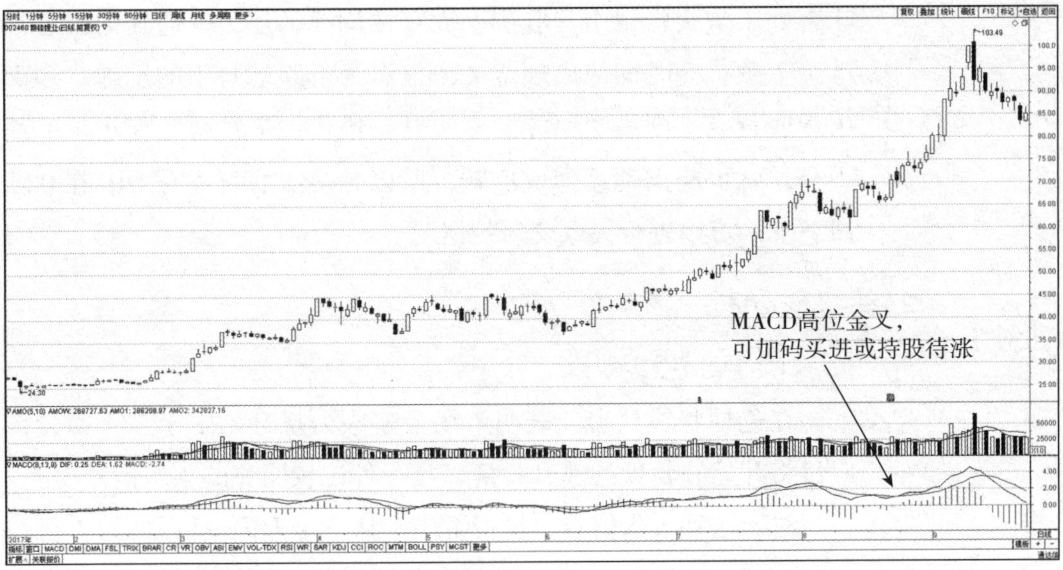


图 3–32　赣锋锂业（002460）2017 年 8 月 25 日 MACD 指标在 0 轴之上再次金叉

0 轴线上方金叉买入法。MACD 指标两曲线在 0 轴线上方金叉时，以买入为主，在 0 轴线上方附近金叉时更是如此。MACD 指标在 0 轴线上方金叉，一般以一波上升行情后回档调整再出现上涨的情况居多。

MACD 指标在 0 轴线上方金叉的走势，有两种情况要注意。

①前一波上升行情升幅不大，力度不强时，MACD 指标在 0 轴线上方金叉后，后面的上升行情会比前一波上升行情升幅大，力度强。

②前一波上升行情升幅较大，力度较强时，MACD 指标在 0 轴线上方金叉后，后面的行情一般不太大。

要注意的问题是，根据 MACD 指标的计算原理，应该强调 DIF 运行在 0 轴线下进行交易的前提要求。

DIF 在 0 轴线下运行时，要依据 MACD 指标买卖股票，只有出现多次底背离的情况才可以。总的来说，一般不考虑 DIF 在 0 轴线下进行交易。DIF 表示的是时间期限长短不同的均线的离差数据，DIF 在 0 轴线上，表明均线多头排列，即使 DIF 数值变小，股价也常会受到均线的支撑转而再度上升。DIF 在 0 轴线下，意味着处于空头行情中，股价上方存在均线的压力，遇到均线后常继续下跌。此时即使出现金叉，也多为下跌趋势中的反弹。多次出现底背离，则表明原先的多头开始惜售，下跌势头变小。下跌不易，就可能出现反弹或反转，所以，多次底背离是 DIF 在 0 轴线下唯一可以进行买入交易的情况。

## 2. 柱状线分析

（1）红色柱状线。

红色柱状线放出，表明市场上多头力量开始强于空头力量，股价将开始一轮新的涨升行情，是一种比较明显的买入信号。

对于这种买入信号，投资者也应从三个方面进行分析。

①当 DIF 线和 MACD 线都在 0 轴线以上区域运行，说明市场处于多头行情中，股价将继续上涨。当 MACD 指标在 0 轴线上方经过短暂的回调整理后，红色柱状线再次放出时，投资者可继续持股做多，空仓者可逢低买入，如图 3-33 所示。

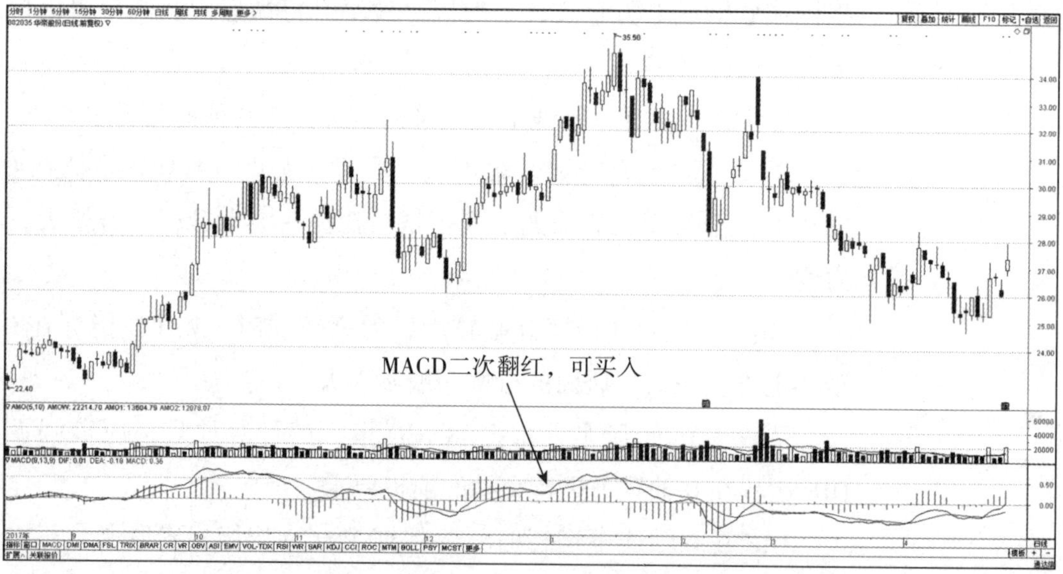


图 3-33　华帝股份（002035）MACD 红柱再度放出

②当 DIF 线和 MACD 线都在 0 轴线以下区域运行，说明市场处于空头行情中，股价将继续下跌探底。当 MACD 指标中的绿柱线经过很长一段时间的低位运行之后慢慢收缩，此时出现红色柱

状线，表明股价可能出现反弹，但中长期下跌趋势并没有完全改变。此时，激进型投资者可以在设置好止损点的前提下短线少量买入股票，稳健型投资者可以继续持币观望，如图 3-34 所示。

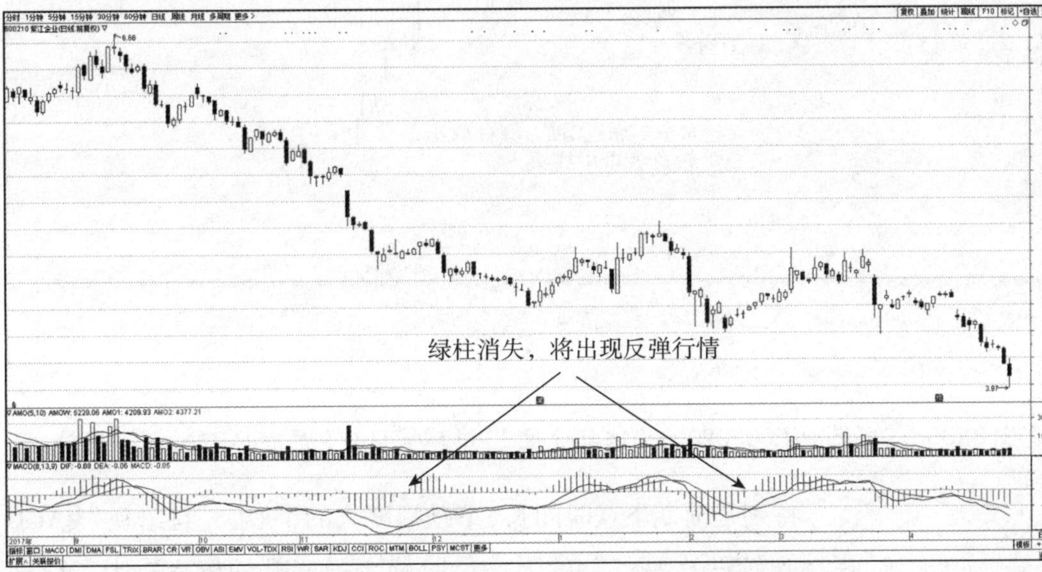


图 3-34 紫江企业（600210）MACD 出现红柱

③当 DIF 线和 MACD 线都在 0 轴线以下区域运行，但这两条线在低位出现过一次黄金交叉后，其运行方向开始同时向上并越来越向上靠近 0 轴线时，如果此时开始放出红色柱状线（特别是第二次放出），表明股价经过长时间的整理后，下跌趋势已经结束，股价在大量买盘的推动下，将开始一轮新的上升行情，这是投资者中长线买入股票的一个较好时机。此时，投资者应及时买入股票或持股待涨，如图 3-35 所示。

（2）MACD 指标连续两次翻红。

MACD 指标连续两次翻红包括两线黏合、曲线运动和风洞等形态。

MACD 连续两次翻红使用法则如下。

满足“MACD 指标连续两次翻红”的个股往往会有非常好的上涨行情。所谓 MACD 指标连续两次翻红，是指 MACD 指标第一次出现红柱线后，还没有等红柱线缩没变绿便再次放大，这是利用 MACD 指标选强势股的关键，也是最佳买点。

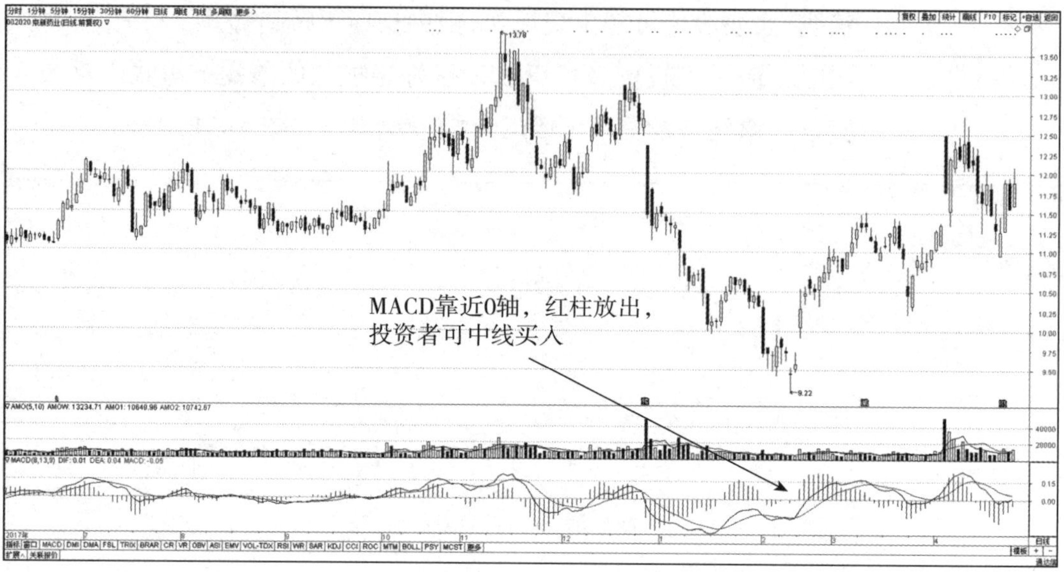


图 3-35　京新药业（002020）2018 年 2 月 13 日 MACD 金叉后靠近 0 轴，出现红柱

特别是前期下跌时间长、下跌幅度大的个股，一旦出现“MACD 指标连续两次翻红”的形态，股价企稳回升的概率较大。根据 MACD 指标计算原理，应该强调 DIF 即白线运行在 0 轴附近或之上的前提要求，如图 3-36 所示。

图 3-36　远光软件（002063）2018 年 1 月 2 日 MACD 的红柱再次加长

如果某只个股走势符合上述总的原则，同时又符合以下 4 个条件，则该股短期出现大幅上升的概率非常大。

① 30 日移动平均线由下跌变为走平或翘头向上，5 日、10 日、30 日移动平均线刚刚形成多头排列。

②日 K 线刚刚上穿 30 日移动平均线，或在 30 日移动平均线上方运行。

③ DIF 在 0 轴下方与 MACD 线金叉后，可靠性将会更大。在第一次翻红后，红柱线开始缩短，缩得越短越好，但最好不要超过 0 轴这一横线。

④成交量由萎缩逐渐放大。特别是在第二次翻红后，若能得到成交量放大的配合，该股后市将向上冲击得更高，如图 3–37 所示。

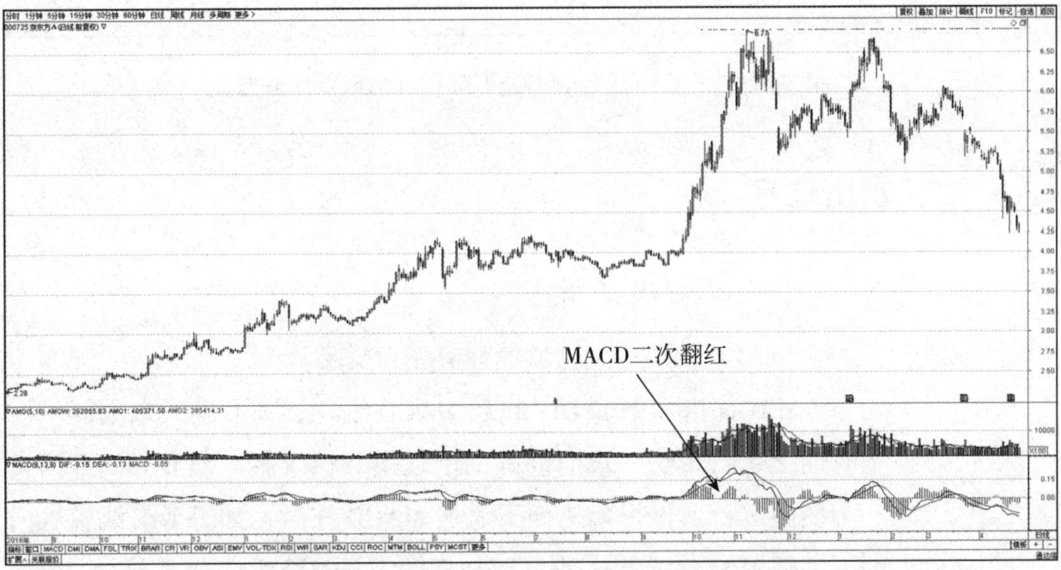


图 3–37 京东方 A（000725）MACD 再次翻红，成交量有效放大

### 3. MACD 指标双底分析

当 MACD 指标中的 DIF 线和 MACD 线在 0 轴附近运行了很长一段时间之后，绿色柱状线构成一底比一底高的双底形态时，表明股价的长期下跌趋势可能结束，股价将在成交量的配合下开始

一轮新的中长期上升行情。此时，投资者可以逢低分批建仓，如图 3–38 所示。

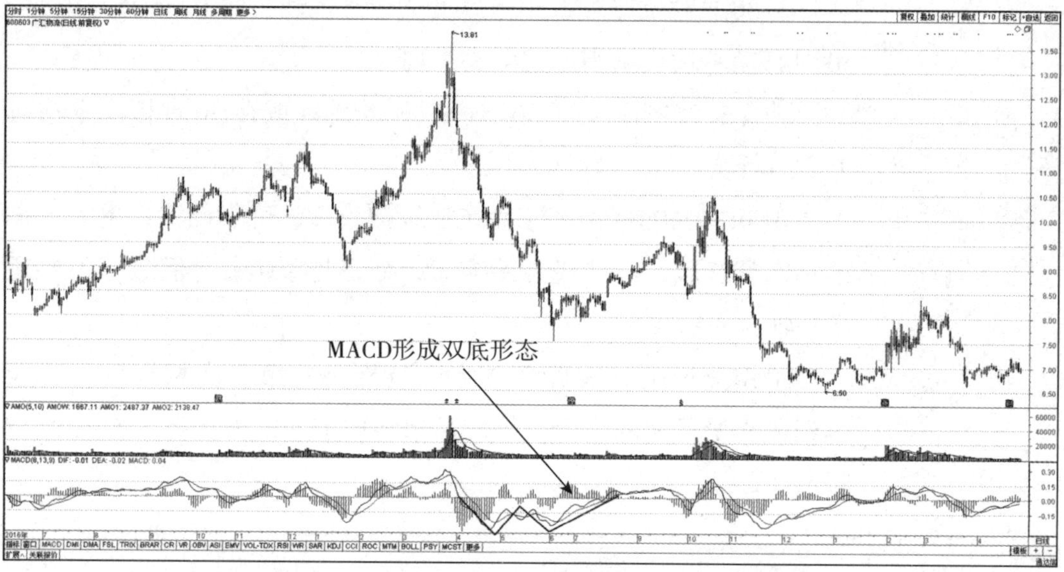


图 3–38　广汇物流（600603）MACD 形成双底形态

## 二、卖出信号

### 1. MACD 交叉情况分析

（1）0 轴线以上区域的强势死亡交叉。

MACD 指标中的 DIF 线和 MACD 线在远离 0 轴线以上区域同时向上运行很长一段时间并向上远离 0 轴线后，当 DIF 线开始转为横向运行或慢慢勾头向下靠近 MACD 线时，如果 DIF 线接着向下突破 MACD 线，这是 MACD 指标的第一种死亡交叉。

这种死亡交叉表示股价经过很长一段时间的上涨行情并在高位横盘整理后，一轮比较大的跌势将展开。这种死亡交叉预示着股价的中长期上升行情结束，一个下跌趋势可能已经开始，股价可能展开一段时间较长的跌势。对于 MACD 指标的这种死亡交叉，投资者要格外警惕，应及时逢高卖出全部或大部分股票，特别是那些前期涨幅过高的股票，更要加倍小心，如图 3–39 所示。

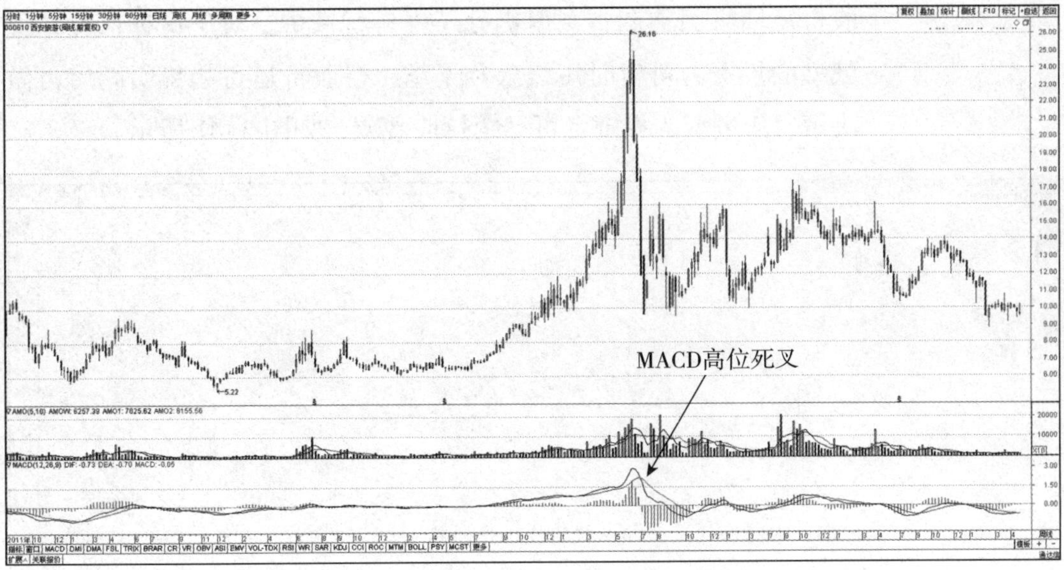


图 3-39　西安旅游（000610）MACD 高位死叉

（2）0 轴线以下区域的弱势死亡交叉。

MACD 指标中的 DIF 线和 MACD 线在远离 0 轴线以下区域运行很长一段时间后，由于 DIF 线的走势领先于 MACD 线，因此，当 DIF 线再次开始慢慢掉头向下靠近 MACD 线时，如果 DIF 线接着向下突破 MACD 线，这是 MACD 指标的另一种死亡交叉。

这种死亡交叉表示股价在长期下跌途中经过一段时间的反弹整理后，一轮比较大的跌势又要展开，股价将再次下跌，是短线卖出信号。这种死亡交叉意味着下跌途中的短线反弹结束，股价中长期趋势依然看淡，投资者应以逢高卖出剩余的股票或持币观望为主，如图 3-40 所示。

## 2. 柱状线分析

红色柱状线收缩，表明市场上的空头力量开始强于多头力量，股价将开始新一轮下跌行情，是一种比较明显的卖出信号。

对于这种卖出信号，投资者应从三个方面进行分析。

（1）当 DIF 线和 MACD 线都在 0 轴线以上区域运行时，一旦红色柱状线无法放大并慢慢收缩，说明股价的涨势已接近尾声，股价短期将面临调整，但仍处于强势行情中。对于这种情况，稳健型的投资者可暂时短线获利了结，待股价运行趋势明朗后再做决策，激进型的投资者可继续持股观望，如图 3-41 所示。

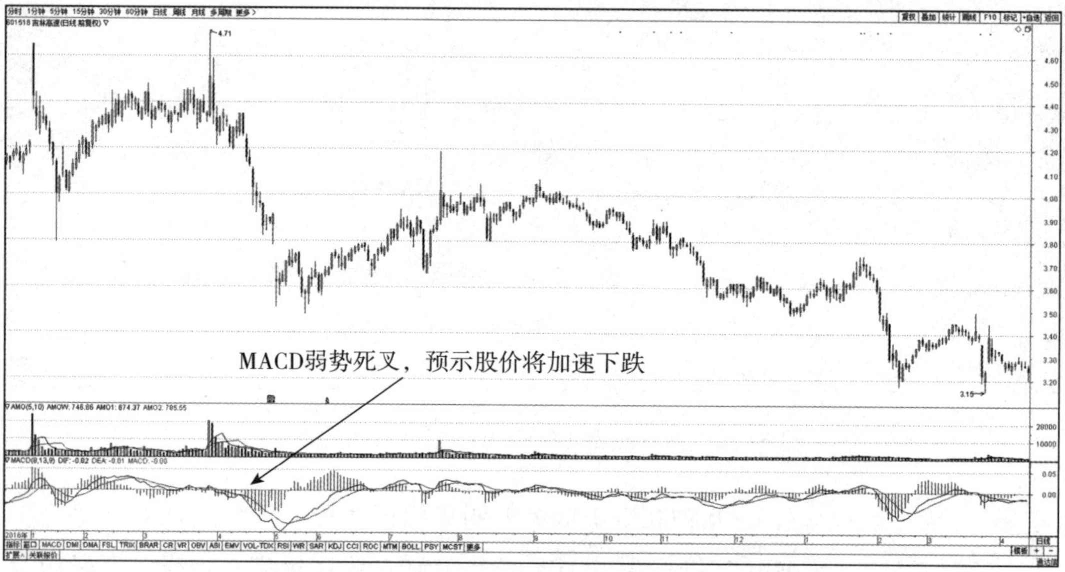


图 3-40　吉林高速（601518）MACD 低位死叉

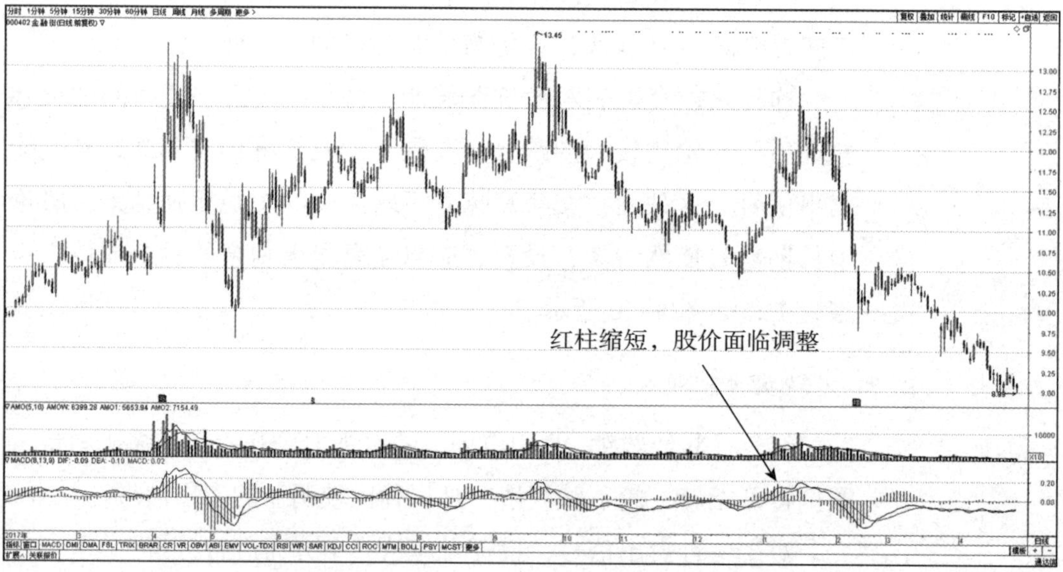


图 3-41　金融街（000402）MACD 红柱开始缩短

（2）当 DIF 线和 MACD 线都在 0 轴线附近区域运行时，一旦红色柱状线消失，说明股价的上升行情已经结束，一轮中长线下跌行情即将展开。出现这种情况，中长线投资者应尽早清仓离场，特别是 DIF 线和 MACD 线也同时向下运行时，更应果断离场，如图 3-42 所示。

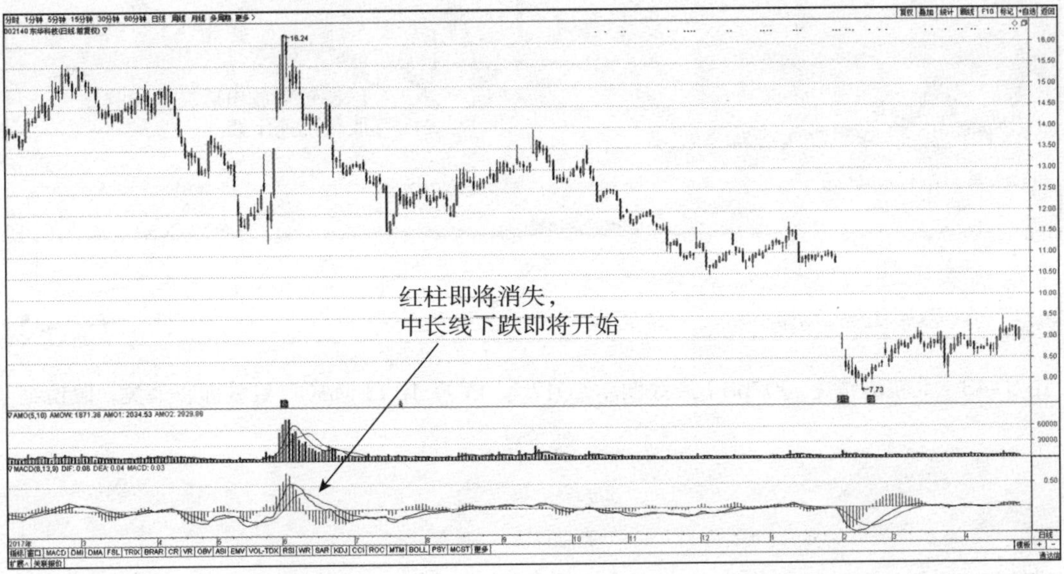


图 3-42　东华科技（002140）MACD 指标在 0 轴附近红柱消失

（3）当 DIF 线和 MACD 线都在 0 轴线以下区域运行时，如果 MACD 指标中的红柱线再次短暂放出后又开始收缩，表明股价长期下跌途中的短暂反弹将结束，空方力量依然强大，投资者还应以看空、做空为主，抢反弹的投资者应尽快离场，如图 3-43 所示。

### 3. MACD 指标双顶分析

当 MACD 指标中的 DIF 线和 MACD 线在 0 轴线以上运行了很长一段时间，之后红色柱状线构成一顶比一顶低的双顶形态时，表明股价的长期上升趋势可能结束，股价将开始一轮中长期下跌行情。此时，投资者应及时逢高卖出股票，如图 3-44 所示。

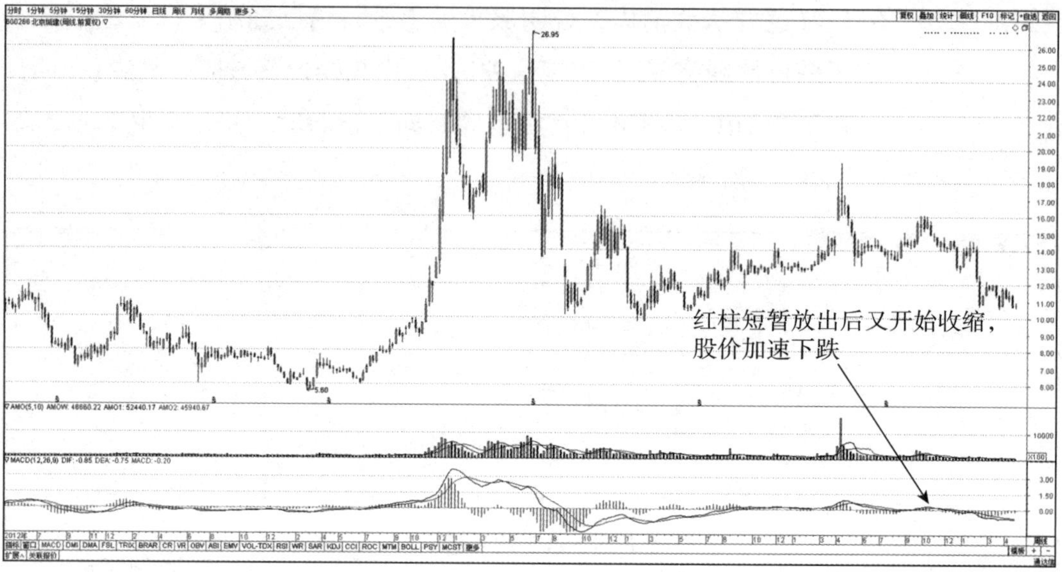


图 3-43　北京城建（600266）周线图，2017 年 11 月 10 日 MACD 红柱即将消失，股价继续下跌

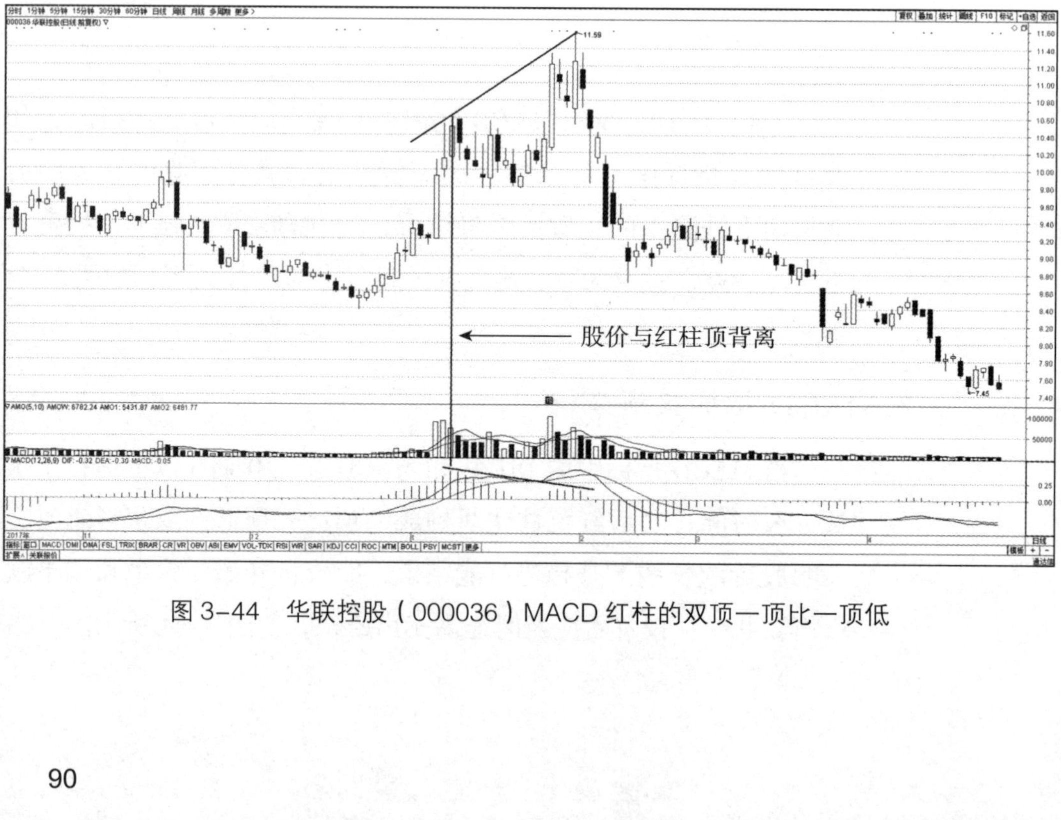


图 3-44　华联控股（000036）MACD 红柱的双顶一顶比一顶低

## 三、持股待涨信号

### 1.MACD 运行方向分析

（1）当 DIF 线和 MACD 线在 0 轴线以上区域同时向上运行时，表明多方力量强于空方，股价处于一段上升行情中。只要 DIF 线没有向下突破 MACD 线，投资者就可一路持股待涨或逢低买入，如图 3-45 所示。

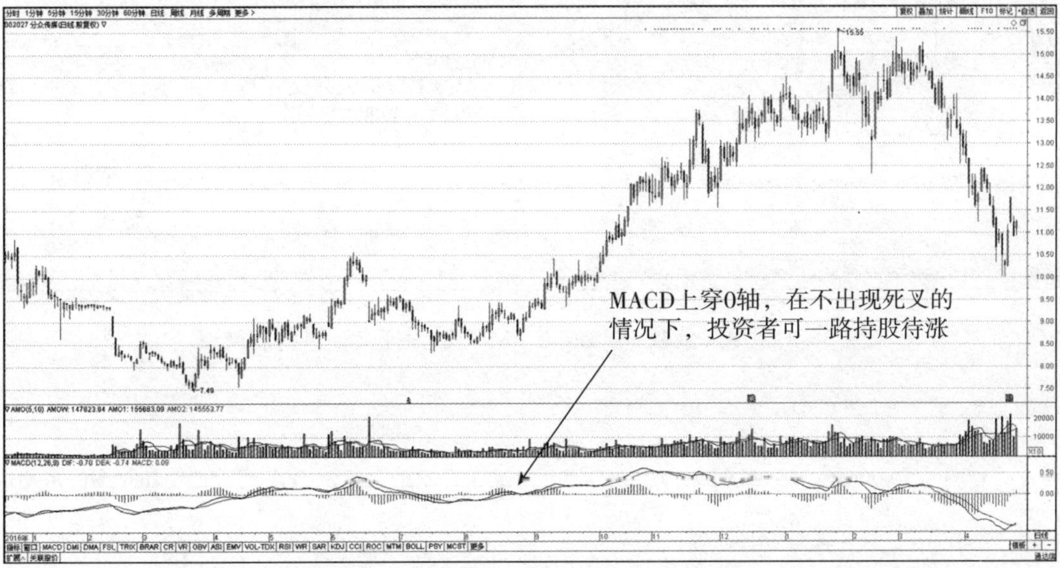


图 3-45 分众传媒（002027）投资者可一路持股待涨或逢低买入

（2）DIF 线和 MACD 线在 0 轴线以上区域运行时，DIF 线领先于 MACD 线，如果 DIF 线开始向下运行并逐渐靠拢 MACD 线，表明多空力量开始趋向平衡，股价面临短线回档整理的压力。出现这种情况，投资者应小心操作，区别对待。只要 DIF 线没有有效向下突破 MACD 线，仍然可以持股待涨，直至 DIF 线向下有效突破 MACD 线并同时向下运行时，可以及时卖出，如图 3-46 所示。

（3）DIF 线和 MACD 线在 0 轴线以下区域但同时向上运行时，表明多方力量开始慢慢积聚，股价处于一段慢慢的反弹恢复行情之中。出现这种情况，激进型投资者可以少量逢低吸纳，短线持股待涨，做一波反弹行情，如图 3-47 所示。

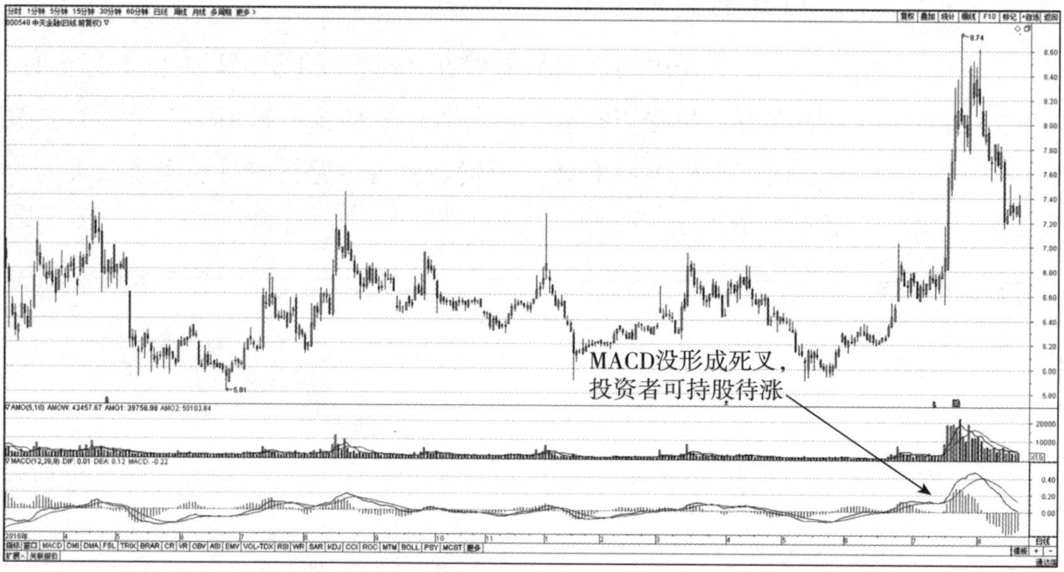


图 3-46　中天金融（000540）MACD 没死叉，可持股待涨

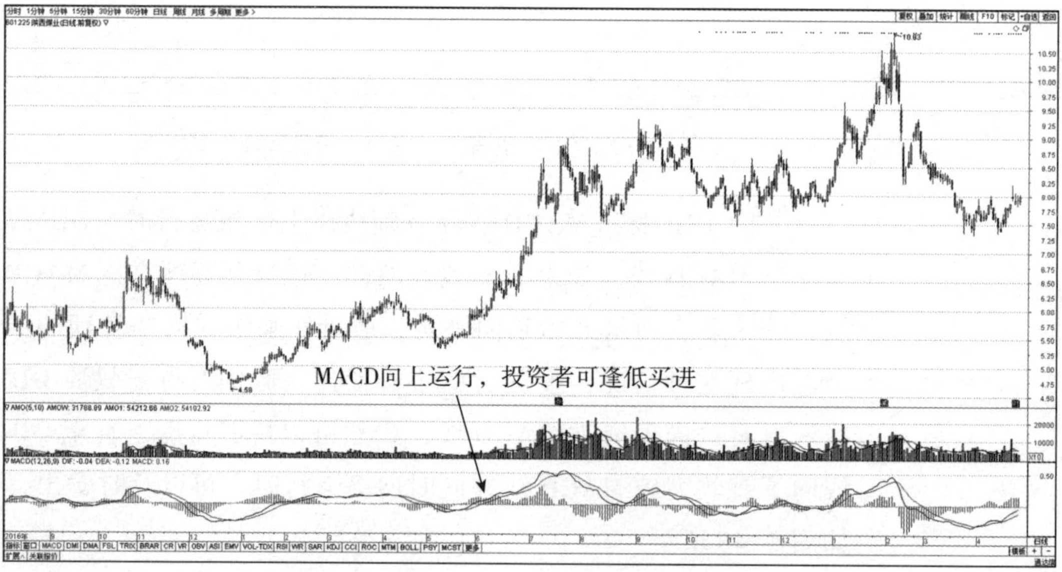


图 3-47　陕西煤业（601225）MACD 向上运行，可逢低吸纳

## 2. 柱状线分析

（1）当 DIF 线和 MACD 线在 0 轴线以上区域运行时，如果 MACD 指标中的红色柱线依然增多或拉长时，表明多方力量强于空方力量，股价处于一波强势上升行情中，投资者应坚决持股待涨，如图 3-48 所示。

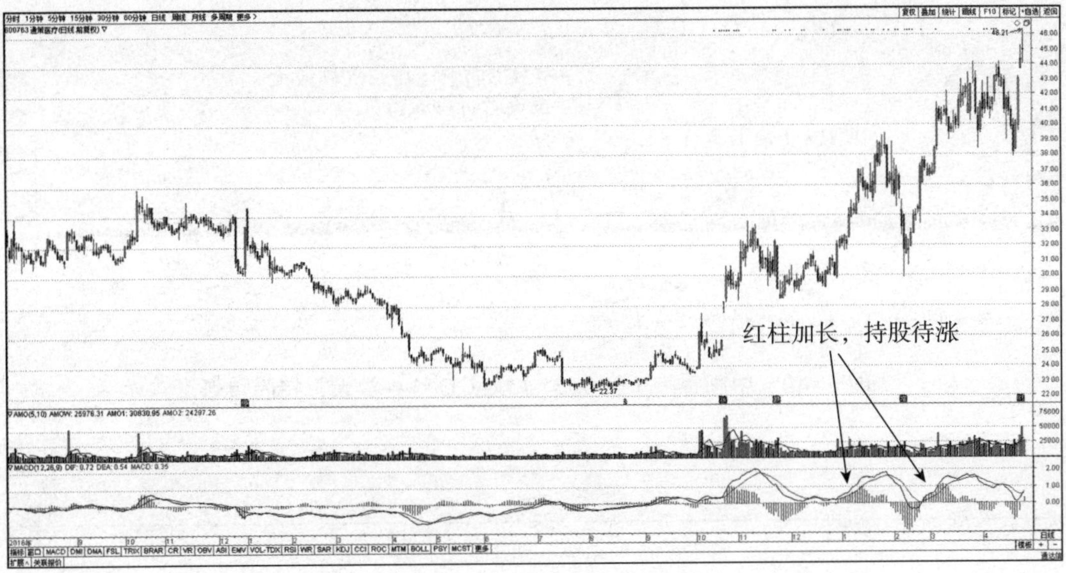


图 3-48　通策医疗（600763）MACD 红柱放大，持股待涨

（2）DIF 线和 MACD 线在 0 轴线以下区域运行，如果 MACD 指标中的红色柱状线开始放出并逐渐伸长，并且 MACD 线和 DIF 线都同时向上运行时，表明多头力量缓慢增长，激进型投资者可以中长线逢低建仓并持股待涨，如图 3-49 所示。

（3）DIF 线和 MACD 线在 0 轴线以上区域运行，如果 MACD 指标的绿色柱状线经过一段短时间的中位运行后再慢慢减少或缩短时，表明多方力量重新积聚，股价经过小幅高位整理后将再次企稳上攻。投资者此时应短线持股待涨，如图 3-50 所示。

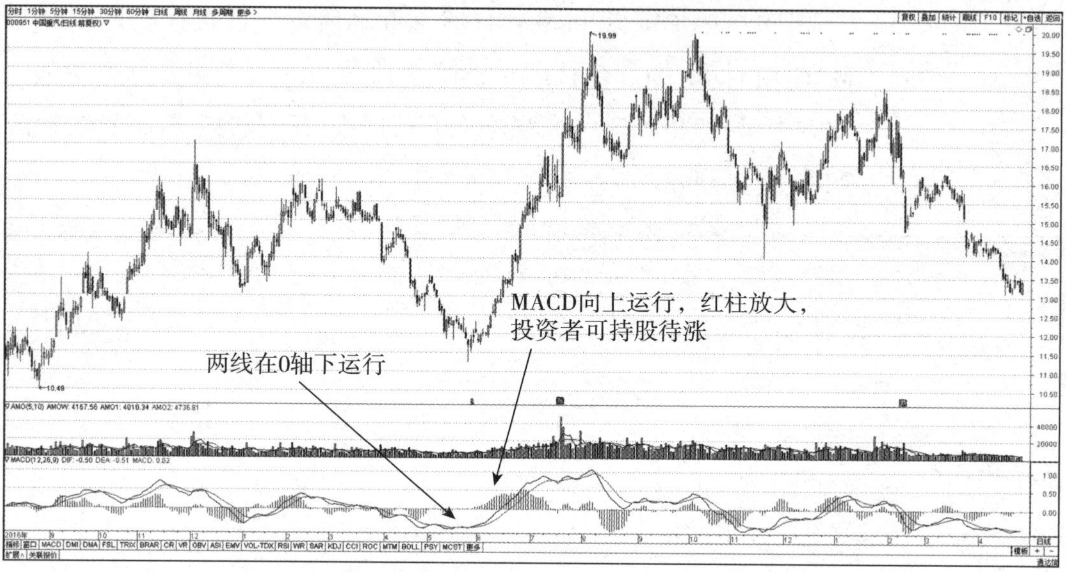


图 3-49　中国重汽（000951）MACD 红柱放大，持股待涨

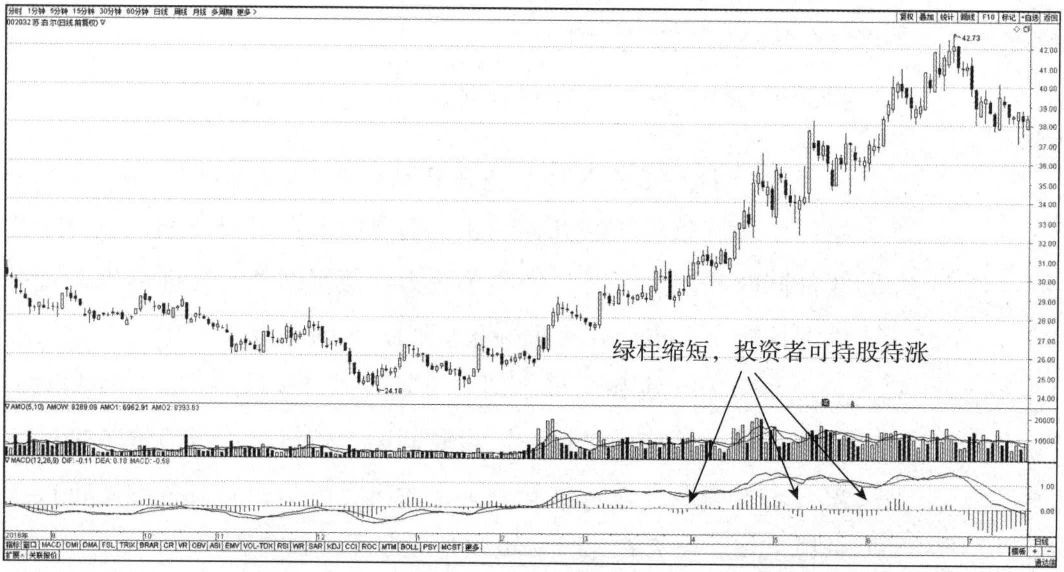


图 3-50　苏泊尔（002032）MACD 绿柱缩短，投资者应短线持股待涨

## 四、持币观望信号

### 1. MACD 运行方向分析

（1）DIF 线和 MACD 线在 0 轴线以上区域运行，但它们的运行方向都同时向下时，表明空方力量开始增大，股价上升行情可能结束。此时投资者应持币观望，不可盲目买入股票，特别是那些近期涨幅过高的股票，如图 3–51 所示。

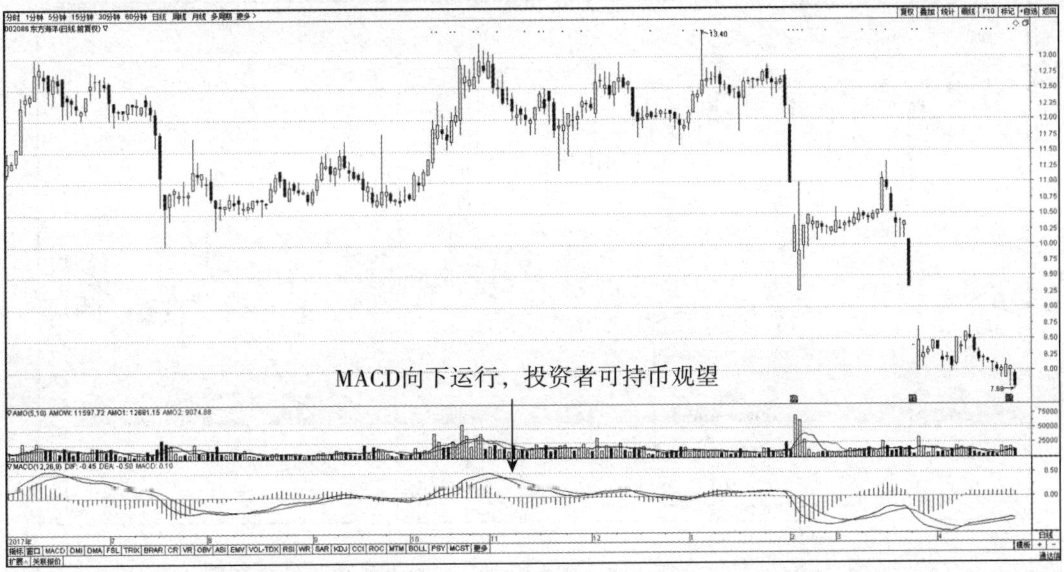


图 3–51　东方海洋（002086）MACD 向下运行，持币观望

（2）DIF 线和 MACD 线在 0 轴线以下区域运行，并且它们的运行方向同时向下时，表明空方力量过于强大，股价的下跌行情依然持续。此时投资者更应坚决持币观望，尽量不做反弹行情，如图 3–52 所示。

### 2. 柱状线分析

（1）DIF 线和 MACD 线在 0 轴线以上区域运行，如果 MACD 指标中的红色柱状线开始收缩并逐渐消失，表明多方力量可能衰竭，股价随时会反转向下，此时投资者应以持币观望为主，如图 3–53 所示。

（2）DIF线和MACD线在0轴线以上区域运行，如果MACD指标中的绿色柱状线开始放出并逐渐增大拉长时，表明多方力量已经衰竭，空方力量逐渐强大，股价的下跌行情已经展开，此时投资者应坚决持币观望。DIF线和MACD线在0轴线以上区域运行，如果MACD指标中的绿色柱状线依次向下拉长时，表明空方力量过于强大，股价将跌势依旧，此时投资者也应坚决持币观望，如图3–54所示。

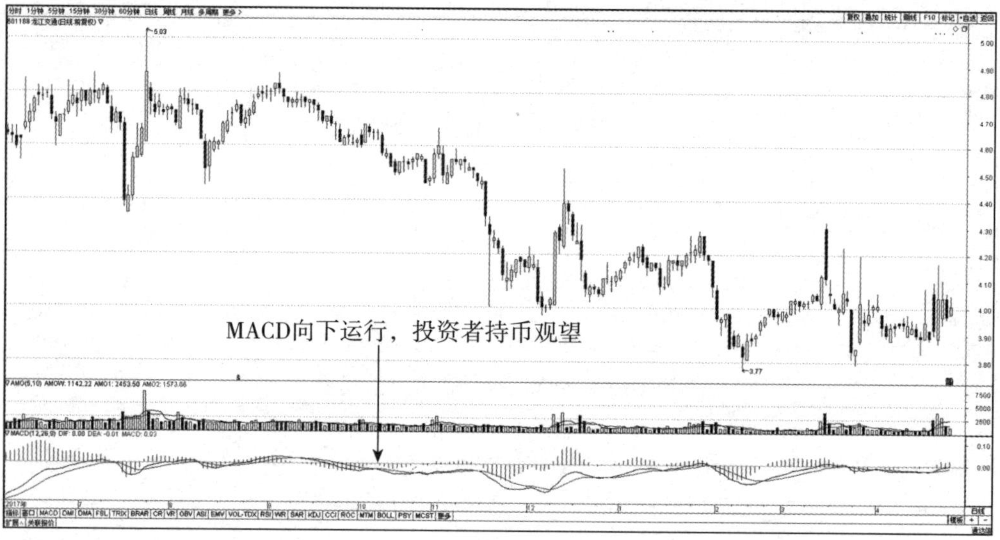


图3–52 龙江交通（601188）MACD向下运行，持币观望

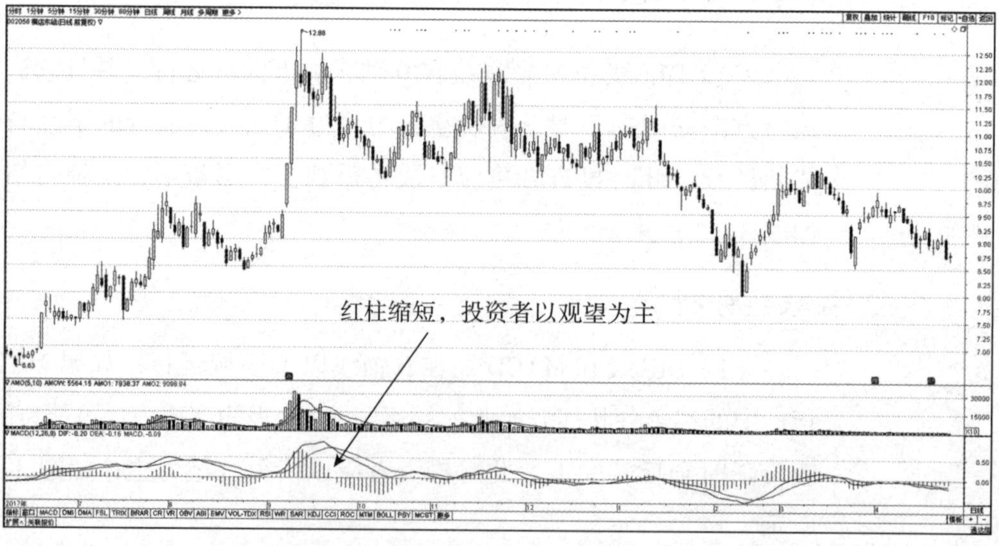


图3–53 横店东磁（002056）MACD红柱开始收缩

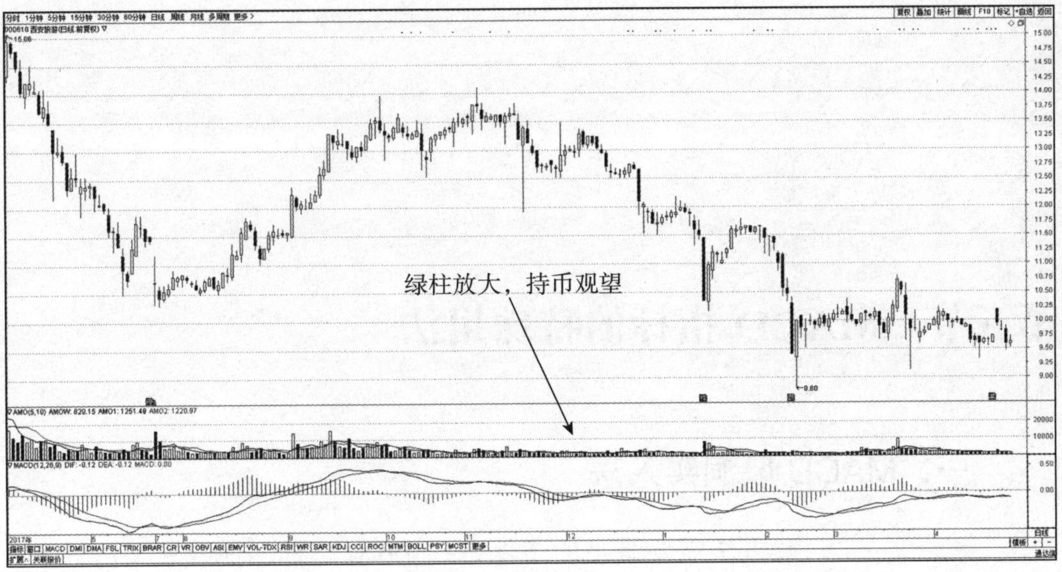


图 3–54　西安旅游（000610）MACD 绿柱增大

（3）DIF 线和 MACD 线在 0 轴线以下区域运行，股价经过一轮短时间的小幅反弹行情后，MACD 指标中的红色柱状线再次收缩并消失时，表明空方力量依然强大，股价将再次反转向下。此时，投资者以持币观望为主，如图 3–55 所示。

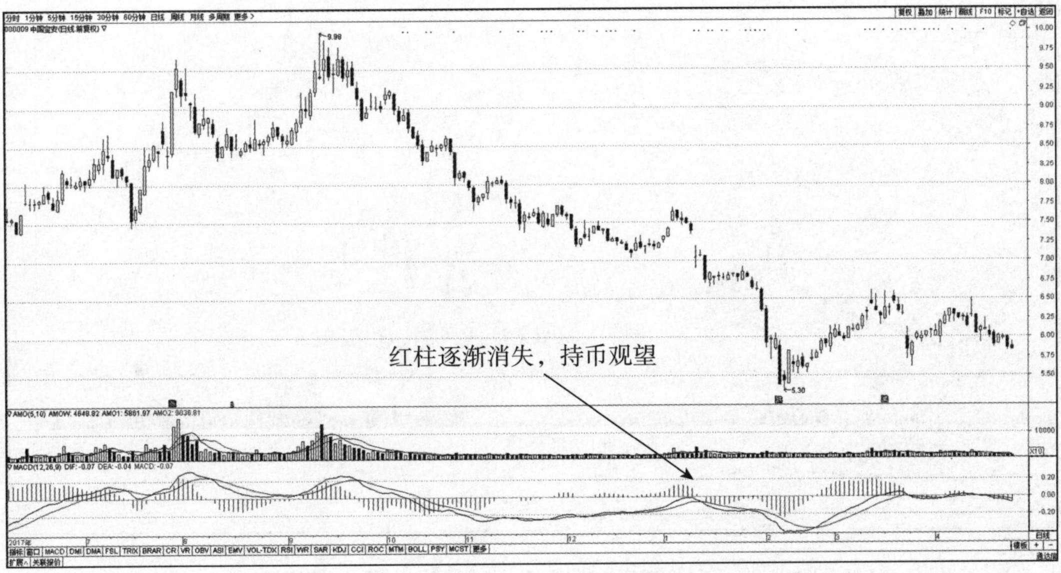


图 3–55　中国宝安（000009）MACD 红柱收缩

# 第五节 MACD指标的特殊用法

## 一、MACD风洞买入法

此方法需要满足的条件是：MACD指标两曲线死叉后，在3个交易日内重新金叉。出现这种情况，说明主力洗盘凶狠，故意制造MACD指标死叉的陷阱，诱骗不坚定者出局，有利于主力后市拉抬。

买入时机：MACD指标两曲线重新金叉且当天出现放量阳线时，如图3-56所示。

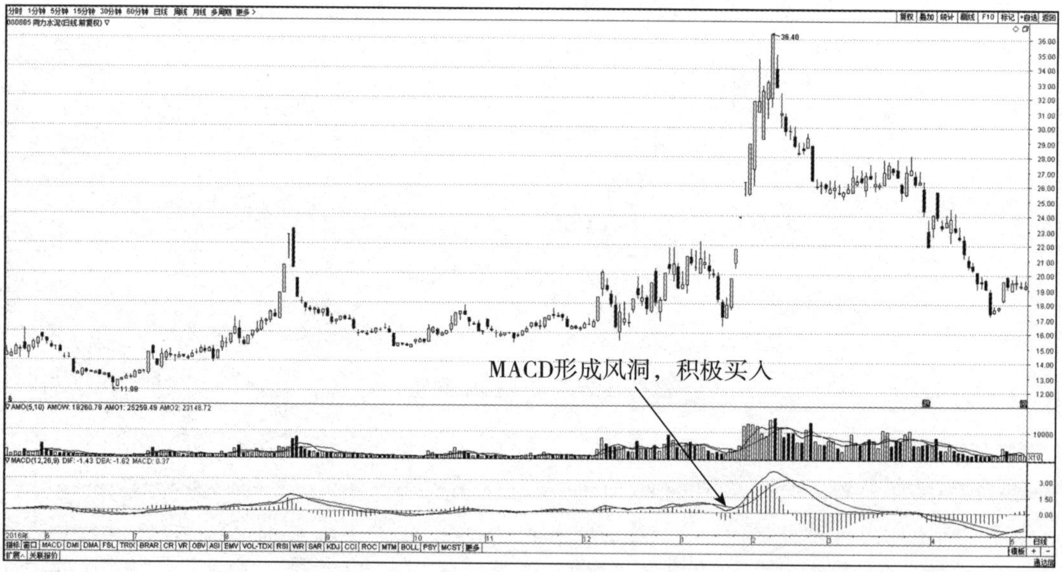


图3-56 同力水泥（000885）MACD形成风洞，后市有将近90%的涨幅

## 二、短线黑马绝技

MACD 指标在 0 轴线附近黏合后突然开口，红色柱线由最大开始缩小，之后再次放大。出现第一根放大红色柱线时，就是买入机会，如图 3-57 所示。

图 3-57 法尔胜（000890）MACD 指标在 0 轴附近突然开口向上

注意，据此交易，有以下四点需要强调。

（1）需有底背离的情况出现。

（2）股价最好站在 30 日均线上方。

（3）第一根红柱放大买入，其后至少还会有 5 根红柱放出。

（4）适合月线、周线、日线、60 分钟、30 分钟、15 分钟、5 分钟周期。

## 三、买“小”卖“小”

这是运用 MACD 指标捕捉最佳买卖点的一种简易方法。这里的“大”和“小”是指 MACD 指标中的大绿柱、小绿柱和大红柱、小红柱。对于指标图中的白色 DIF 和黄色 MACD 两条曲线，一般可以忽略，只注重红绿柱的变化。

《曹刿论战》中有一句话叫做“一鼓作气，再而衰，三而竭”。在股市中，任何一次头部和底部的制造，市场都会提供两次或两次以上的机会让交易者入市或出场，“大红”之后是“小红”，“大绿”之后是“小绿”。

当一波气势汹汹的下跌或一波气势如虹的上涨开始时，首先应避其锐气，保持观望。也就是说，经历一波下跌后，当股价处于最低价时，此时 MACD 指标显现的是一波“大绿柱”。此时可不考虑进场，待其第一波反弹过后（出现红柱），第二次探底在 MACD 指标中出现了“小绿柱”，此时绿柱明显比前面的大绿柱要小，且当小绿柱走平或收缩时，就意味着下跌力量衰竭，此时为最佳买点。这就是所谓的“买小”，即买在小绿柱上，如图 3-58 所示。

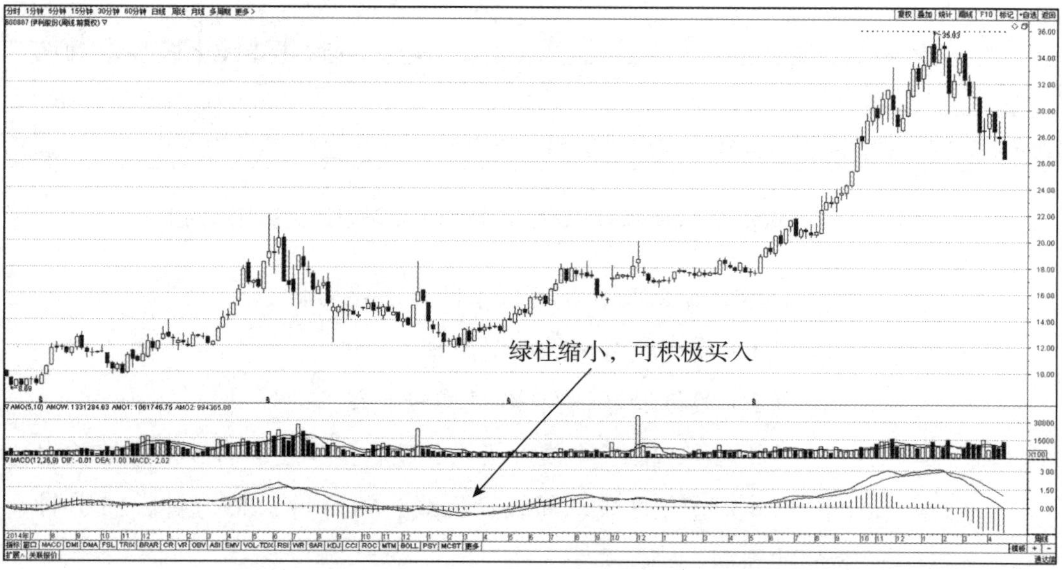


图 3-58　伊利股份（600887）投资者可买在小绿柱上

上涨行情也一样。当第一波行情拉升起来时，MACD 指标显现为大红柱，此时不应考虑出货，而应等其第一波回调过后第二次冲高时，当 MACD 指标显现出“小红柱”，这时我们方可考虑离场出货。此时的红柱比前面的大红柱明显要小，意味着上涨动力不足，这就是所谓的“卖小”，如图 3-59 所示。

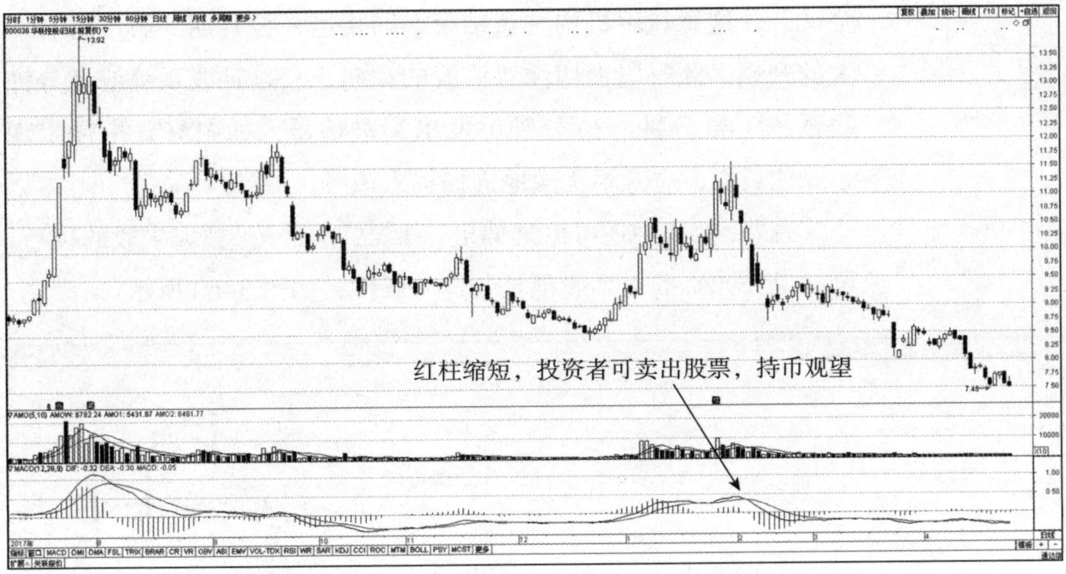


图 3-59　华联控股（000036）投资者应该卖在小红柱上

也就是说，当市场“一鼓作气”时，无论是上涨还是下跌，实战中都应保持观望。当市场“再而衰”时，方可考虑进场或减仓。当“三而竭”时，应重仓追涨或者杀跌出货。

当然，也可将此方法用在分时系统中进行买卖。

综上所述，此方法的口诀为：买小卖小（买在小绿柱，卖在小红柱），前大后小（即前面是大绿柱或大红柱，后面往往为小绿柱或小红柱）。

## 四、二次金叉抓大牛股

实战操作的最高境界是“大道至简”。在实战操作中，各个周期只设置一条均线：MA30 均线。只用这一条 MA30 均线来进行大盘或个股的分析和买卖，可以简化操作系统，更好地进行实战交易。

当股价（周线图）经历了一段下跌后止跌反弹，反弹时突破 MA30 均线时，称为“周线一次金叉”。出现这种走势，只不过是机构在建仓而已，不应过早参与，而应保持观望。

当股价（周线图）再次突破 MA30 均线时，称为“周线二次金叉”，这意味着机构洗盘结束，即将进入拉升期，后市将有较大的升幅。此时应密切注意该股的动向，一旦日线系统或者分钟线系统（60 分钟、30 分钟）发出买进信号，如 MACD 指标出现小绿柱买点，应毫不犹豫地进场买入该股。

另外，实战中还可以延伸出“月线二次金叉”抓大牛股的技巧，可以说，90% 的大牛股都具备这一条件，如图 3–60 所示。

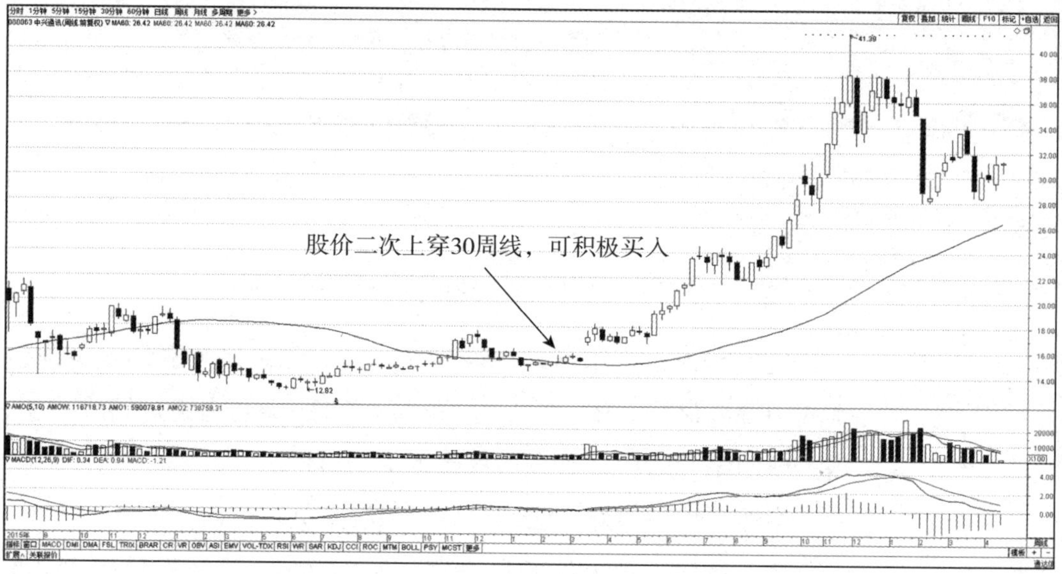


图 3–60　中兴通讯（000063）周 K 线第二次上 MA30 均线

选股原则如下。

（1）深幅回调。股价从前期历史高点回落的幅度，就质优股而言，回落 30%左右；对一般个股来说，股价折半；对于质劣股，其股价要砍去 2/3，也即深幅回落。这里必须结合股票质地进行研究，例如对于高成长的绩优股来说，跌去 1/3 就属不易，因此对于“深幅回调”并没有绝对的标准，实战中必须辩证地看待个股的跌幅。当投资者对这一点把握不住时，建议重点关注股价已跌去 2/3 的个股。

（2）长期缩量横盘。一般而言，在控盘机构完成出货任务之后，如果股价没有一个深幅的回调，很难有再次上扬的空间，这样当然无法吸引新多资金入场。只有股价经过长期横盘，使 60 日、

90 日、145 日等中长期均线由下降趋势基本转平，即股价的下降趋势已经改变，中长期投资者的平均持股成本已趋于一致，这时股价才对新多头有吸引力。长期横盘时，应伴随着成交量极度萎缩。如果仍然保持较大的成交量，说明做空能量依然较强，上升动力不足。

（3）MACD 指标第一次上穿 0 轴时保持观望。股价经过大幅下跌后，第一波段的反弹上涨极有可能是被套机构的解套动作。即使是新多头的建仓动作，绝大多数情况下也还存在一个较残酷的洗盘过程。因此，MACD 指标第一次上穿 0 轴并非最佳买点。

（4）股价不再创新低。从趋势角度来看，股价高低点依次下移，意味着整个下降波段还没有结束。在一个下降趋势中找底是极不明智的行为，因此股价不再创新低，是保证投资者只做上升趋势的一个重要原则。在此基础之上，伴随着股价的上扬，MACD 指标再次上穿 0 轴，又启动一波上升浪，方可初步确认中线建仓良机到来。

利用上述原则选择并买入潜力个股后，如果股价不涨反跌，MACD 指标再次回到 0 轴之下，应密切关注股价动向。一旦股价创下新低，说明下跌趋势未止，应坚决止损出局，否则应视为反复筑底的洗盘行为。

## 五、负柱峰底背离买入法

### 1. 负柱峰一次底背离买入法

两个负柱峰发生底背离是较可信的短线买入信号。两个负柱峰发生底背离时，买入时机可采用“双二”买入法，即在第二个负柱峰出现第二根收缩绿柱线时买入，这样可以买到较低的价位。

如图 3-61 所示，将中国化学（601117）在 2017 年 11 月 7 日与 2017 年 11 月 21 日两个低点对应的负柱峰相比较，可以发现负柱峰出现了底背离。2017 年 11 月 24 日，第二个负柱峰出现第二根收缩绿柱线，以当天均价 6.20 元左右买入，可以买在较低价位。

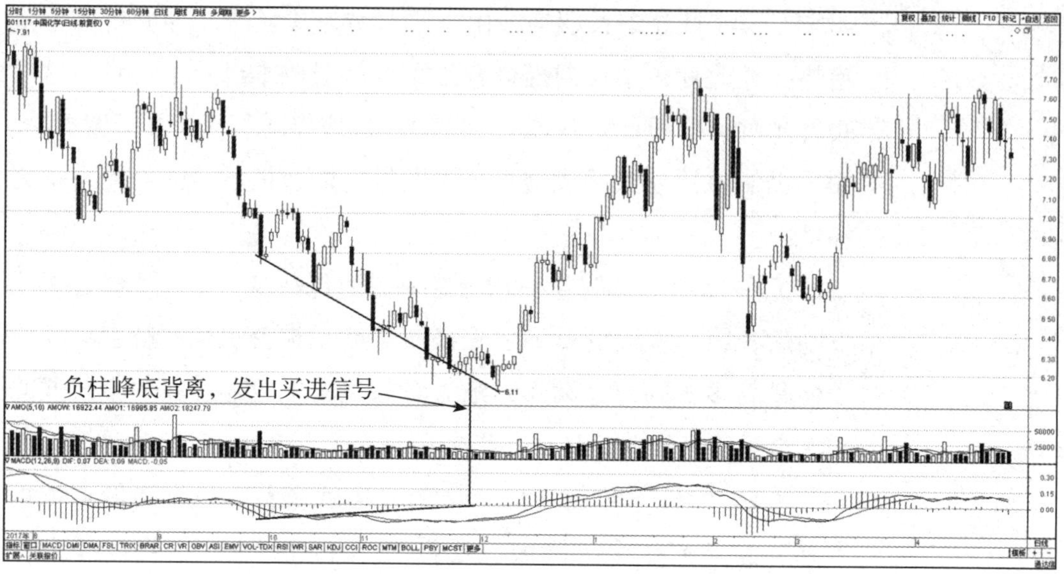


图 3–61　中国化学（601117）双二买入法

如图 3–62 所示，国药股份（600511）在 2017 年 11 月 3 日与 2017 年 12 月 7 日出现了两个价格低点，两个对应的负柱峰相比较，负柱峰出现了底背离。2017 年 12 月 8 日，在第二个负柱峰出现第二根收缩绿柱线时，以当天均价 25.50 元买入，可以买在调整波段的低位。

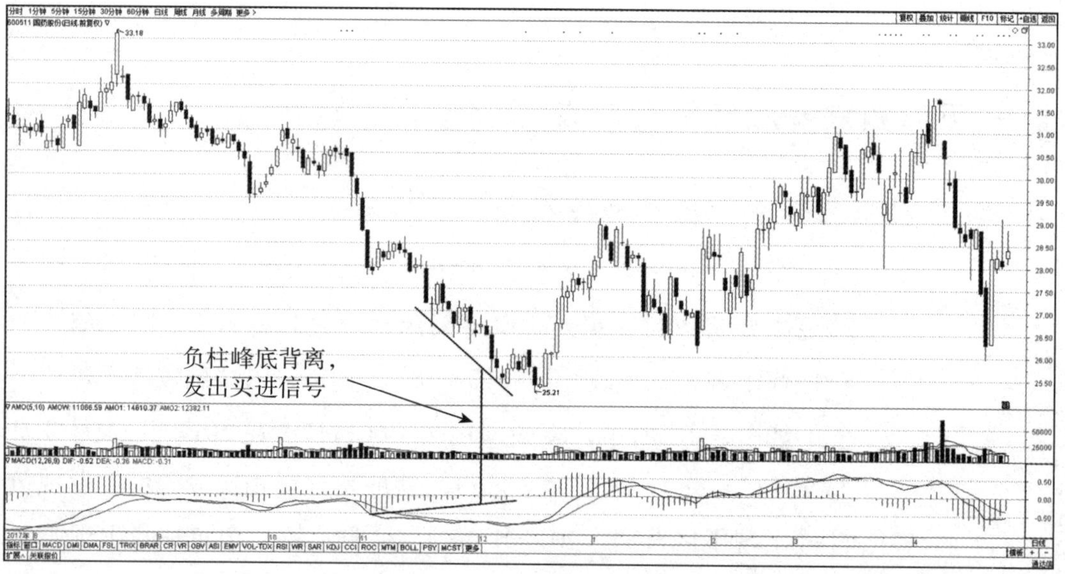


图 3–62　国药股份（600511）双二买入法

## 2. 负柱峰二次底背离买入法

MACD 指标负柱峰发生两次底背离，是较可信的买入信号。

买入时机：第三个负柱峰出现第一根或第二根收缩绿柱线时。

如图 3-63 所示，紫金矿业（601899）在 2017 年 11 月 16 日负柱峰出现了二次底背离。11 月 20 日，第三个负柱峰出现第一根收缩绿柱线，以当天均价 3.62 元买入，胜算的概率较大。

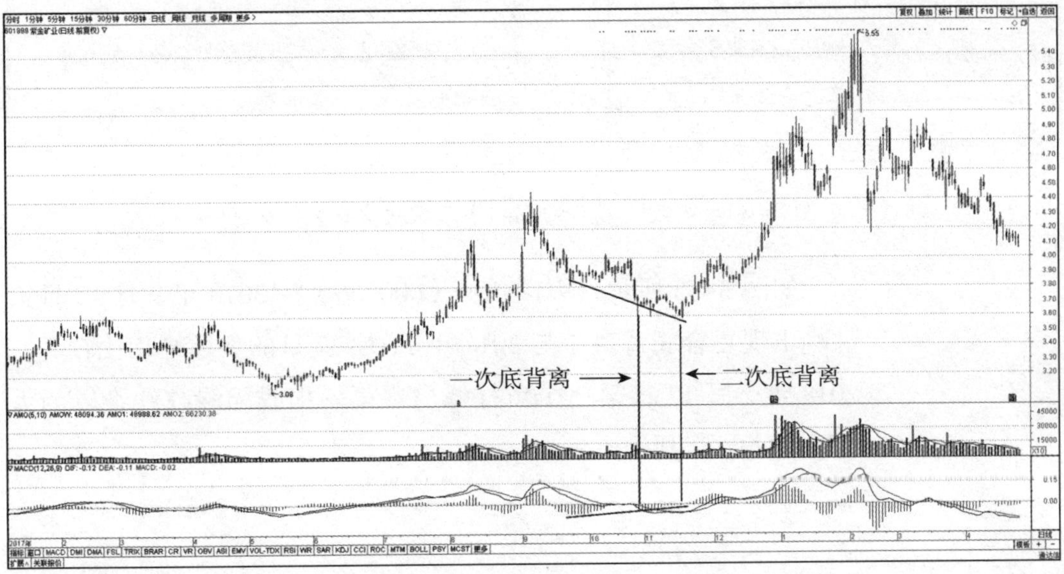


图 3-63 紫金矿业（601899）二次底背离买入法

如图 3-64 所示，华域汽车（600741）在 2017 年 9 月 18 日负柱峰出现二次底背离。以当天收盘价 20.69 元买入，11 月 27 日以收盘价 29.07 元卖出，42 个交易日获利 43%。

## 3. 负柱峰隔底背离买入法

负柱峰第一次底背离后，第三个负柱峰与第二个负柱峰没有底背离，却与第一个负柱峰发生了底背离，称为“隔底背离”，这是可信的买入信号，买入时机为第三个负柱峰出现第一根或第二根收缩绿柱线时。

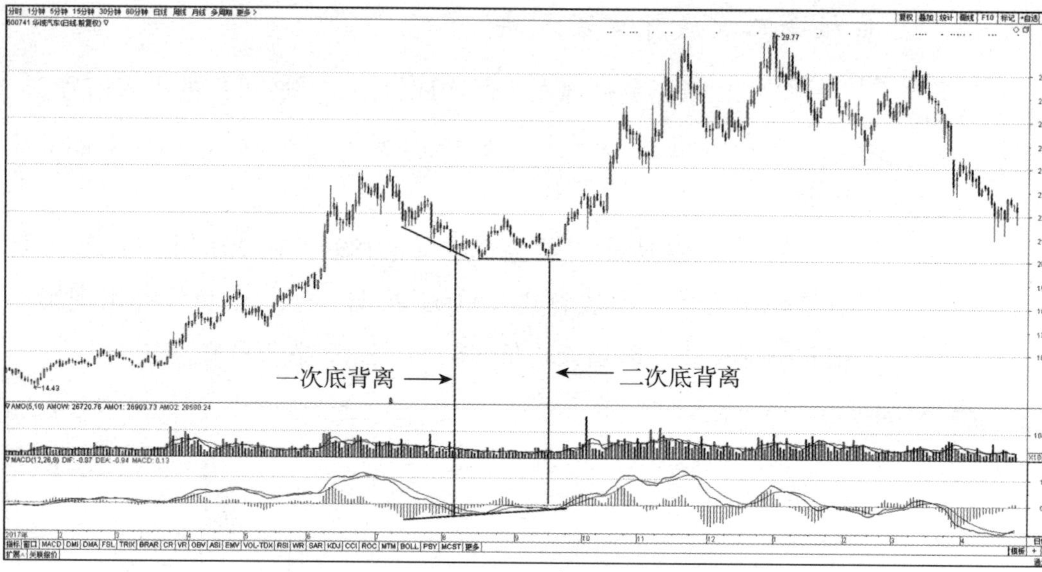


图 3-64　华域汽车（600741）二次底背离买入法

如图 3-65 所示，中国长城（000066）在 2018 年 2 月 12 日负柱峰出现复合底背离（与 2017 年 11 月 27 日的负柱峰相比较）。2018 年 2 月 12 日第三个负柱峰出现第一根收缩绿柱线，以当天均价买入，获利颇丰。

图 3-65　中国长城（000066）负柱峰隔底背离买入法

应用 MACD 底背离买入法，要注意以下问题。

（1）负柱峰底背离时，MACD 指标两条曲线不一定出现底背离，此时负柱峰底背离发出的买入信号可先看作是反弹。

（2）负柱峰与 MACD 指标两曲线同时出现底背离时，买入信号较可靠，可积极买入。

如图 3-66 所示，广宇发展（000537）在 2017 年 7 月 18 日与 2017 年 5 月 12 日，负柱峰与 MACD 指标两曲线同时出现底背离，引发了一波强劲的上升行情。

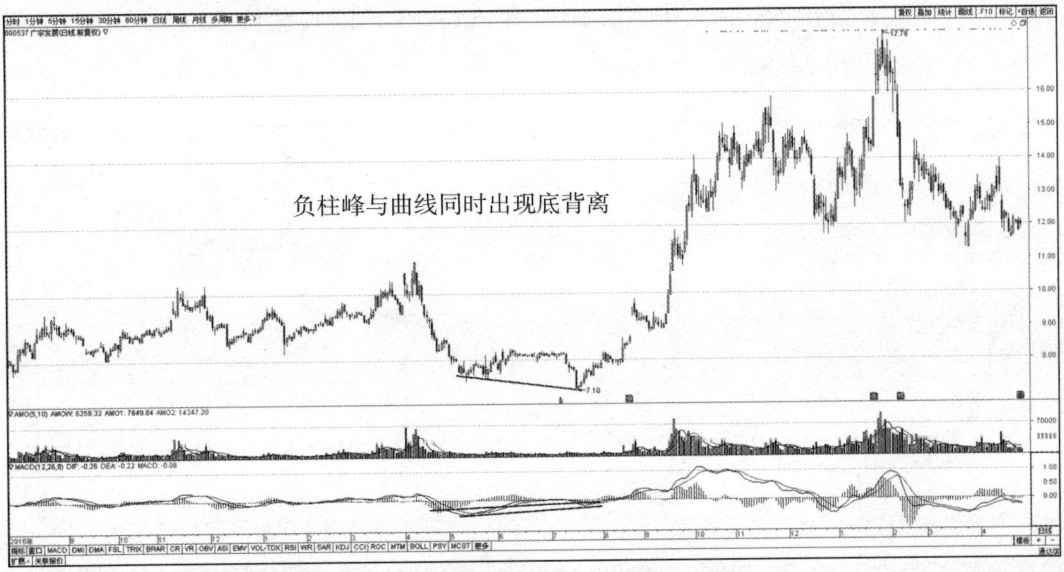


图 3-66 广宇发展（000537）底背离买入法

（3）MACD 指标两条曲线两次底背离或复合底背离，有较大机会出现中长期底部。

（4）MACD 指标负柱峰及两曲线底背离，大多数出现在股价于 60 日均线下方运行时，股价在 60 日均线上方运行的强势市场时较少出现，一旦出现可积极买入。

## 六、MACD 指标两曲线底背离买入法

### 1. 两曲线一次底背离买入法

两曲线一次底背离是较可信的买入信号，买入时机为相对应的负柱峰出现第一根或第二根收缩绿柱线时。

如图 3-67 所示，云南白药（000538）在 2016 年 1 月 28 日与 2016 年 3 月 1 日，MACD 指标两条曲线发生第一次底背离。2016 年 3 月 2 日对应的负柱峰出现第二根收缩绿柱线，以当日收盘价 55.98 元买入，2017 年 6 月 13 日以收盘价 96.25 元卖出，获利 78.9%。

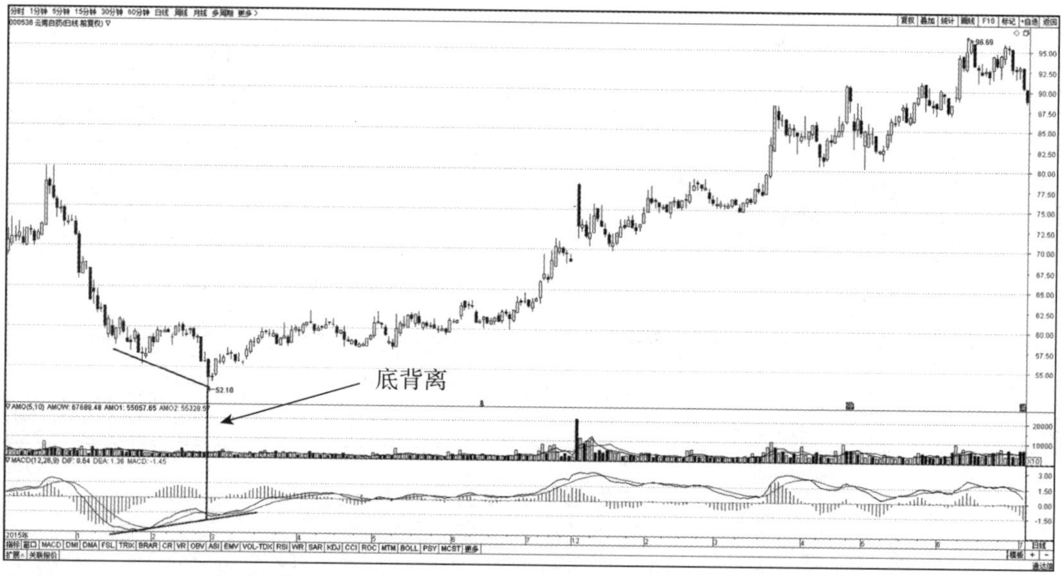


图 3-67　云南白药（000538）两曲线一次底背离买入法

### 2. 两曲线二次底背离买入法

两曲线二次底背离是可信的买入信号，买入时机为对应的负柱峰出现第一根或第二根收缩绿柱线时。

如图 3-68 所示，泸州老窖（000568）在 2013 年 4 月至 2014 年 6 月，MACD 指标两条曲线二次底背离。2014 年 6 月 13 日出现第一根红色柱线时买入，三年多的时间获利 487%。

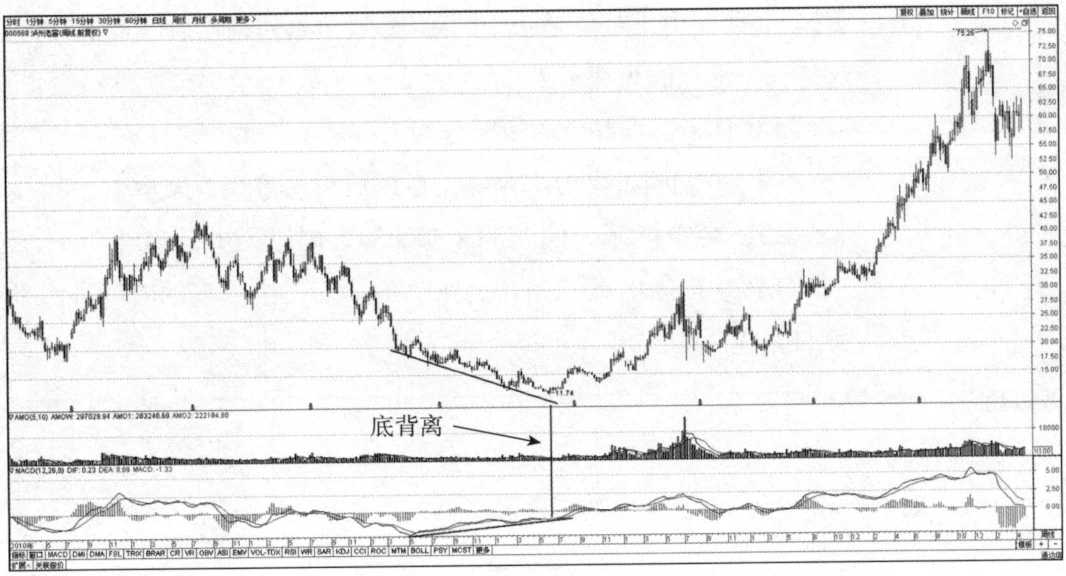


图 3-68　泸州老窖（000568）两曲线二次底背离买入法

# 第六节　MACD 指标必胜术

MACD 指标是反映多空双方力量对比最终结果的一个较好的指标。当股价经过一段涨升后，一般来说，DIF 线会在 MACD 线之上运行，BAR 表现为红柱。这时如果股价出现回调，DIF 线也会掉头下行，但并不与 MACD 线形成死叉，有时会与 DIF 线“黏合”几日，随后股价放量向上，放量的标志是当日成交量明显大于 5 日、10 日均量线。DIF 线掉头上行，股价稳稳站在 5 日、10 日均线之上，一般都是主力洗盘结束，又一波升势开始的标志。

大家知道，主力不愿意让跟风的散户轻松上车，在真正发动一波上涨行情之前，一般都会有一个震仓洗盘的动作。如果主力在洗盘时连 MACD 指标都未能死叉，说明这个洗盘只是一个强势震荡，表明主力十分珍惜手中的筹码，股价略作调整后即重拾升势，这是一个绝佳的短线买入点。

MACD 指标线黏合的情况分为三种。

（1）0 轴附近黏合上张嘴，后期股价涨得快，风险小。

如图 3-69 所示，同花顺（300033）周线图中，2014 年 11 月 7 日 MACD 指标出现了黏合上张嘴的形态，半年多的时间即可获利 1107%。

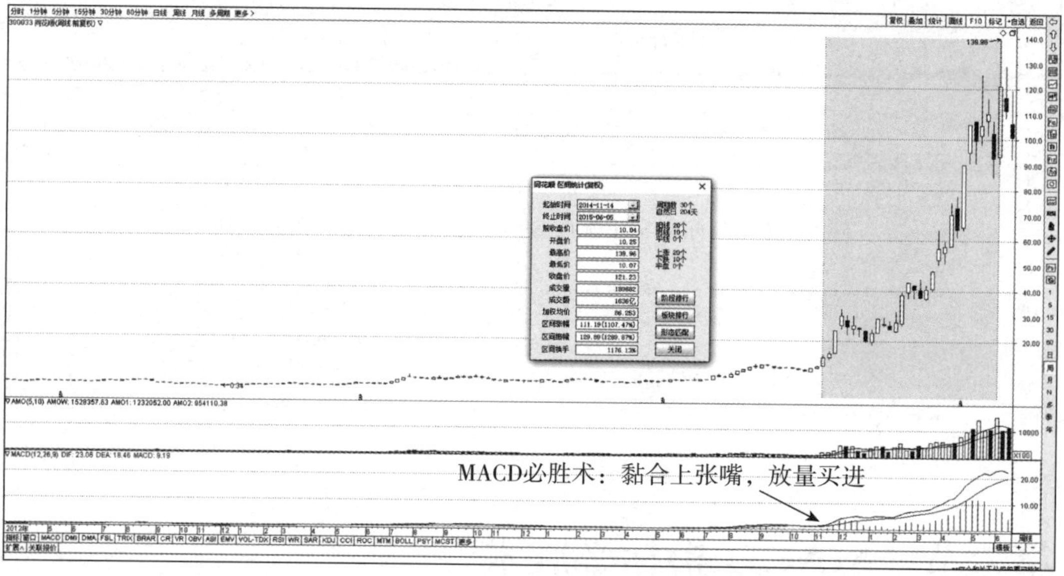


图 3-69　同花顺（300033）MACD 必胜术买入法

（2）0 轴之下的黏合上张嘴，后期股价涨得慢，风险大。

如图 3-70 所示，道氏技术（300409）周线图中，2017 年 6 月 16 日 MACD 指标出现了黏合上张嘴的形态，该周买入，短期亦可获利 70%。

（3）0 轴之上黏合上张嘴，后期股价涨得快，风险大。

如图 3-71 所示，赣锋锂业（002460）周线图中，2017 年 6 月 30 日 MACD 指标出现了黏合上张嘴的形态，短期内股价涨了一倍多。

图 3-70　道氏技术（300409）MACD 必胜术买入法

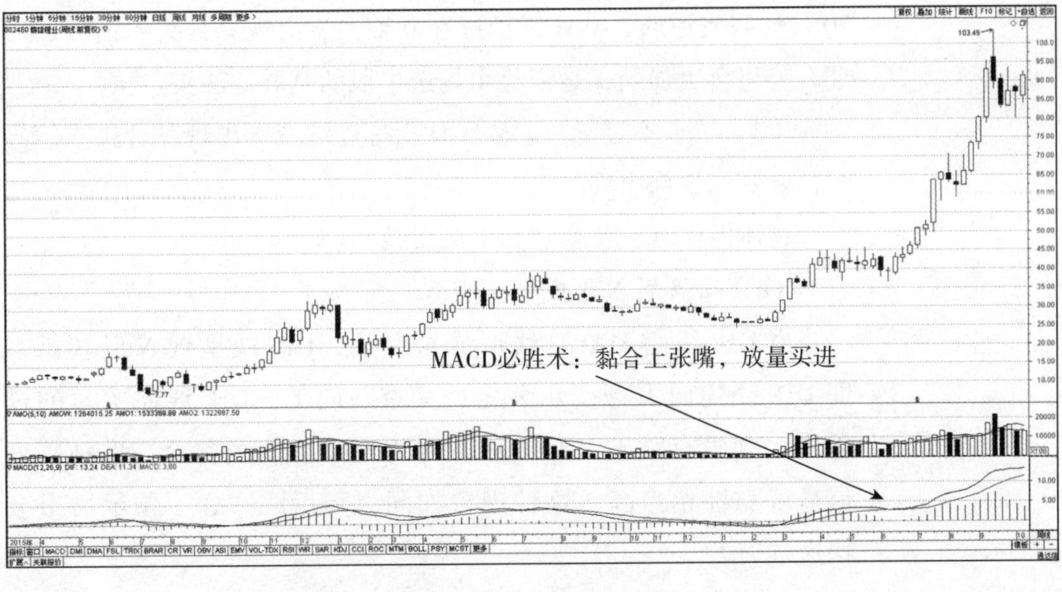


图 3-71　赣锋锂业（002460）必胜术买入法

## 一、如何使用 MACD 指标必胜术

（1）MACD 指标黏合买入信号在 0 轴下方出现与在 0 轴上方出现，具有不同的市场意义。MACD 指标在 0 轴下方出现黏合买

入信号时，股价仍在60日均线下方运行，因此，MACD指标在0轴下方出现黏合买入信号时，可先看作是一波反弹。

MACD指标在0轴上方出现黏合买入信号时，股价已在60日均线上方运行，由此可知，MACD指标在0轴上方出现黏合买入信号是强势特征，可积极买入。尤其在0轴上方附近第一次出现MACD指标黏合买入信号时，更应积极买入。

由于MACD指标与60日均线存在这种密切关系，有些股市专业人士把60日均线视作“股价起飞线”，这句话是有道理的。MACD指标在0轴上方出现黏合买入信号时，DIF线向上开口的当天，有些股票当天成交量小于5日均量线，遇到这种情况，为防踏空，激进型投资者可先以小量作试探性买入，待出现当天成交量大于5日均量线时再增仓买入。

（2）在20日、120日、250日均线形成多头排列，股价受到20日均线支撑时，MACD指标在0轴上方出现黏合买入信号，后期升势将会更强劲，是强势市场选牛股的制胜“法宝”。

（3）“事不过三”。MACD指标连续三次出现黏合买入信号时，要警惕顶部出现。

具体操作时，要遵守如下买卖技巧。

（1）金叉后N形曲线买点。

当DIF线与MACD线形成金叉后，DIF线呈现N形转折，即DIF线先向下弯，几天之后又重新向上。DIF线向下弯的过程中，并没有跌破MACD线，称为金叉后曲线黏合，这种买入信号可靠性相当高。这种现象如同先蹲后跳一样，预示后市会快速推升。

以图3-72为例，山东黄金（600547）周线图中，2015年6月至9月出现跌势行情，2015年11月出现DIF线向上穿越MACD线金叉的情况，但是行情并没有立刻推升，反而呈现拉回走势，DIF线向下弯，看似又要重启跌势。但是DIF线下弯两周后，DIF线出现上勾形态，如同N形转折向上，同时行情重新上涨。

可以这么说，在跌势发展过程中，指标金叉的买进信号容易受到质疑，因为毕竟是在空头跌势里，应该是寻找卖出信号比较合适。如果市场出现较大的反弹走势，必须等指标出现特殊形态，才能说明它的反弹幅度属于中级反弹，不是昙花一现。

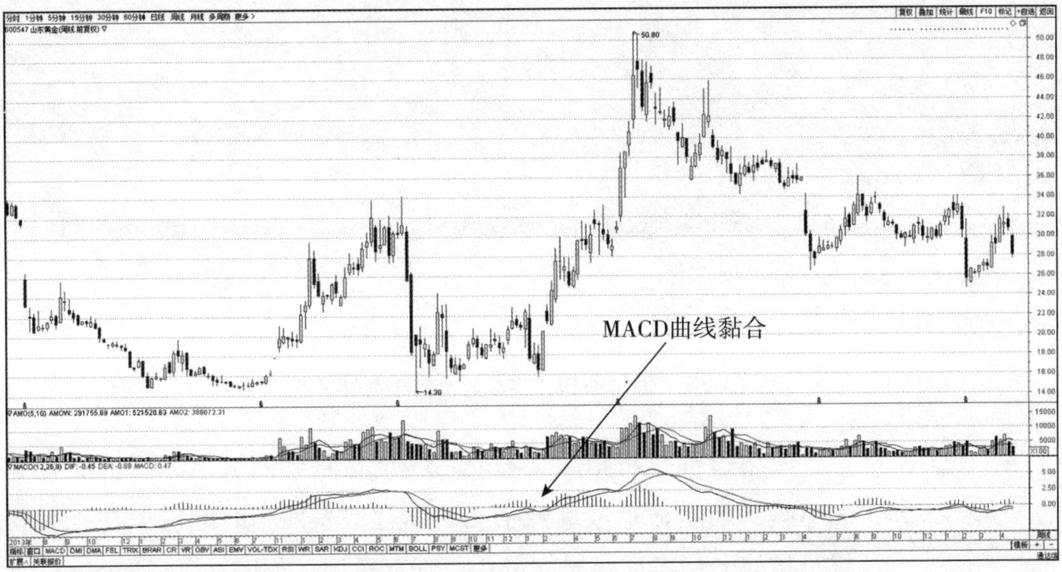


图 3–72　山东黄金（600547）周线图买点

在多头市场中，DIF 线金叉后转折向上的买进信号可靠性更高。以图 3–73 为例，爱尔眼科（300015）周线图中，2017 年 12 月 22 日，该股出现了 DIF 线 N 形曲线，是较可靠的买入点。

（2）死叉后 N 形曲线卖点。

如同金叉后 DIF 线向下转折的道理一样，当 DIF 线与 MACD 线形成死亡交叉，很多时候行情并没有走出下跌走势，反而呈现横向盘整甚至反涨过前高，但 DIF 线并没有因此向上突破 MACD 线形成金叉，这也是一种指标与价格背离的情况。

当 DIF 线死叉后出现上勾再下弯，像倒 N 字形状，DIF 线重新下弯朝下时，为卖出信号。由此可以看出，MACD 指标的卖出信号往往不是在 DIF 线与 MACD 线形成死叉下跌时，反而在 DIF 线向高处转折时，才是最有效的卖出信号。

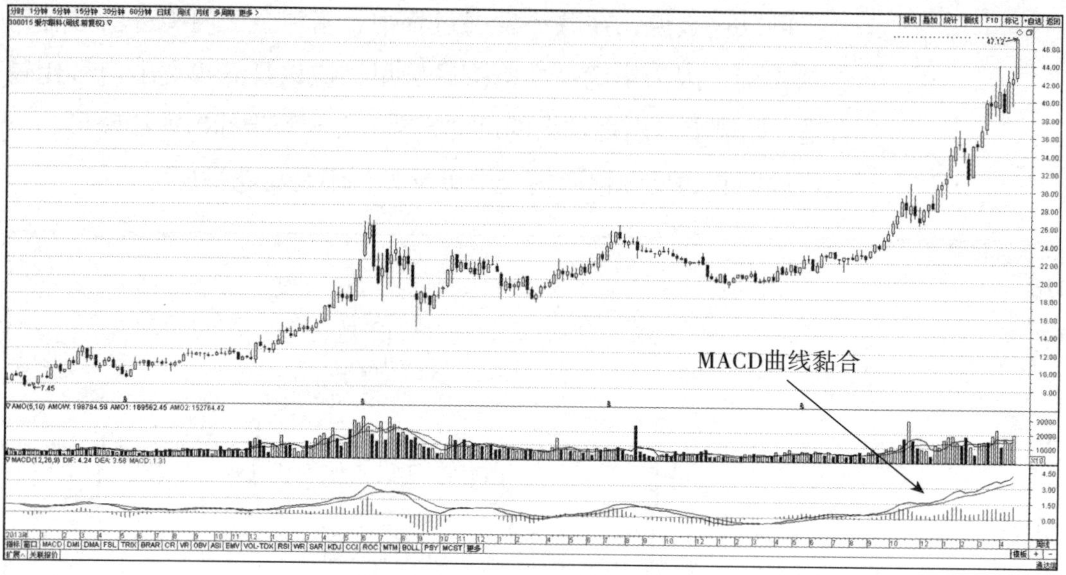


图 3–73　爱尔眼科（300015）周线图买点

使用这种技巧指导交易时，一定是看到死叉后，行情没有继续下跌，而是横盘或反涨格局，而且信号发生时间应该在死叉后越早越好。如果死叉时间过久，则不适用，如图 3–74 所示。

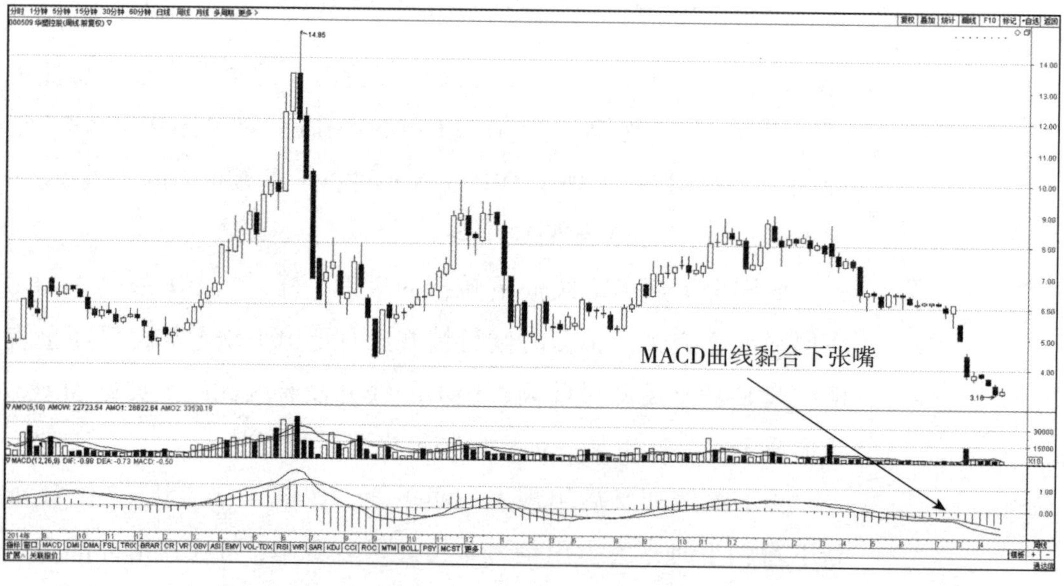


图 3–74　华塑控股（000509）死叉后 N 形曲线卖点

## 二、MACD 指标必胜术前提条件

（1）该股 30 日均线必须处于明显的上行趋势。这表明该股没有系统性风险，否则免谈。

（2）必须等重新放量之后再介入。在缩量下跌时，不能主观地认为 MACD 指标不死叉，DIF 线确实未下穿 MACD 线，之后股价放量上涨时才是买入信号。DIF 线略微下穿 MACD 线，随即放量涨回，这种情况也可视为买入信号。

这种用法同样适合于周 K 线。使用周 K 线的 MACD 指标秘招时，其他条件完全相同，即 MA5、MA10 均线为明显的上行趋势，股价涨升一段时间之后出现数周调整（或横盘），周 K 线图中的 DIF 线略作下探，但并不下穿 MACD 线，有时可能出现"黏合"走势，随后放出大成交量（其标志为本周成交量大于 MA5、MA10 均量线），股价站在 MA5、MA10 均线之上，是一个十分可靠的买进信号。用这种方法买进股票后，耐心持有一个月，必有不低于 10% 的回报。按照 20 个交易日获利 10% 的标准衡量，其可靠性高达 80%。

### ★ 本章内容总结

MACD 指标的使用条件如下。

（1）K 线必须出切线。

（2）MA30、MA60 均线走平上翘。

（3）K 线二次上均线（月线、周线 MA30 均线，日线、分钟线 MA60 均线）。

（4）当日成交量大于 MA5 均线量。

MACD 指标的使用规则如下。

（1）白线上 0 轴方可买入，不上不买。

（2）0 轴线上方的曲线、黏合、风洞都为有效信号。

（3）一波涨升只有两次有效信号，其他信号不做。

如能结合基本的K线分析，辅之以成交量均线，判断目标个股在震荡向上或有资金介入，不看指标线，等绿柱线连续放长5到6根就买入，一般都能买在低点。在这个位置不满仓，买一半仓位一般是比较安全的。

K线出切线，MACD指标出现红柱线买入。

红柱线长得不能再长了，或者平头卖出。

# 第四章　RSI 技术指标必胜术

用 RSI 指标指导炒股，必须要有大势的配合，因为 RSI 指标本身是一个强弱指标，讲究的是追涨买入，而且要追涨最好的强势股买入。强势的另一个体现就是成交量要大，成交量大意味着上涨动能充沛。

RSI 指标的具体使用方法是：买入时 K 线必须出切线，月参数 14，RSI 指标从底部上升到 50 线以上买进；周参数 14，RSI 指标两次上 50 线，第二次上穿时买进。

# 第一节 RSI 指标的来龙去脉

## 一、RSI 指标的设计原理

相对强弱指标 RSI 是根据股票市场上供求关系平衡原理，通过比较一段时期内单个股票价格的涨跌幅度，或整个市场的指数涨跌强弱，来分析判断市场上多空双方买卖力量的强弱程度，从而判断未来市场走势的一种技术指标。

从指标的构造原理来看，与 MACD 等趋向类指标相同的是，RSI指标是对单个股票或整个市场指数的基本变化趋势作出分析。与 MACD 等指标不同的是，RSI 指标是先求出单个股票若干时期内的收盘价或整个指数若干时期内收盘指数的强弱，不是直接对股票的收盘价或股票市场指数进行平滑处理。

相对强弱指标 RSI 是一定时期内市场涨幅与涨幅、跌幅之和的比值。它是买卖力量在数量和图形上的体现，投资者可根据其反映的行情变动情况及轨迹预测未来的股价走势。实践中，人们通常将其与移动平均线结合使用，用以提高行情预测的准确性。

## 二、RSI 指标的计算方法

相对强弱指标 RSI 的计算公式有两种。

第一种：假设 $A$ 为 $N$ 日内收盘价的正数之和，$B$ 为 $N$ 日内收盘价的负数之和乘以 $-1$，这样，$A$ 和 $B$ 均为正，将 $A$、$B$ 代入 RSI 计算公式，则

$$RSI（N）=A \div（A+B）\times 100$$

第二种：先计算 RS，再计算 RSI。

RS（相对强度）=$N$ 日内收盘价涨数和之均值 ÷$N$ 日内收盘价跌数和之均值

RSI（相对强弱指标）=100 - 100÷（1+RS）

这两个公式虽然计算方式有些不同，但计算结果一样。

以 14 日 RSI 指标为例，从当日起算，倒推包括当日在内的 15 个收盘价，以每一日的收盘价减去上一日的收盘价，得到 14 个数值，这些数值有正有负。这样，RSI 指标的计算公式具体如下：

$A$=14 个数字中正数之和

$B$=14 个数字中负数之和乘以 -1

$$RSI（14）=A \div（A+B）\times 100$$

式中：$A$ 为 14 日中股价向上波动的和，$B$ 为 14 日中股价向下波动的和的绝对值，$A+B$ 为股价总的波动幅度。

RSI 指标的计算公式实际上反映了某一阶段价格上涨所产生的波动占总波动的百分比率，百分比越大，强势越明显；百分比越小，弱势越明显。RSI 指标的取值介于 0~100 之间。计算出某一日的 RSI 值以后，可以采用平滑运算法计算出以后的 RSI 指标值，根据 RSI 指标值在坐标图上连成曲线，即为 RSI 指标线。

以日周期为例，计算 RSI 值一般是以 5 日、10 日、14 日为周期，另外也有以 6 日、12 日、24 日为计算周期。一般而言，若采用的周期日数短，RSI 指标反应就比较敏感，日数长，反应可能迟钝。目前，沪深股市中 RSI 指标选用的基准周期为 6 日和 12 日。

和其他指标的计算方法一样，由于选用的计算周期不同，RSI 指标也包括日线 RSI 指标、周线 RSI 指标、月线 RSI 指标、年线 RSI 指标以及分钟线 RSI 指标等各种类型。经常用于股市研判的是日线 RSI 指标和周线 RSI 指标。虽然它们计算时的取值有所不同，但基本的计算方法一样。另外，随着股市软件分析技术的发展，投资者只需掌握 RSI 指标的基本原理和计算方法，无须计算指标数值，最为重要的是学会利用 RSI 指标去分析、研判股票行情。

# 第二节　RSI 指标的一般用法

RSI 指标的研判主要是围绕 RSI 指标取值、长期 RSI 和短期 RSI 的交叉情况以及 RSI 指标的曲线形态等展开。一般分析方法主要包括 RSI 指标的取值范围大小、RSI 指标的超卖超买情况、长短期 RSI 指标线的位置及交叉等方面。

## 一、RSI 指标变动范围

RSI 的变动范围在 0~100 之间，强弱指标值一般分布在 20~80 之间。

如表 4-1 所示，这里的“极强”“强”“弱”“极弱”只是一个相对的分析概念，是一个相对区域。投资者也可以将取值定为 30、70 或 15、85。另外，对于所取的 RSI 参数的不同，以及面对的股票不同，RSI 的取值大小和研判方面也会存在不同，下面会详细介绍。

表 4-1　RSI 值的变动范围及特征

| RSI 值 | 市场特征 | 投资操作 |
| --- | --- | --- |
| 80~100 | 极强 | 卖出 |
| 50~80 | 强 | 买入 |
| 20~50 | 弱 | 观望 |
| 0~20 | 极弱 | 买入 |

## 二、RSI 指标的超买超卖

一般而言，RSI 指标数值在 80 以上和 20 以下，被认为是超买超卖区的分界线。

（1）当 RSI 值超过 80 时，表示整个市场力度过强，多方力量远大于空方力量，双方力量对比悬殊，多方大胜，市场处于超买状态，后续行情有可能出现回调或转势，此时投资者可卖出股票，如图 4–1 所示。

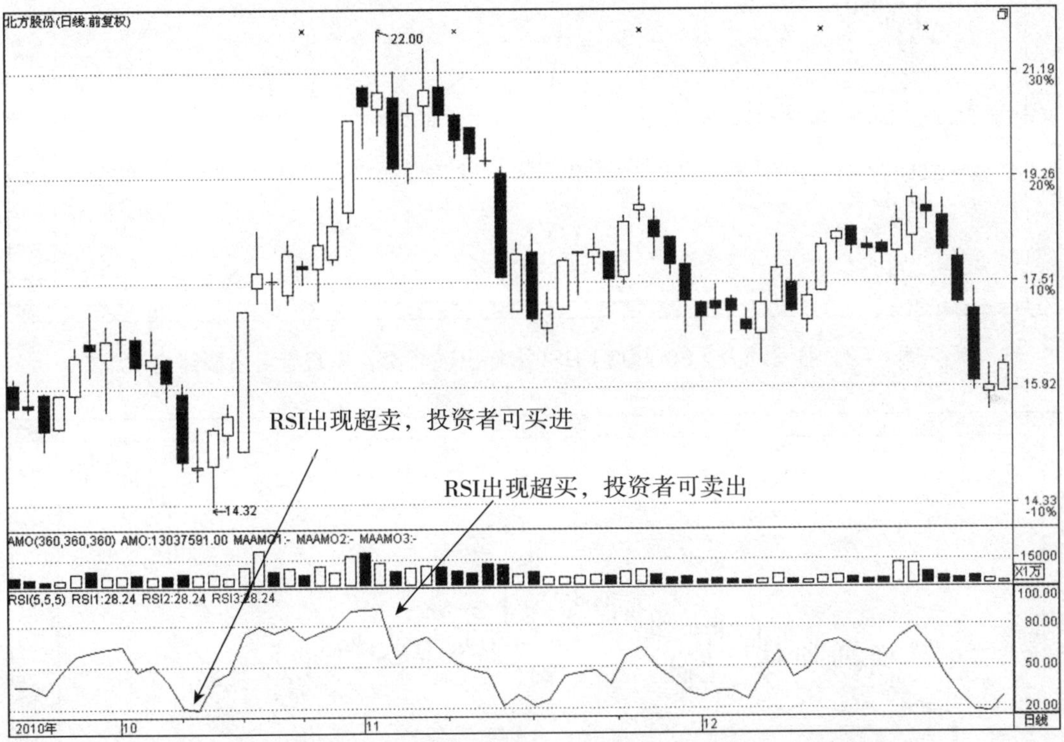


图 4–1　北方股份（600262）RSI 指标出现超买，投资者可卖出股票

（2）当 RSI 值低于 20 时，则表示市场上卖盘多于买盘，空方力量远远强于多方力量，空方大举进攻后，市场下跌的幅度过大，已处于超卖状态，股价可能出现反弹或转势，投资者可适量建仓，买入股票，如图 4–2 所示。

（3）当 RSI 值在 50 左右时，说明市场处于整理状态，投资者可观望，如图 4–3 所示。

图 4-2　航发动力（600893）RSI 指标出现超卖，投资者可适量建仓

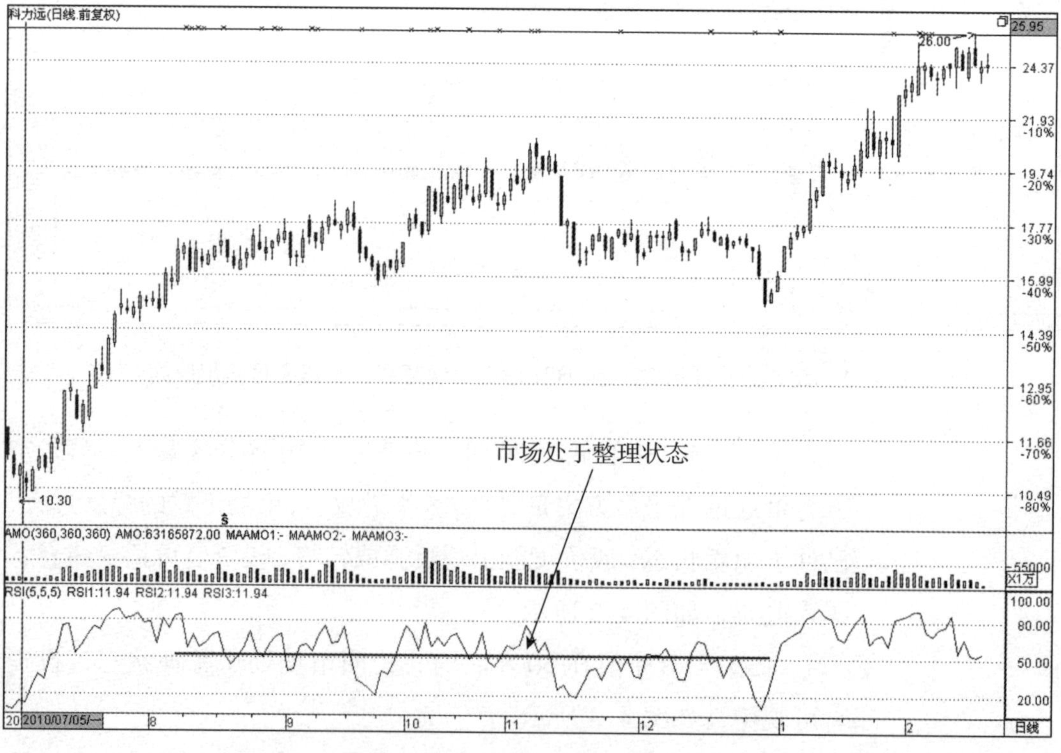


图 4-3　科力远（600478）RSI 指标出现平衡

一般市道中，RSI 数值在 80 以上可以称为超买区，20 以下可以称为超卖区。但有时在特殊的涨跌行情中，RSI 超卖超买区的划分界限要视具体情况而定。比如，在牛市中或对于牛股来说，超买区可以定为 90 以上；在熊市中或对于熊股来说，超卖区可以定为 10 以下。这是相对于参数设置较小的 RSI 而言的，如果参数设置大，则 RSI 值很难到达 90 以上和 10 以下，如表 4–2 所示。

表 4–2 牛熊市 RSI 值的分布

| 市况 | RSI 超卖区 | RSI 超买区 |
| --- | --- | --- |
| 牛市 | 90~100 | 20~30 |
| 熊市 | 70~80 | 0~10 |

## 三、长短期 RSI 线的交叉情况

短期 RSI 是指参数相对较小的 RSI，长期 RSI 是指参数相对较大的 RSI。比如，6 日 RSI 和 12 日 RSI 中，6 日 RSI 即为短期 RSI，12 日 RSI 即为长期 RSI。长短期 RSI 线的交叉情况，可以作为研判行情的工具。

（1）当短期 RSI> 长期 RSI 时，市场属于多头市场，如图 4–4 所示。

（2）当短期 RSI< 长期 RSI 时，市场属于空头市场，如图 4–5 所示。

（3）当短期 RSI 线在低位向上突破长期 RSI 线时，一般为 RIS 指标的黄金交叉，为买入信号，如图 4–6 所示。

（4）当短期 RSI 线在高位向下突破长期 RSI 线时，一般称为 RSI 指标的死亡交叉，为卖出信号，如图 4–7 所示。

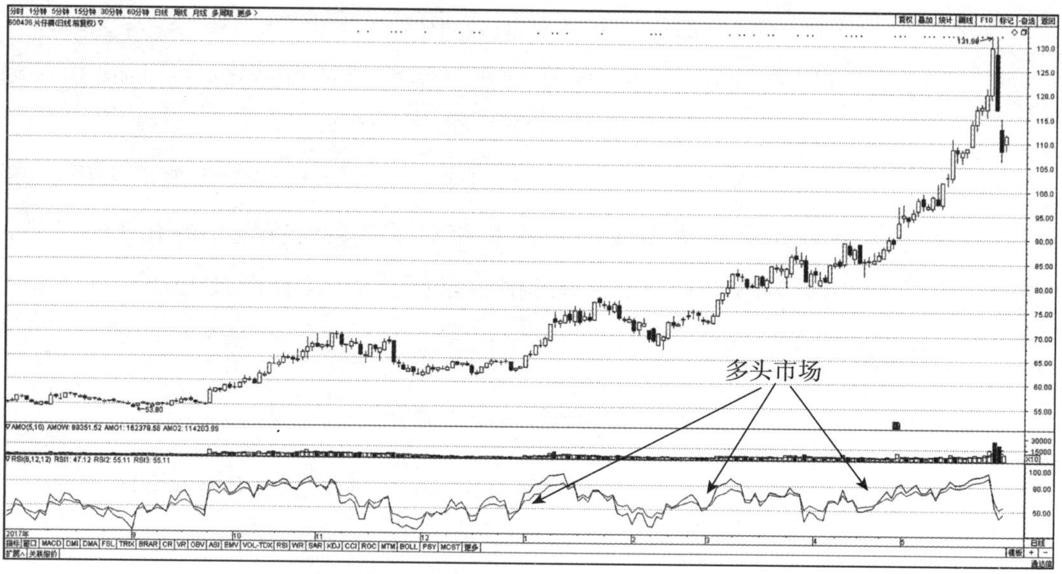


图 4-4　片仔癀（600436）RSI 走势情况

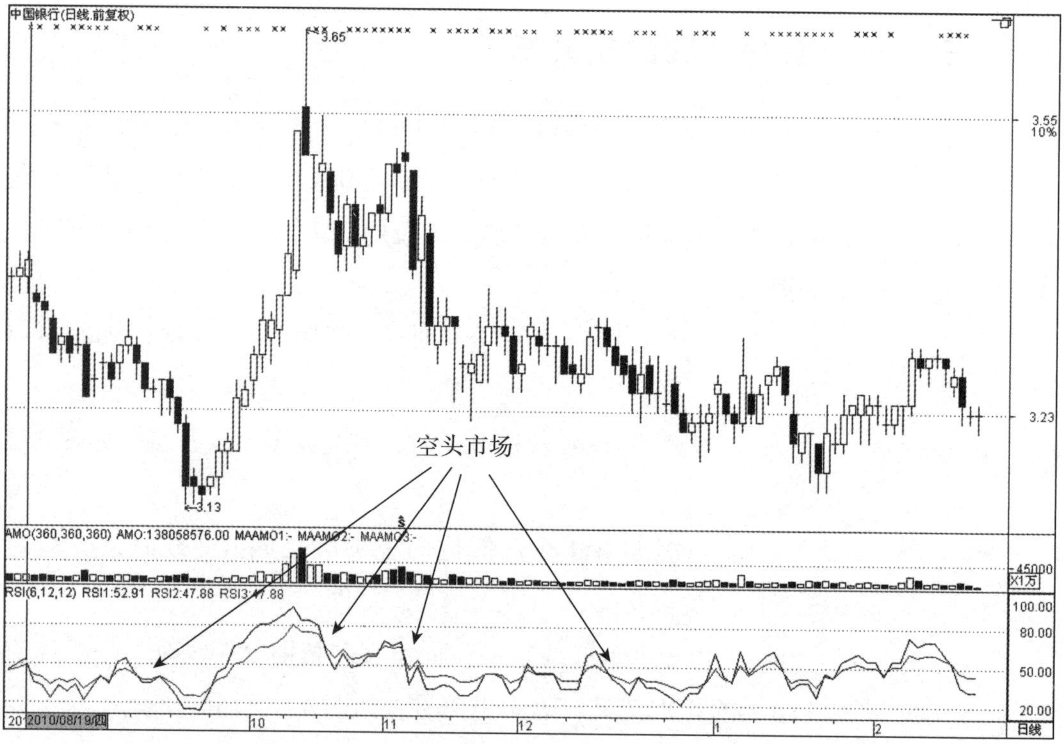


图 4-5　中国银行（601988）RSI 走势情况

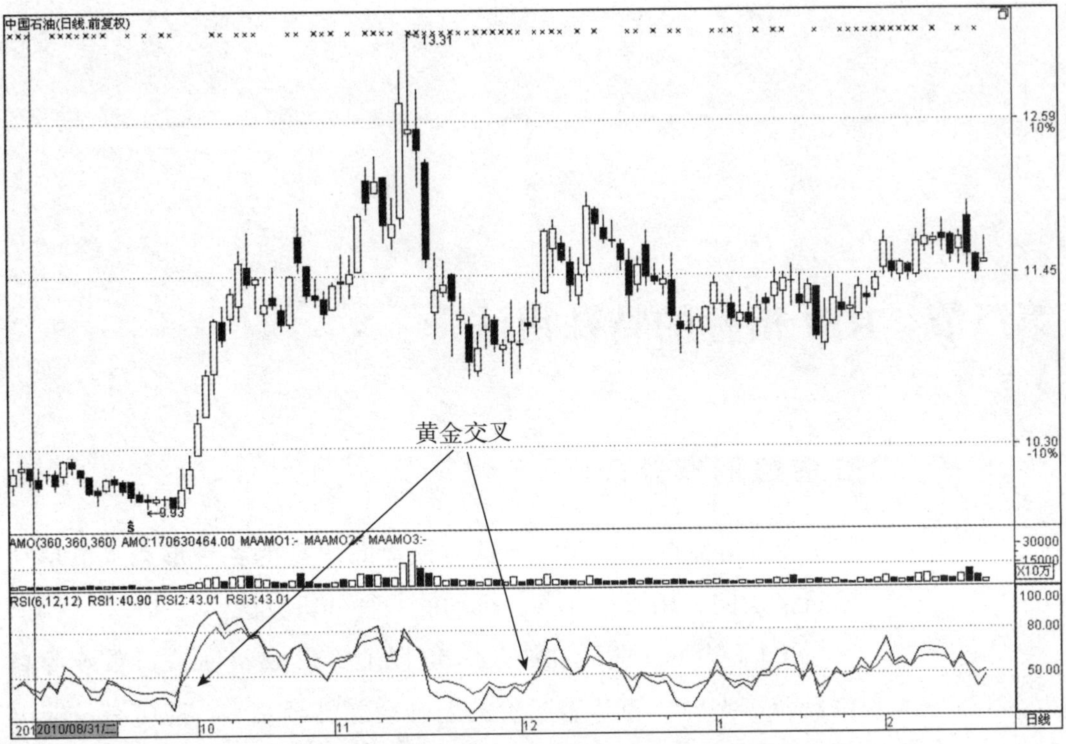


图 4-6　中国石油（601857）RSI 的黄金交叉

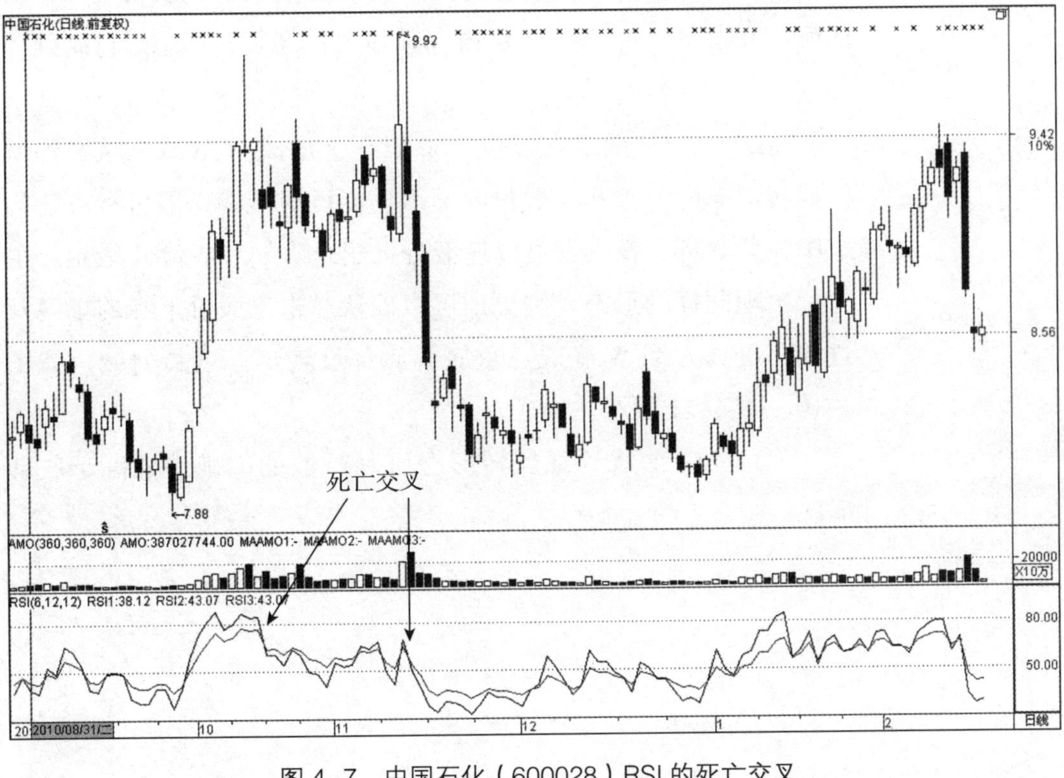


图 4-7　中国石化（600028）RSI 的死亡交叉

# 第三节 RSI 指标的特殊用法

## 一、RSI 曲线形态分析

RSI 指标在高位盘整或低位横盘时出现的各种形态，也是判断行情走向，用以指导买卖行动的一种分析方法。

（1）当 RSI 曲线在高位（50 以上）形成 M 头或三重顶等高位反转形态时，意味着股价的上升动能已经衰竭，股价有可能出现长期反转行情，投资者应及时卖出股票。如果股价 K 线走势也先后出现同样的形态，则趋势反转更加可以确认。未来股价下跌的幅度和过程，可参照 M 头或三重顶等顶部反转形态进行研判，如图 4-8、图 4-9 所示。

（2）当 RSI 曲线在低位（50 以下）形成 W 底或三重底等低位反转形态时，意味着股价的下跌动能已经减弱，股价有可能构筑中长期底部，投资者可以逢低分批建仓。如果股价 K 线走势也先后出现同样的形态，则更加可以确认。未来股价上涨的幅度及过程，可以参照 W 底或三重底等底部反转形态进行研判，如图 4-10、图 4-11 所示。

（3）RSI 曲线顶部反转形态研判行情的准确性要高于底部形态。

图 4-8　易食股份（000796，现为凯撒旅游）RSI 指标出现 M 头

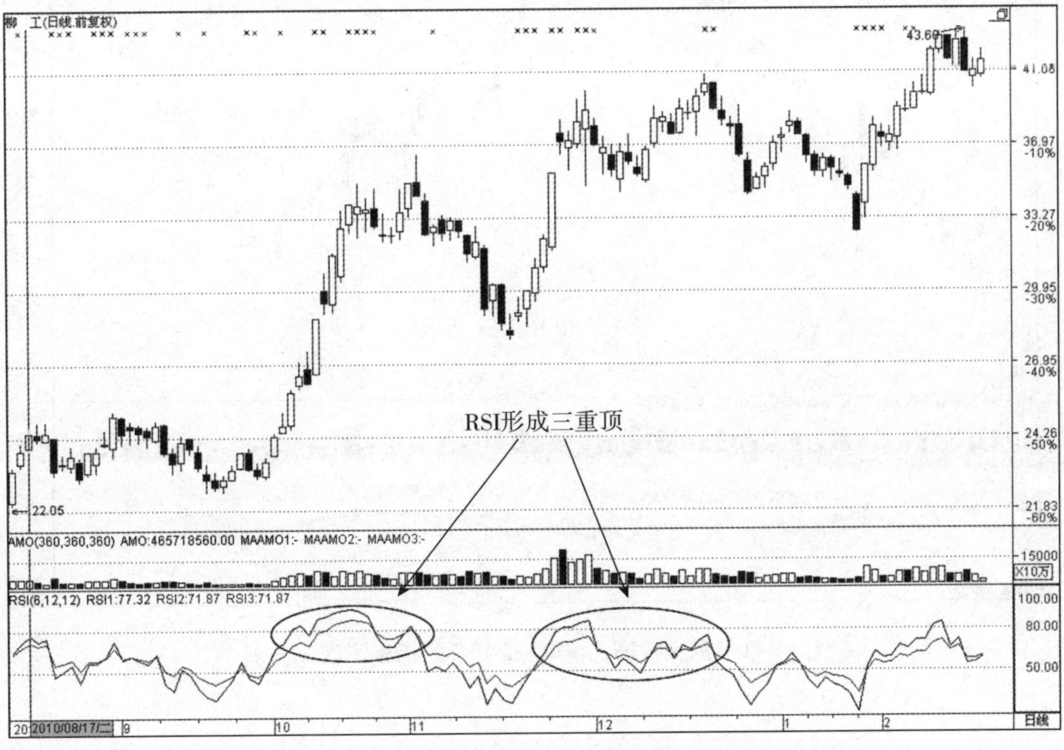


图 4-9　柳工（000528）RSI 指标出现三重顶

图 4-10　航天信息（600271）RSI 指标出现 W 底

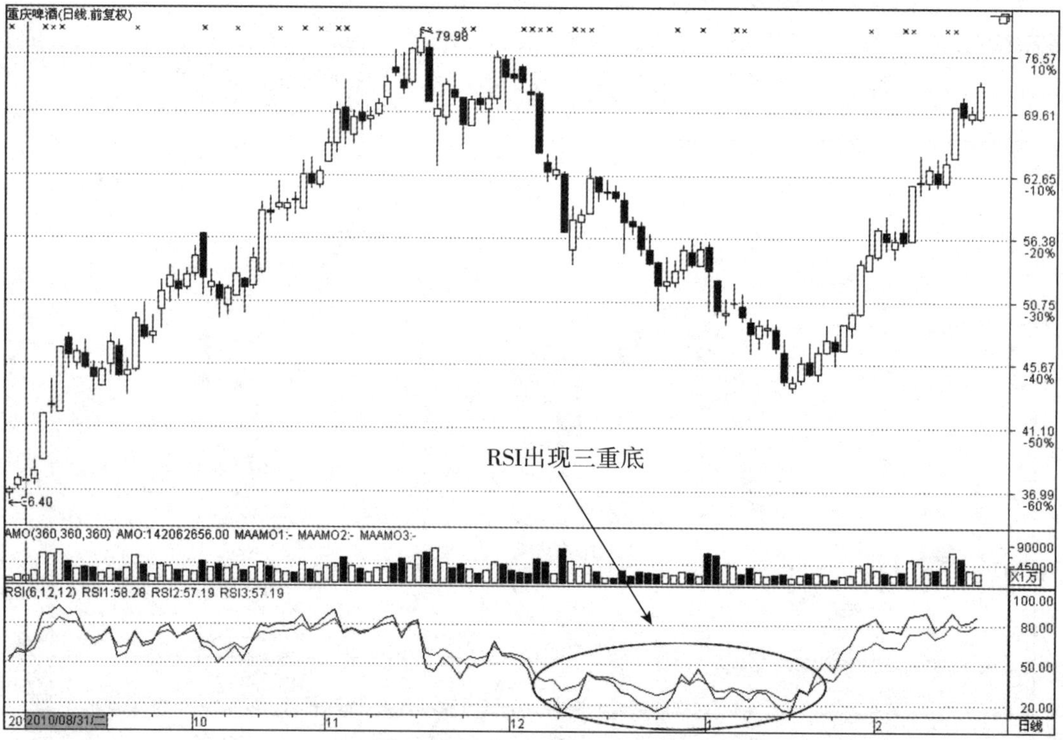


图 4-11　重庆啤酒（600132）RSI 指标出现三重底

## 二、RSI 指标背离分析

RSI 指标背离是指 RSI 指标曲线的走势与股价 K 线图的走势方向正好相反。RSI 指标背离分为顶背离和底背离两种。

### 1. 顶背离

当 RSI 曲线处于高位，但在创出 RSI 曲线近期新高后，反而形成一峰比一峰低的走势，而此时 K 线图上的股价却再次创出新高，形成一峰比一峰高的走势，这就是 RSI 指标顶背离。顶背离现象一般是股价在高位即将反转的信号，表明股价短期内将下跌，是卖出信号，如图 4–12 所示。

图 4–12 中信海直（000099）RSI 指标出现顶背离

在实际走势中，RSI 指标顶背离是指在股价拉升过程中先创出一个高点，RSI 指标也相应地在 80 以上创出新的高点，之后股价出现一定幅度的回落调整，RSI 指标也随着股价的回落出现调整走势。

当股价再度向上并超越前期高点创出新的高点时，RSI 指标也随着股价的上扬反转向上，但没有冲过前期高点就开始回落，这就形成了 RSI 指标的顶背离。RSI 指标出现顶背离后，股价见顶回落的可能性较大，是较强烈的卖出信号，如图 4-13、图 4-14 所示。

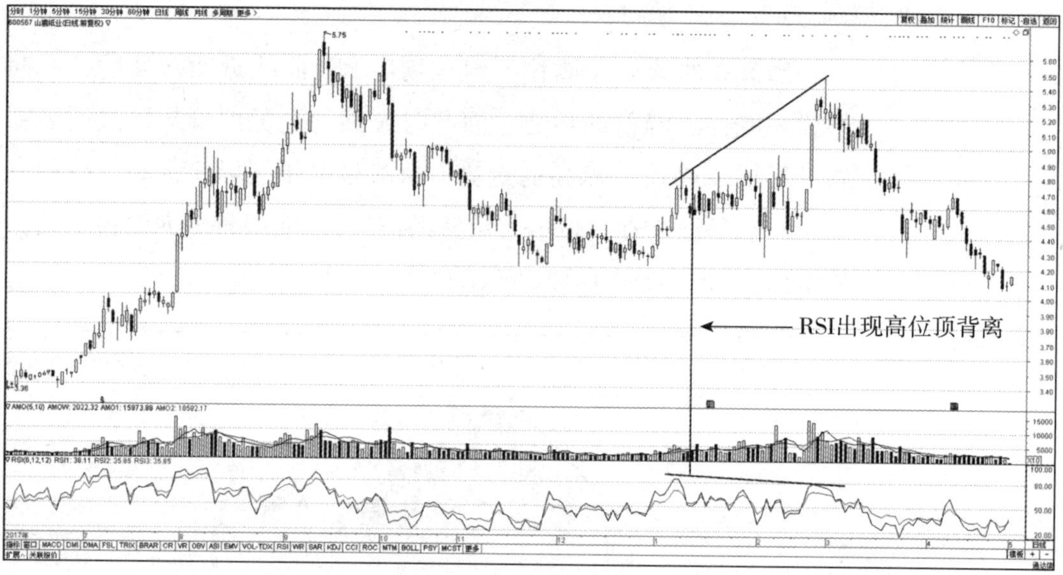


图 4-13　山鹰纸业（600567）RSI 指标出现高位顶背离

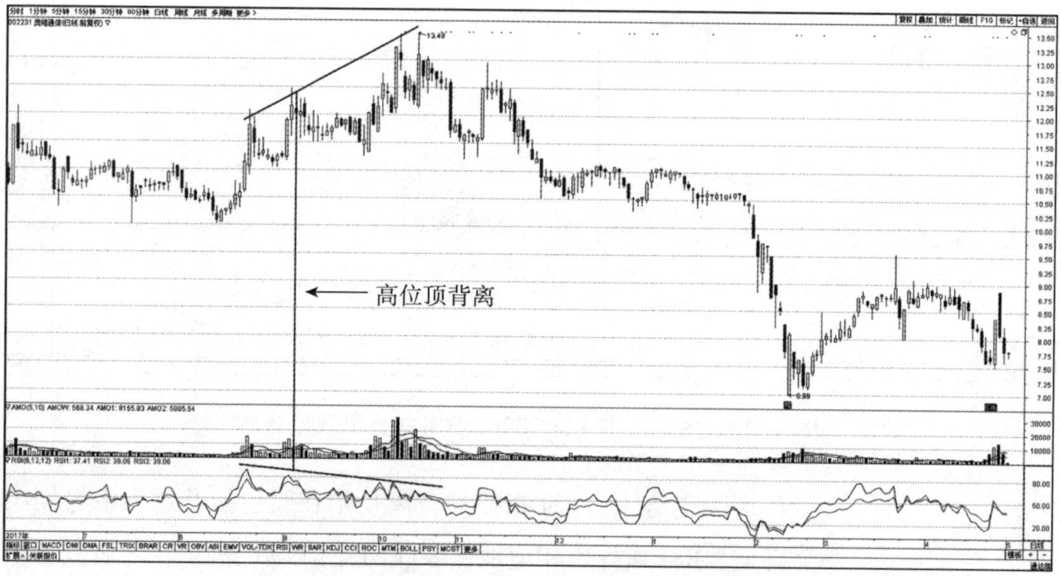


图 4-14　奥维通信（002231）RSI 指标出现高位顶背离

## 2. 底背离

RSI 指标底背离一般出现在 20 以下的低位区。当 K 线图上股价一路下跌，形成一波比一波低的走势，而 RSI 曲线却在低位率先止跌企稳，并形成一底比一底高的走势，这就是 RSI 指标底背离。RSI 指标底背离一般预示着股价短期内可能出现反弹，是短期买入信号，如图 4–15 所示。

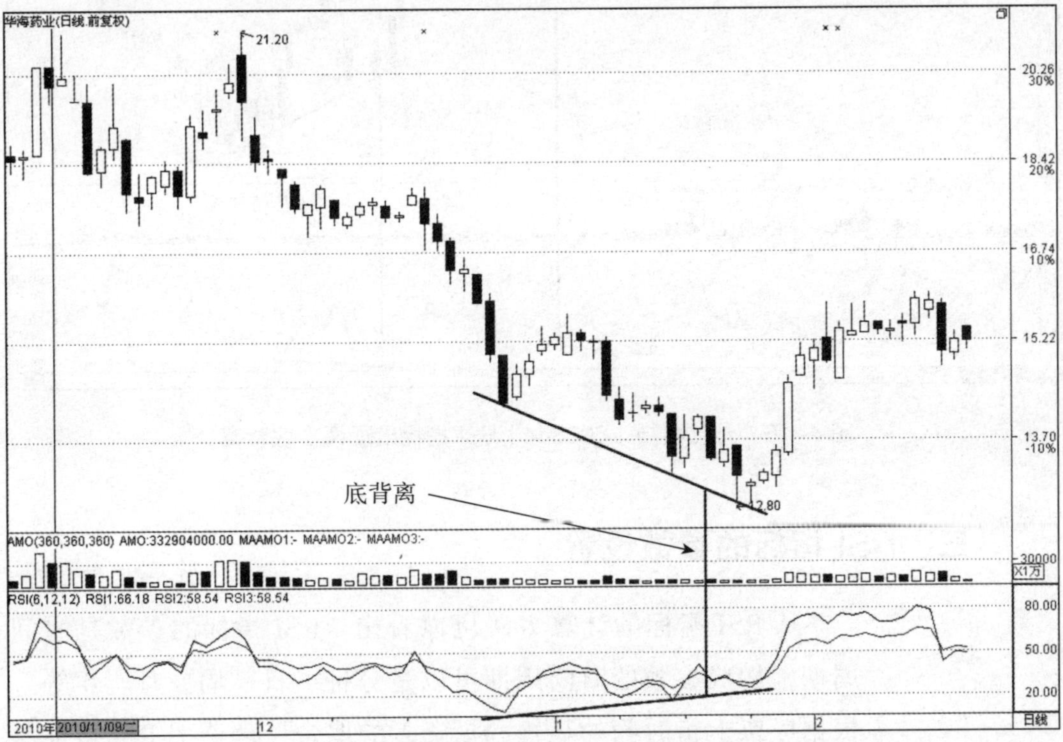


图 4–15　华海药业（600521）RSI 指标出现底背离

与 MACD 指标的背离现象研判一样，RSI 指标的背离中，顶背离的研判准确性要高于底背离。当股价在高位，RSI 指标在 80 以上出现顶背离时，可以认为股价即将反转向下，投资者可以及时卖出股票；当股价在低位，RSI 指标也在低位出现底背离时，一般要反复出现几次底背离才能确认，并且投资者只能做少量战略建仓或短线交易，如图 4–16 所示。

图 4–16　丹化科技（600844）RSI 指标出现两次底背离

## 三、RSI 指标的参数设置

从 RSI 指标的计算方法可以看出，RSI 指标的参数是时间周期，构成参数的时间周期可以是分钟、日、周、月、年等。根据股票上市时间的长短和投资者的取舍，理论上 RSI 指标参数可以采取任意时间周期。但在大多数股市分析软件上，各种时间周期的变动范围大多被限定在 1~99 之内，如 1~99 日、1~99 周等。

从 RSI 指标的实际应用来看，大多数投资者选择的时间周期单位为日，而日线 RSI 指标的参数值，又大多局限在 6 日和 12 日等少数几个数值上。如果按照这些短期时间参数来分析股价走势，RSI 指标得出的指标值变动范围大多在 40~80 之间，而且波动非常频繁。

在这么一个狭小的空间里，要想用 RSI 曲线来较准确地研判行情走势实属不易。为了充分发挥 RSI 指标的作用，投资者可以利用各类股市分析软件提供的短期、中期、长期参数，结合 K 线、均线等技术分析理论，综合研判股价走势。下面试着运用不同的指标参数，分析不同参数对应的买卖时机，以便大家更深入地把握 RSI 指标的应用方法和技巧。

# 第四节 RSI 指标实战技巧

和其他指标相比，RSI 指标波动频繁，而且其描述的股价走势趋势性不是很明显，在实际研判股市行情走势时，往往给投资者以杂乱无序的感觉。为了解决这个问题，这里选用分析家股市分析软件两组不同的日参数（14，42）和（6，14）来讲解 RSI 指标研判买卖点的功能。

## 一、买卖信号

### 1. 14 日 RSI 和 42 日 RSI 结合判断

（1）当 14 日 RSI 曲线在 50 附近向上突破 42 日 RSI 曲线形成金叉时，表明市场多头力量开始强于空头力量，股价将大幅扬升，这是 RSI 指标指示的中线买入信号。特别是当股价也同时带量向上突破中长期均线时，这种买入信号比较准确，此时投资者应及时逢低买入股票，如图 4–17 所示。

（2）当 14 日 RSI 曲线和 42 日 RSI 曲线在 60 上方运行了比较长的时间，一旦 14 日 RSI 曲线向下突破 42 日 RSI 曲线形成死叉时，表明多头力量已经衰竭，股价将开始大幅下跌，这是 RSI 指标指示的短线卖出信号。特别是那些前期涨幅过大的股票，这种卖出信号更加准确，此时投资者应及时清仓离场，如图 4-18 所示。

图 4-17　钱江水利（600283）RSI 指标出现买进信号

（3）当 14 日 RSI 曲线和 42 日 RSI 曲线从高位回落到 50 附近时，一旦 14 日 RSI 曲线向下交叉 42 日 RSI 曲线，就意味着多头力量已经衰竭，空头力量越发强大，股价将面临大幅下跌的可能，这是 RSI 指标指示的中线卖出信号。特别是那些在高位盘整的股票，这种卖出信号更加强烈，此时投资者应中线离场观望，如图 4-19 所示。

## 2. 6 日 RSI 和 14 日 RSI 结合判断

（1）当 6 日 RSI 和 14 日 RSI 曲线在 50 下方几乎同时向上突破 50 这条 RSI 指标的多空平衡线时，表明市场多头力量开始增强，股价将向上攀升，这也是 RSI 指标指示的中线买入信号。特别是当前期股价在一段狭小的价位区间整理一段时间，然后带量突破时，这种买入信号比较准确，此时投资者应及时买入股票，如图 4–20 所示。

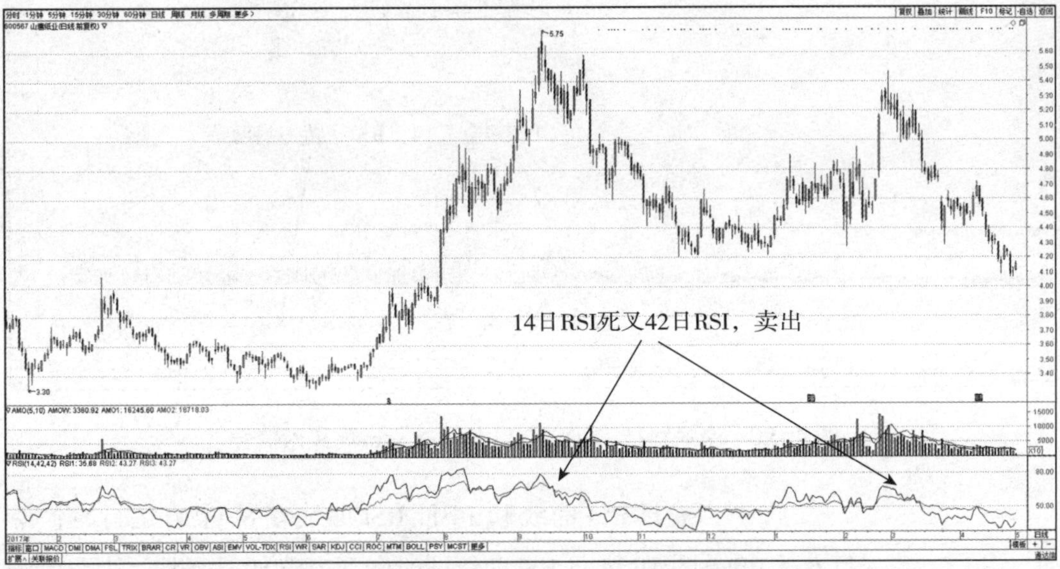


图 4–18　山鹰纸业（600567）RSI 指标出现卖出信号

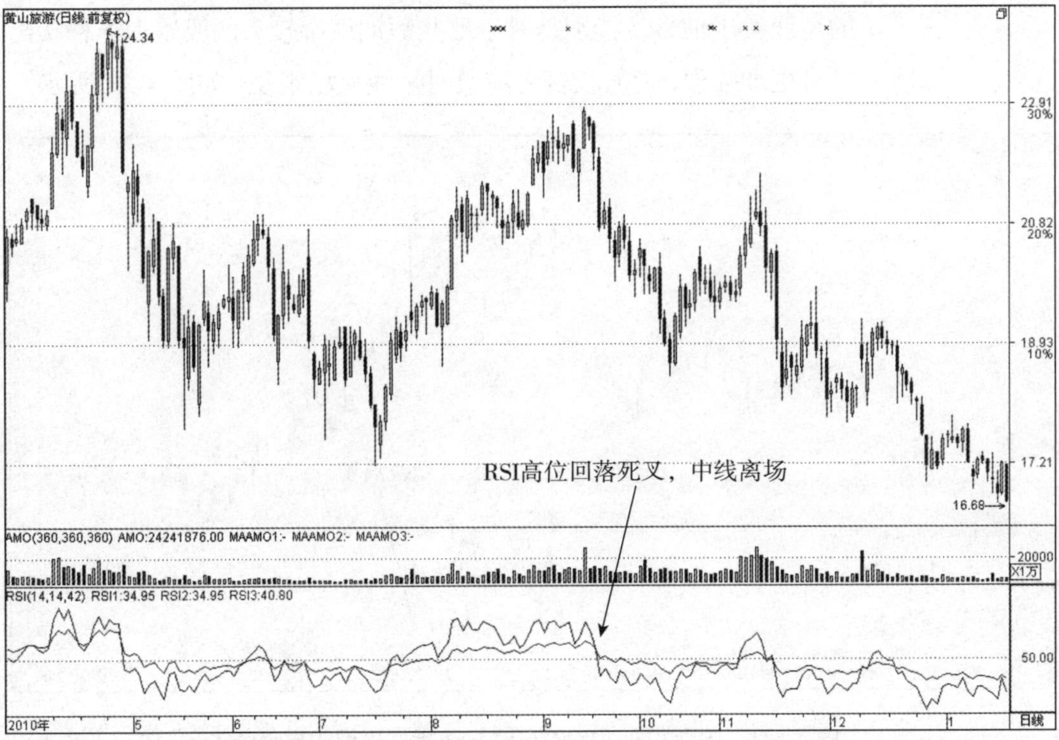


图 4–19　黄山旅游（600054）RSI 指标出现卖出信号

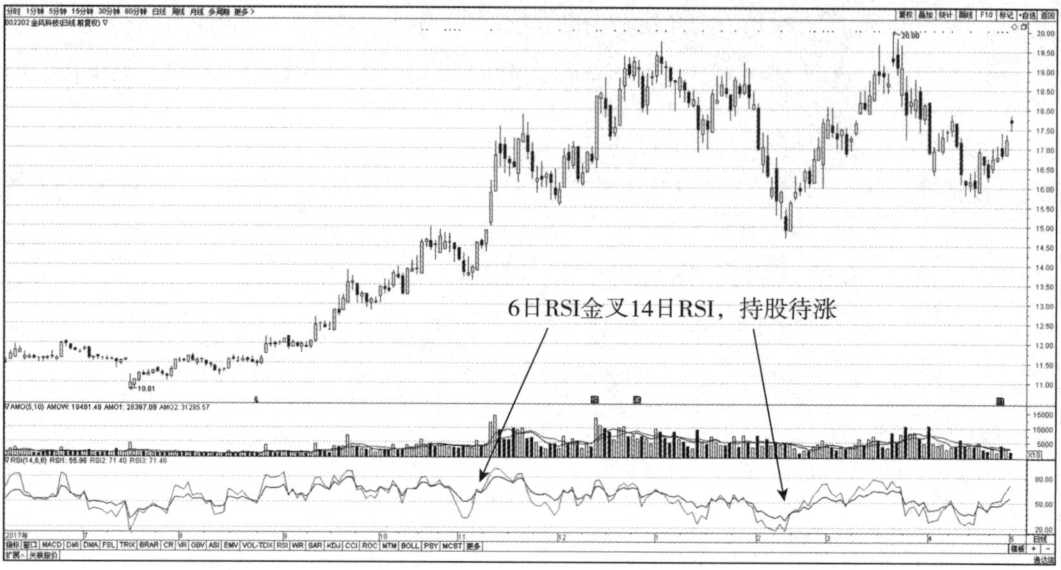


图 4-20　金风科技（002202）RSI 指标出现买入信号

（2）当 6 日 RSI 曲线和 14 日 RSI 曲线在 80 上方运行时，一旦 6 日 RSI 曲线和 14 日 RSI 曲线同时向下突破 80 这条线，表明市场多头力量开始衰竭，股价面临向下调整的压力，这是 RSI 指标指示的短线卖出信号。特别是对于那些短期涨幅较大的股票，这种卖出信号更加强烈，此时投资者应及时短线离场观望，如图 4-21 所示。

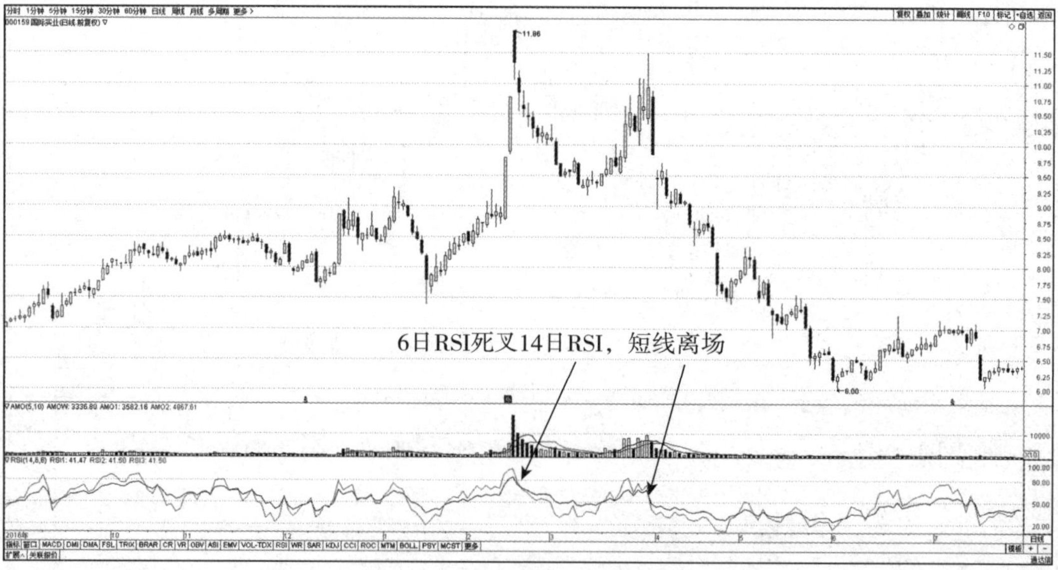


图 4-21　国际实业（000159）RSI 指标出现卖出信号

（3）当6日RSI曲线和14日RSI曲线从高位回落到50附近时，如果这两条线短期内不能再度返身向上，一旦6日RSI曲线和14日RSI曲线向下突破50，就意味空头力量控制盘面，股价将面临大幅下跌的可能，这也是RSI指标指示的中线卖出信号。特别是对于那些高位盘整的股票来说，这种卖出信号更加强烈，此时投资者应中线离场观望，如图4–22所示。

图 4–22　洪都航空（600316）RSI 指标出现卖出信号

## 二、持股持币信号

### 1. 14 日 RSI 和 42 日 RSI 结合判断

（1）当14日RSI曲线在中位（50左右）向上突破42日RSI曲线后，如果这两条曲线同时向上运行，并且股价带量上行时，表明多头力量占据绝对优势，股价将继续向上扬升，这是RSI指标发出的比较明显的持股待涨信号。此时投资者应坚决持股待涨，直至RSI指标发出短线卖出信号，如图4–23所示。

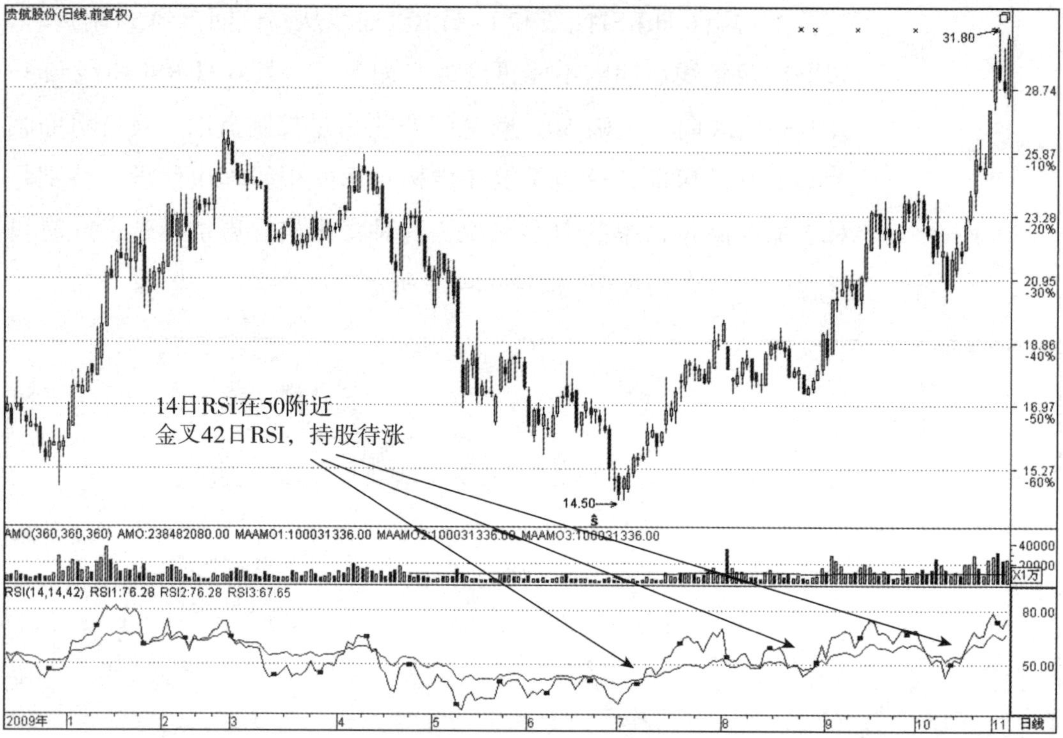


图 4-23　贵航股份（600523）RSI 指标出现持股待涨信号

（2）当 14 日 RSI 曲线在中高位（60 以上）向下突破 42 日 RSI 曲线后一直运行在 42 日曲线下方，意味着多头力量可能衰弱，空头力量开始增强，股价将向下调整，这是 RSI 指标指示的持币观望信号。特别是对于那些股价高位盘整后开始下跌的股票，这种持币观望信号更加准确，此时投资者应以持币观望为主，如图 4–24 所示。

（3）当 14 日 RSI 曲线在中高位（50 以上）向下突破 42 日 RSI 曲线后，如果两条曲线同时向下运行，则表明多头力量已经衰竭，空头力量占据明显优势，股价将开始大幅下跌，这也是 RSI 指标指示的比较明显的持币观望信号，此时投资者应持币观望，如图 4–25 所示。

（4）14 日 RSI 曲线和 42 日 RSI 曲线从高位回落后，如果这两条曲线先后跌破 50 并同时向下运行，表明空头力量占绝对优势，股价将继续下跌，这也是 RSI 指标指示的明显的持币观望信号。此时，投资者应坚决持币观望，如图 4–26 所示。

图 4-24　大湖股份（600257）RSI 指标出现持币观望信号

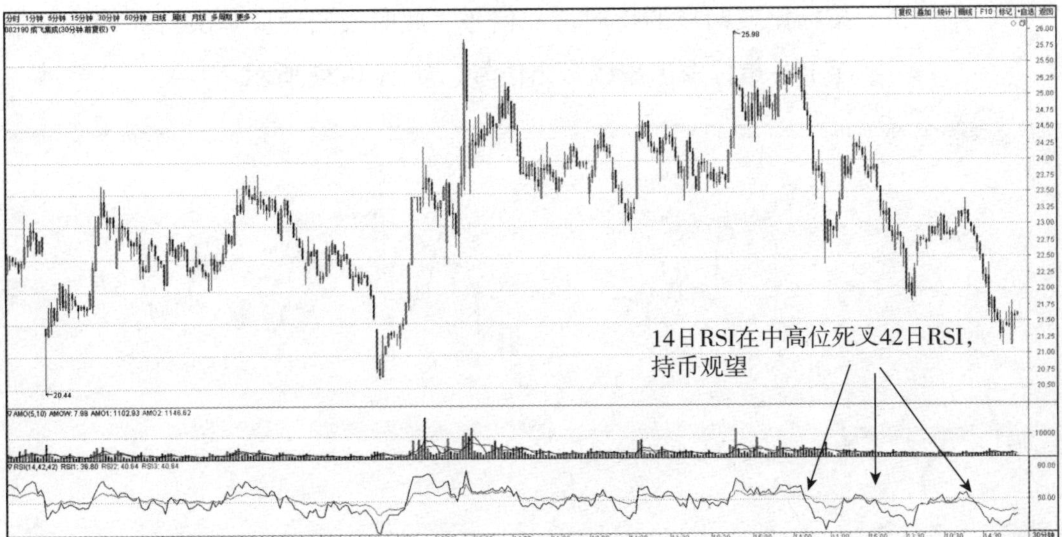


图 4-25　成飞集成（002190）RSI 指标出现明显的持币观望信号

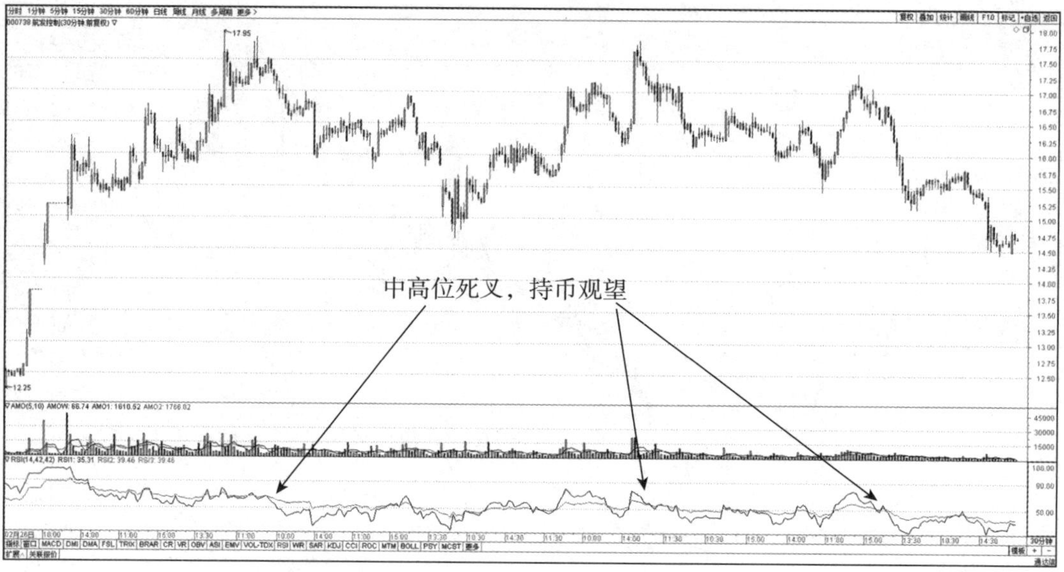


图 4-26　航发控制（000738）RSI 指标出现明显的持币观望信号

## 2. 6 日 RSI 和 14 日 RSI 结合判断

（1）当 6 日 RSI 曲线和 14 日 RSI 曲线在中位（50 左右）几乎同时向上运行，并且股价也依托中短期均线向上运行时，表明多头力量开始占主导地位，股价将展开一轮上升行情，这是 RSI 指标比较明显的持股待涨信号。此时投资者应坚决持股待涨，直至 RSI 指标发出短线卖出信号，如图 4-27 所示。

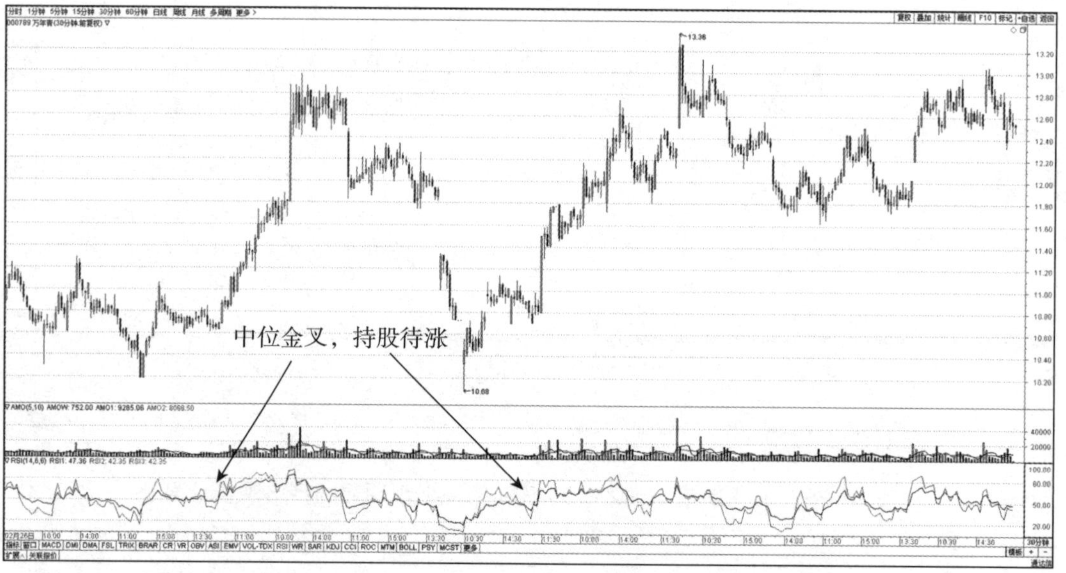


图 4-27　万年青（000789）RSI 指标出现持股待涨信号

（2）当 6 日 RSI 曲线和 14 日 RSI 曲线在高位（80 左右）几乎同时向下运行时，表明多头力量开始减弱，空头力量开始增强，股价将出现短线调整行情，这是 RSI 指标指示的持币观望信号。特别是对于那些近期短线涨幅过大的股票，这种短期内持币观望的信号更加明显，如图 4–28 所示。

图 4–28　仙琚制药（002332）RSI 指标出现持币观望信号

（3）当 6 日 RSI 曲线和 14 日 RSI 曲线在 50 附近时，如果这两条曲线几乎同时跌破 50 并向下运行，表明空头力量占据绝对优势，股价将继续下跌，这也是 RSI 指标指示的持币观望信号。特别是对于那些前期涨幅过大的股票，这种信号更加明显，此时投资者应坚决持币观望，如图 4–29 所示。

## 三、RSI 在周线图中的用法

在周线图中，把 RSI 指标的参数设置成 14，当 RSI 指标值越过50时买进，只要不出现挂尖带量或背离，可中线持股，如图4-30至图4-33所示。

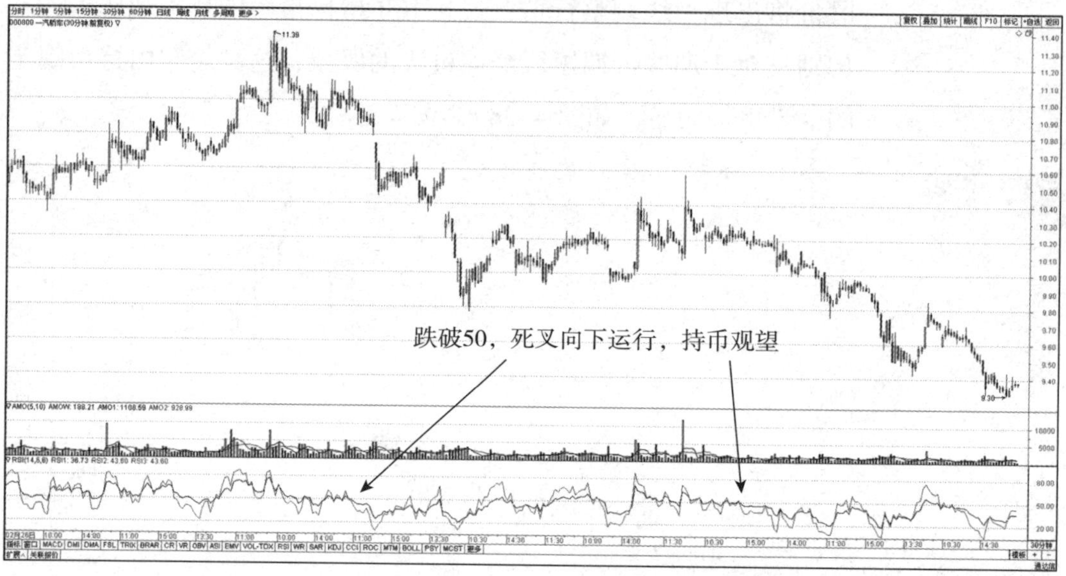


图 4-29　一汽轿车（000800）RSI 指标出现明显的持币观望信号

图 4-30　三峡水利（600116）出现中线持股信号

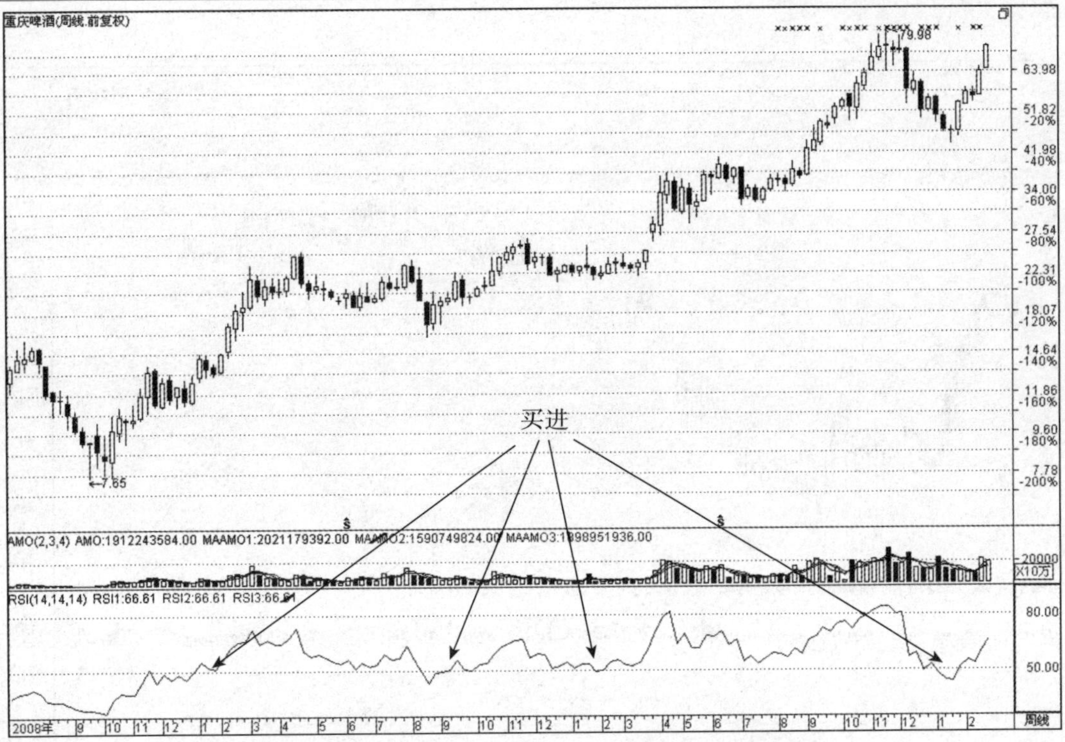


图 4-31　重庆啤酒（600132）出现中线持股信号

图 4-32　安徽水利（600502）出现中线持股信号

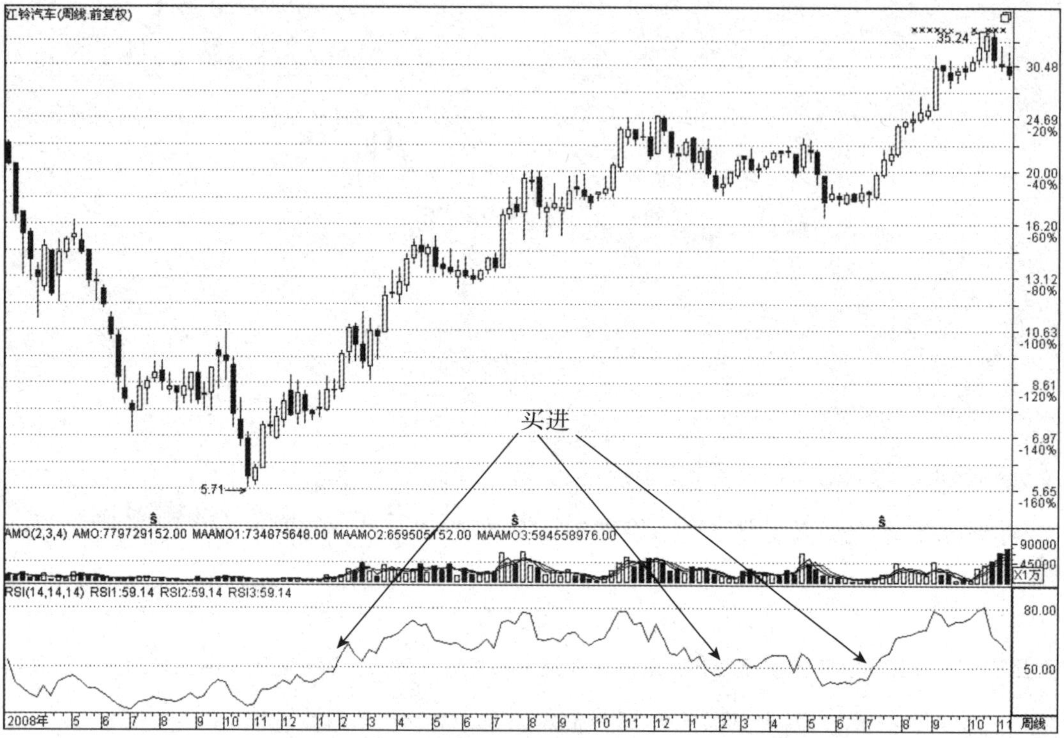


图 4-33　江铃汽车（000550）出现中线持股信号

# 第五节　RSI 指标必胜术

依据 RSI 指标何时采取行动？这个问题非常难以回答。面对这个难题，实战中以指标切线突破作为果断行动的信号，一般来说能够适时把握市场提供的机会。

对于 RSI 指标，连接一段时期内不断提升的明显低点成一条直线（参数为 5），一旦 RSI 指标向下跌破该切线，跌破当天是卖出时机，如图 4-34 至图 4-37 所示。

对于 RSI 指标，连接一段时期内不断下降的明显高点成一直线（参数为 5），当指标向上突破这条切线时，则出现买进信号。连接为切线的高低点之间的时间长短不必特别限定，但是经由“峰—谷—峰—谷”后形成的切线，突破信号会显得特别重要，如图 4-38 至图 4-41 所示。

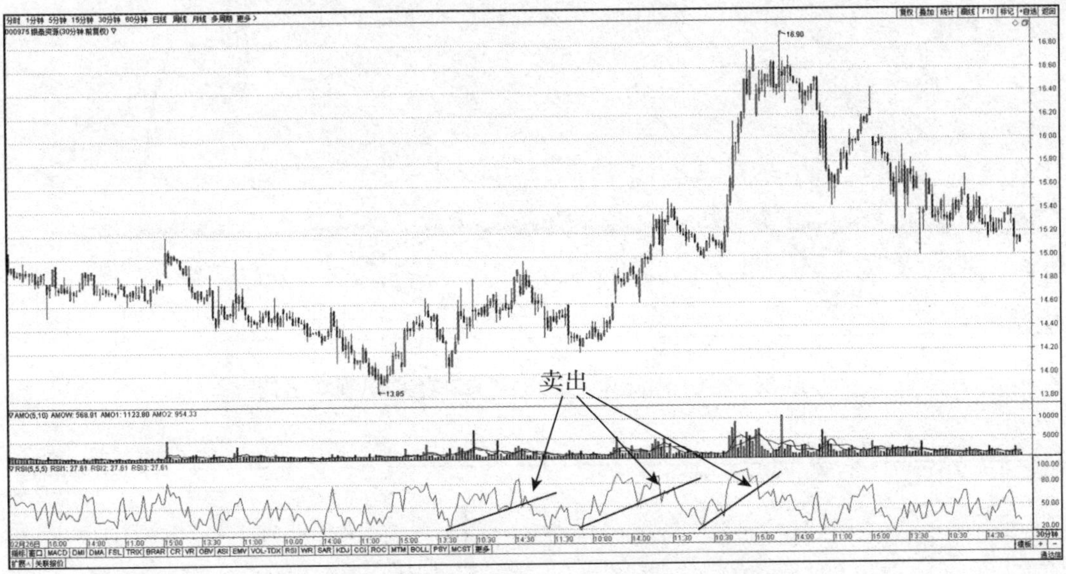


图 4-34　银泰资源（000975）RSI 指标出现卖出信号

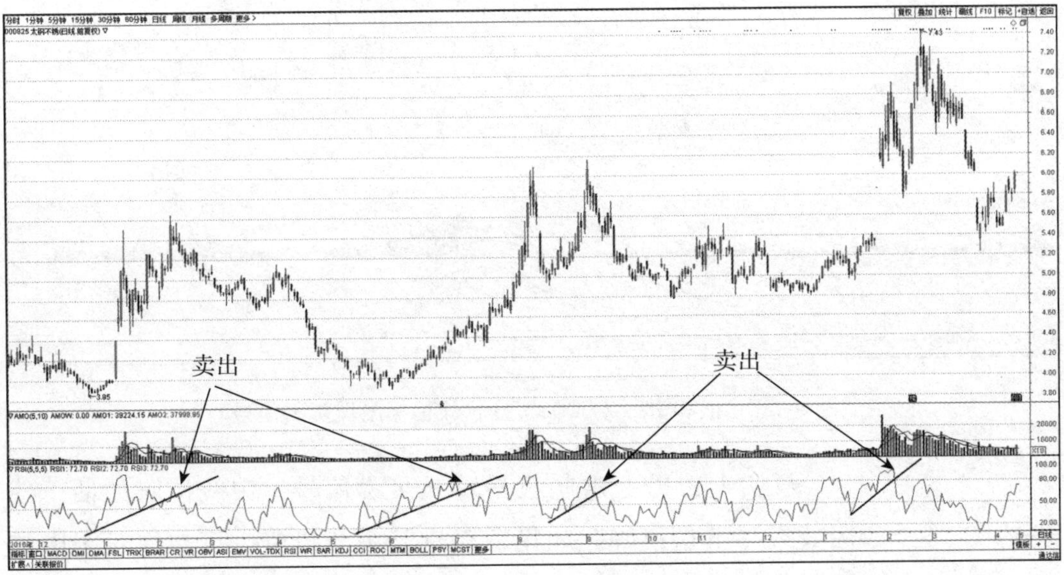


图 4-35　太刚不锈（000825）RSI 指标出现卖出信号

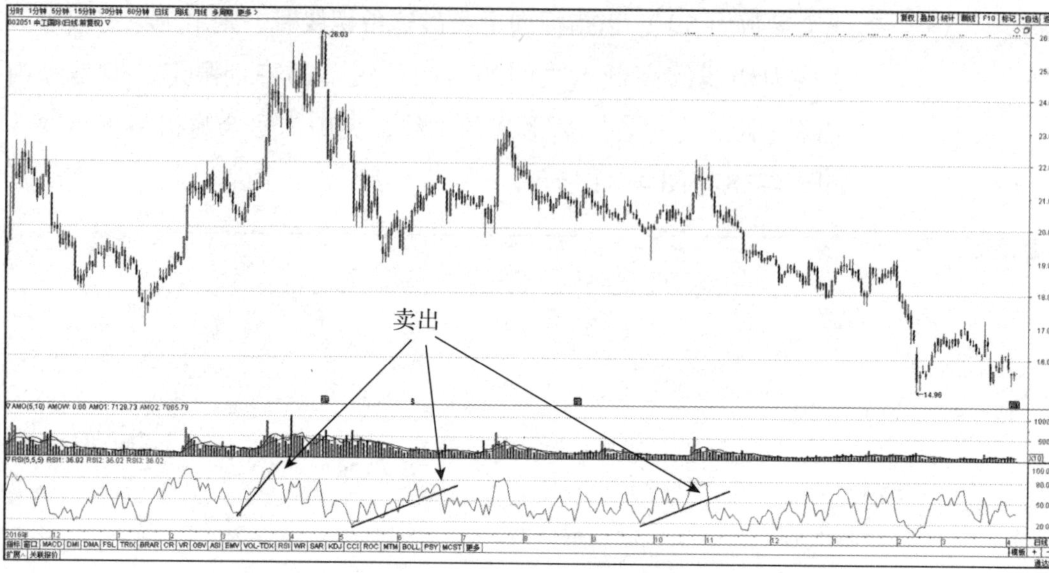


图 4-36　中工国际（002051）RSI 指标出现卖出信号

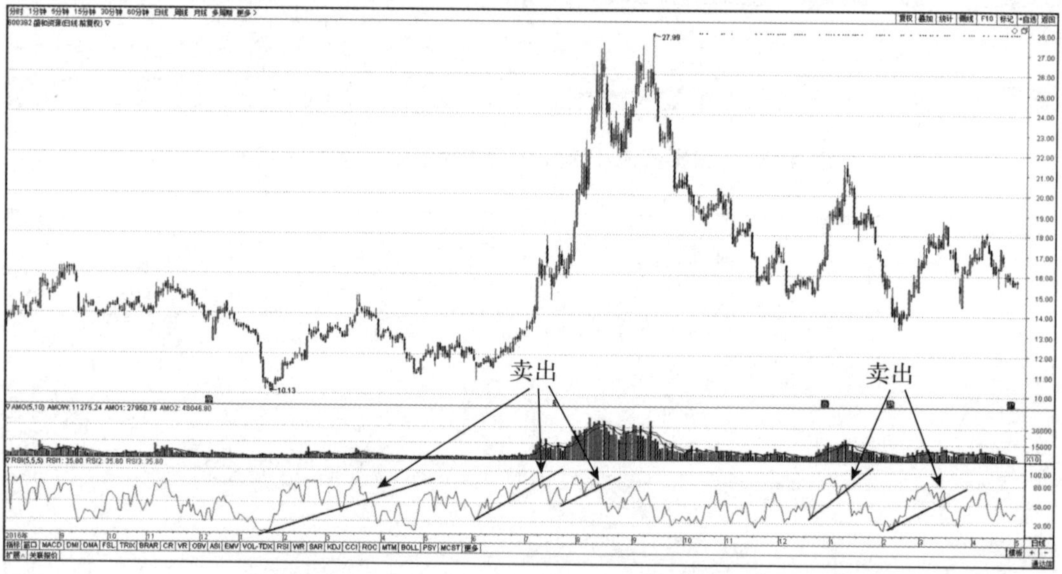


图 4-37　盛和资源（600392）RSI 指标出现卖出信号

事实上，以上这些只是短线买卖信号，中线持股的话，使用效果并不是很好。如投资者进行中线投资，可在周线图中使用此方法。

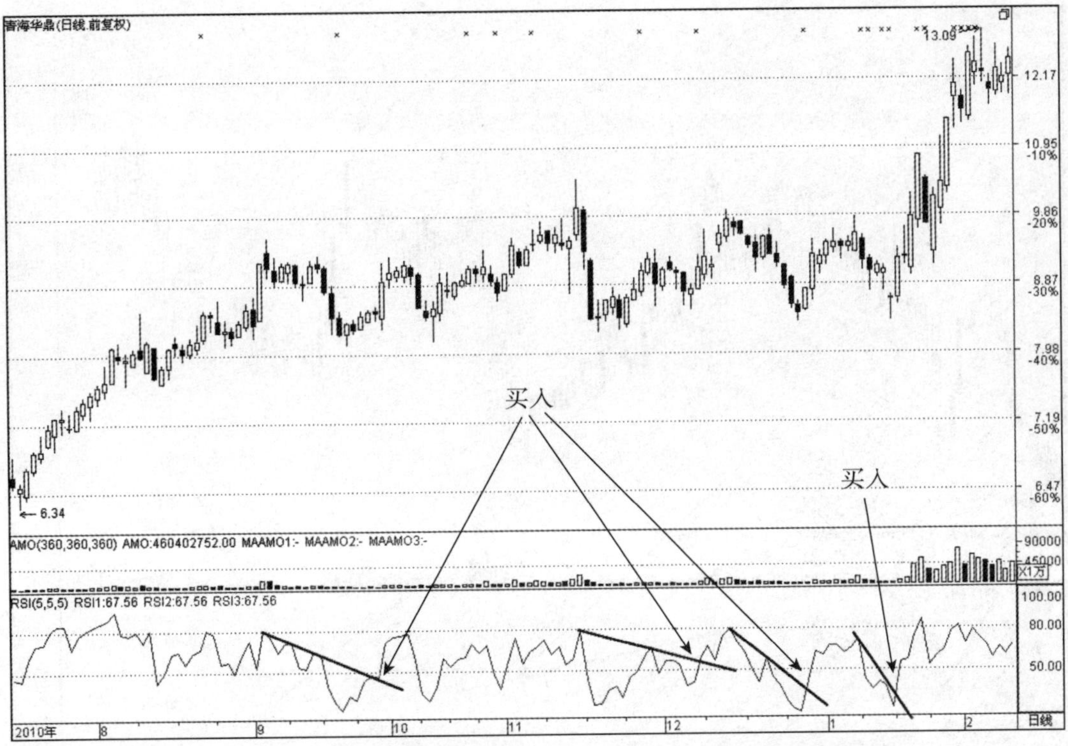


图 4-38 青海华鼎（600243）RSI 指标出现买入信号

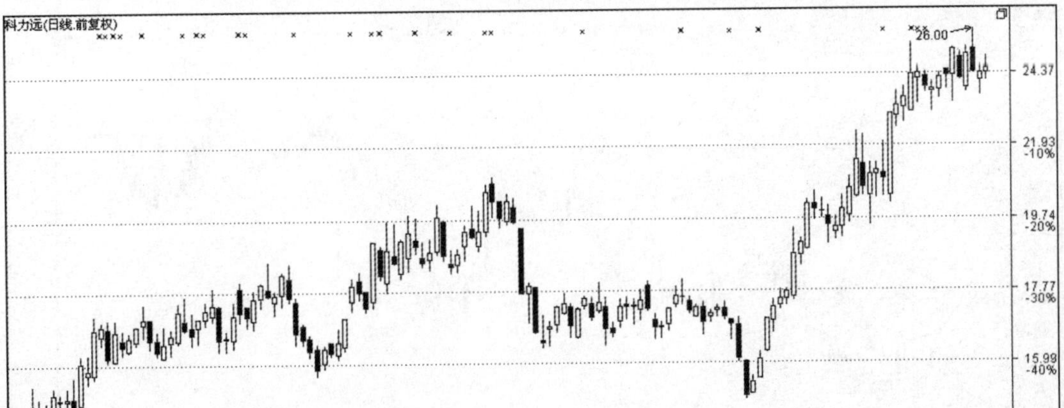


图 4-39 科力远（600478）RSI 指标出现买入信号

图 4-40　中南建设（000961）RSI 指标出现买入信号

图 4-41　海螺水泥（600585）RSI 指标出现买入信号

在周线图中，RSI 指标参数可设置为 14，RSI 指标突破下降趋势线可买入，如图 4-42 至图 4-45 所示。

图 4-42　湘潭电化（002125）RSI 指标出现买入信号

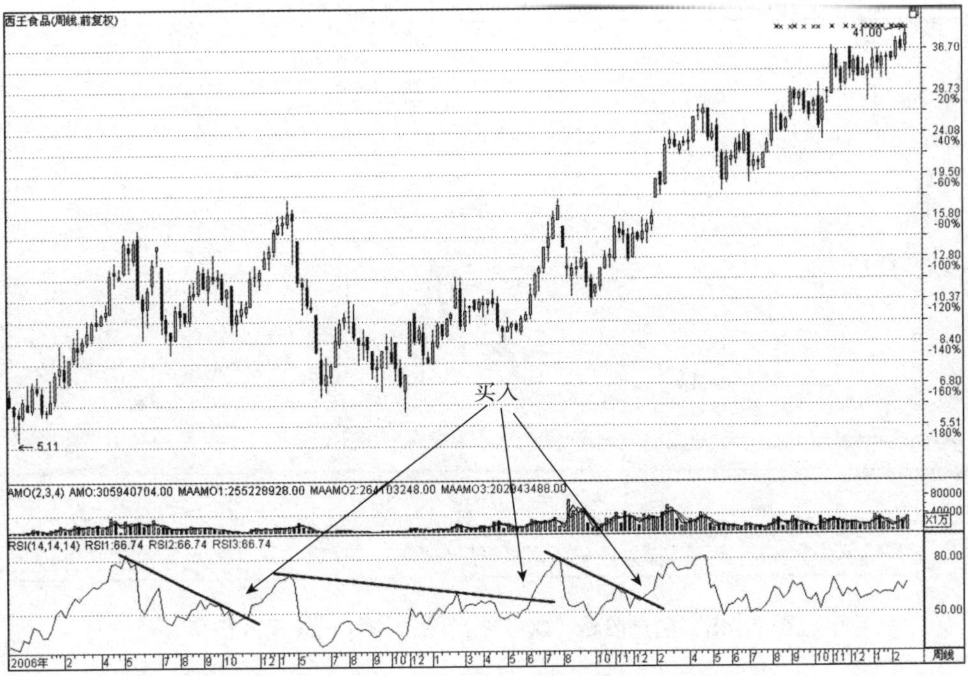


图 4-43　西王食品（000639）RSI 指标出现买入信号

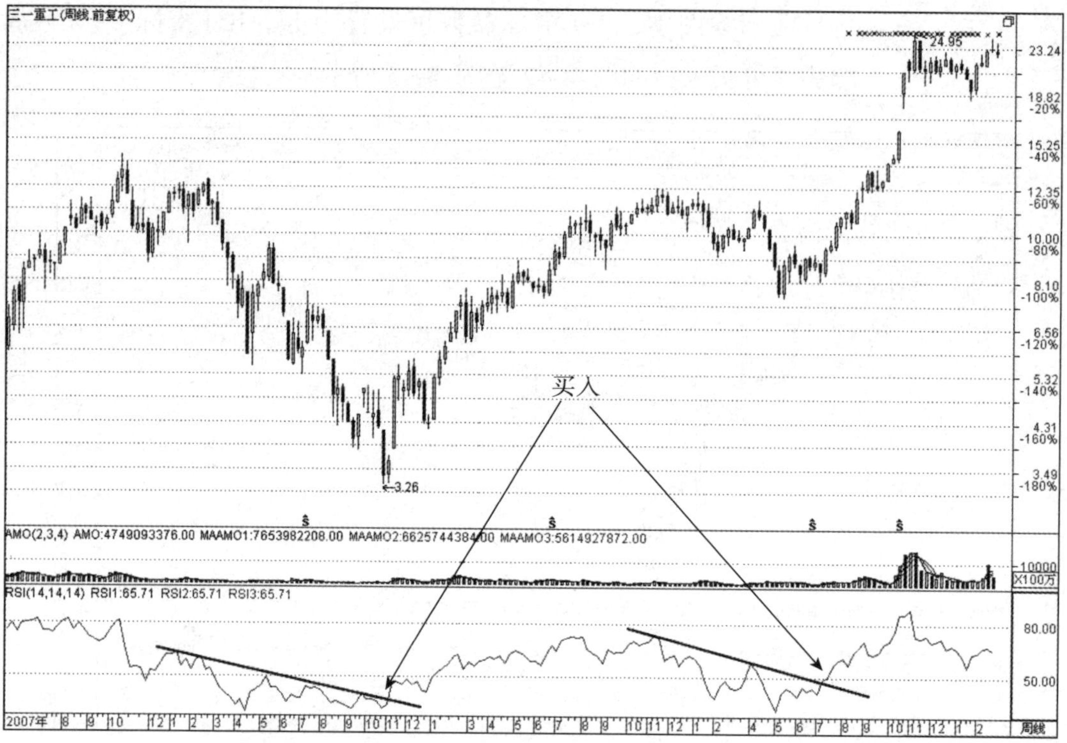


图 4-44 三一重工（600031）RSI 指标出现买入信号

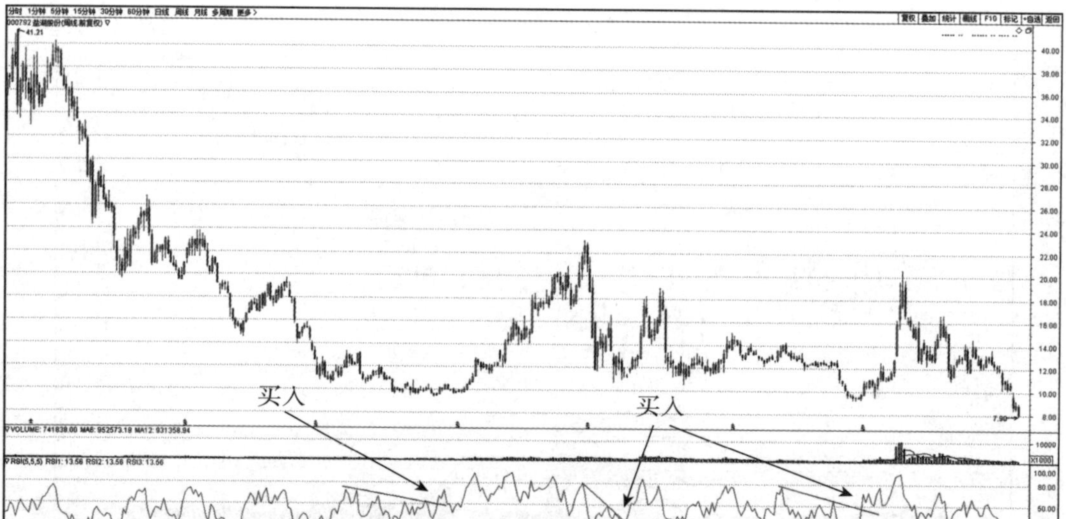


图 4-45 盐湖股份（000792）RSI 指标出现买入信号

在周线图中，突破 RSI 指标的支撑线可卖出，如图 4–46 至图 4–49 所示。

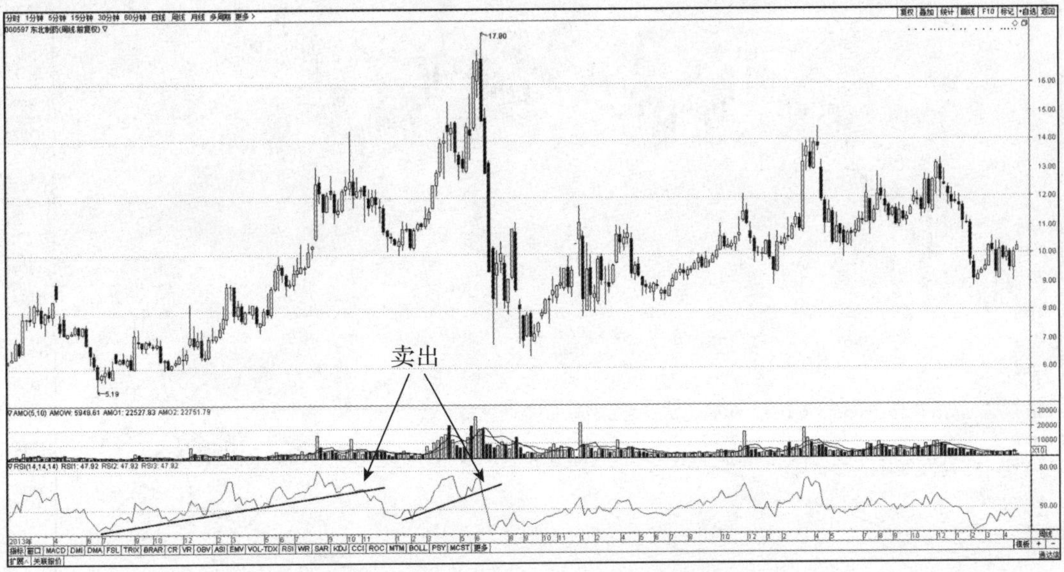


图 4–46　东北制药（000597）RSI 指标出现卖出信号

图 4–47　重庆啤酒（600132）RSI 指标出现卖出信号

图 4-48　中信海直（000099）RSI 指标出现卖出信号

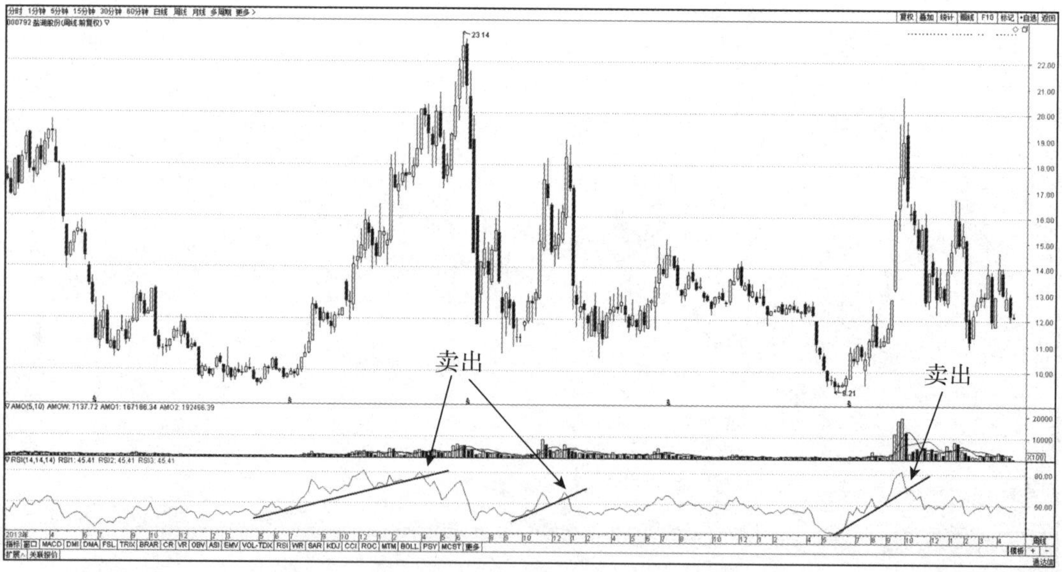


图 4-49　盐湖股份（000792）RSI 指标出现卖出信号

有时极强烈的上升或下跌行情，可能突破 RSI 指标的顶背离或底背离。当 RSI 指标的顶背离或底背离切线（参数为 5）被突破，其后必有一段不小的、持续原有趋势的行情。该信号的可靠性接近 100%，因此该法则也被称为“RSI 指标必胜术”，如图 4–50 至图 4–53 所示。

图 4–50　宇顺电子（002289）RSI 指标必胜术

图 4–51　潞安环能（601699）RSI 指标必胜术

图 4-52　振华科技（000733）RSI 指标必胜术

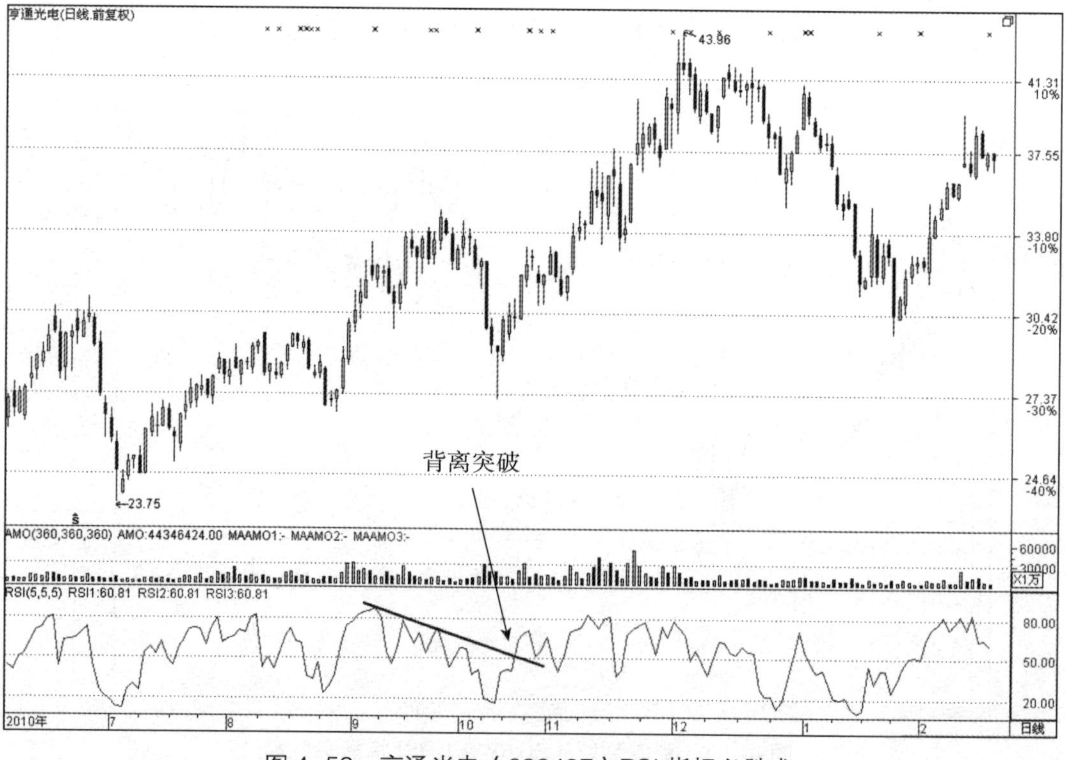


图 4-53　亨通光电（600487）RSI 指标必胜术

## ★ 本章内容总结

这里要注意使用“RSI 指标必胜术”的前提条件。

第一，必须要有大势的配合。这种操盘术是要求追涨买入的，因此一定要在大盘走势很好时才能追涨买入股票。大势较好时，操作个股的系统性风险较低。在弱市时，个股上涨往往是昙花一现，追涨的风险极大。当然主力控盘的个股能够走出明显的独立行情，这时可用 1/3 的仓位参与。

第二，最好是创半年到一年以来新高的个股出现这种走势。一般来说，只有超级强势的个股才会出现 RSI 指标顶背离被有效突破，而创历史天价正是超强个股的显著特征之一。

第三，最好有成交量的配合。放量突破是最让人放心的走势。

RSI 指标参数使用方法如下。

（1）月线参数 14。买入条件：K 线必须突破切线，从底部上升到 50 线买进。

（2）周线参数 14。买入条件：K 线必须突破切线，指标线两次上穿 50 线，第二次上穿时买进。

（3）应用中注意时间周期的对应关系。

# 第五章　KDJ 技术指标必胜术

在使用 KDJ 指标指导炒股时，有一个赢家不传的必胜术，就是“反转风洞法”。K、D 两线形成第一次金叉后股价上涨，接着在强势区形成死叉，股价经过短暂下跌又开始上涨，形成第二次金叉。死叉与第二次金叉之间 K、D 两线形成的空间，被称为“反转风洞”或“风洞”。在成交量的配合下，“风洞”就意味着赚钱。

# 第一节 KDJ 指标的来龙去脉

## 一、KDJ 指标的设计原理

随机指标 KDJ 是根据统计学原理，通过特定周期内（常为 9 日、9 周等）出现过的最高价、最低价及最后一个计算周期的收盘价及这三者之间的比例关系，来计算最后一个周期的未成熟随机值 RSV，然后根据平滑移动平均线的方法来计算 K 值、D 值与 J 值，并绘成曲线图来研判股票走势。

随机指标 KDJ 以最高价、最低价及收盘价为基本数据进行计算，得出的 K 值、D 值和 J 值分别在坐标上形成一个点，连接无数个这样的点，就形成一个完整的、能反映价格波动趋势的 KDJ 指标。

KDJ 指标主要利用价格波动的真实波幅来反映价格走势的强弱和超买超卖现象，在价格尚未上升或下降之前发出买卖信号。在 KDJ 指标的设计原理上，主要是研究最高价、最低价和收盘价之间的关系，同时也融合了动量观念、强弱指标和移动平均线的一些优点，因此能够比较迅速、快捷、直观地研判行情。

随机指标 KDJ 最早是以 KD 指标的形式出现的，KD 指标在威廉指标的基础上发展而来。不过威廉指标只用于判断股票的超买超卖现象，在 KDJ 指标中，则融合了移动平均线速度上的因素，形成比较准确的买卖信号。在实践中，K 线与 D 线可以配合 J 线组成 KDJ 指标来使用。由于 KDJ 指标本质上是对随机波动的一个反映，故其对于把握中短期行情走势比较准确。

## 二、KDJ 指标的计算方法

KDJ 指标的计算比较复杂，首先要计算某周期（$n$ 日、$n$ 周等）的 RSV 值，即未成熟随机指标值，然后再计算 K 值、D 值、J 值等。

以日线 KDJ 指标的计算为例，其计算公式为：

$$n\text{日 RSV}=(Cn-Ln)\div(Hn-Ln)\times 100$$

式中，$Cn$ 为第 $n$ 日收盘价，$Ln$ 为 $n$ 日内的最低价，$Hn$ 为 $n$ 日内的最高价。RSV 值始终在 1~100 间波动。

其次，计算 K 值与 D 值。

当日 K 值 =2/3× 前一日 K 值 + 1/3× 当日 RSV

当日 D 值 =2/3× 前一日 D 值 + 1/3× 当日 K 值

若无前一日 K 值与 D 值，可分别用 50 来代替。

以 9 日为周期的 K 线、D 线为例。首先须计算出最近 9 日的 RSV 值，即未成熟随机值，计算公式为：

$$9\text{日 RSV}=(C-L9)\div(H9-L9)\times 100$$

式中，C 为第 9 日的收盘价，L9 为 9 日内的最低价，H9 为 9 日内的最高价。

K 值 =2/3× 前一日 K 值 + 1/3× 当日 RSV

D 值 =2/3× 前一日 K 值 + 1/3× 当日 RSV

若无前一日 K 值与 D 值，可以分别用 50 代替。

需要说明的是，式中的平滑因子 1/3 和 2/3 是可以人为选定的，不过目前已经约定俗成，固定为 1/3 和 2/3。在大多数股市分析软件中，平滑因子已经被设定为 1/3 和 2/3，不需要改动。另外，一般在介绍 KD 指标时，往往还附带一个 J 指标。

J 指标的计算公式为：

$$J=3D-2K$$

实际上，J 的实质是反映 K 值和 D 值的乖离程度，从而领先 K 值、D 值找出头部或底部。J 值范围可超过 100。

J 指标是一个辅助指标。最早的 KDJ 指标只有两条线，即 K 线和 D 线，指标也被称为 KD 指标。随着股市分析技术的发展，

KD指标逐渐演变成KDJ指标，从而提高了KDJ指标分析行情的能力。另外，在一些重要的股市分析软件中，KDJ指标的K、D、J参数已经被简化成一个，即周期数（如日、周、月等）。随着股市软件分析技术的发展，投资者只需掌握KDJ指标的基本原理和计算方法，无须计算K、D、J的数值，重点是利用KDJ指标去分析、研判股票行情。

和其他指标的计算方法一样，由于选用的计算周期不同，KDJ指标也包括分钟线KDJ指标、日线KDJ指标、周线KDJ指标、月线KDJ指标以及年线KDJ指标等各种类型。经常用于股市研判的是日线KDJ指标和周线KDJ指标，虽然它们计算时的取值有所不同，但基本的计算方法一样。

## 第二节　KDJ指标的一般用法

随机指标KDJ主要是通过K、D和J这三条曲线构成的图形关系来分析市场上的超买超卖、走势背离及K线、D线和J线相互交叉突破等现象，从中预测股价中期、短期及长期趋势。

KDJ指标是市场上绝大多数投资者熟知的分析工具，但在具体运用时，投资者可能会发现KDJ指标的分析结果和实际走势存在特别大的差别，有时还会得出相反的结论。之所以出现这种问题，其主要原因是绝大多数投资者只知道KDJ指标的一般分析原则和方法，但对KDJ指标的一些内涵和特定分析技巧知之甚少。本节除了介绍市场上流行的KDJ指标一般研判技巧和分析方法，重点挖掘KDJ指标的内在规律，详细分析KDJ指标的一些特殊研判功能。

KDJ 指标由三条曲线构成，在应用时，KDJ 指标的一般研判方法主要是从 KDJ 指标三个参数的取值、KDJ 曲线的形态、KDJ 曲线的交叉、KDJ 曲线的背离和 K 线、D 线、J 线的运行状态以及 KDJ 曲线与股价曲线的配合等六个方面来分析研判。

## 一、KDJ 指标的取值

### 1. KDJ 指标取值范围

KDJ 指标中，K 值和 D 值的取值范围都是 0~100，而 J 值的取值范围可以超过 100 或低于 0，但在分析软件上，KDJ 指标的标示范围都是 0~100。通常就敏感性而言，J 值最强，K 值次之，D 值最弱。就安全性而言，J 值最差，K 值次之，D 值最稳。由于 KDJ 指标值变化较快，这里以参数为 89 的 KDJ 指标来进行讲解。

### 2. 超买超卖信号

根据 KDJ 指标的取值，可将其划分为几个区域，即超买区、超卖区和徘徊区。按一般划分标准，K、D、J 这三个数值在 20 以下为超卖区，是买入信号；K、D、J 这三个数值在 80 以上为超买区，是卖出信号；K、D、J 这三个数值在 20~80 之间为徘徊区，宜观望，如表 5-1 所示。

表 5-1 KDJ 指标取值范围、市场特征和操作建议

| KDJ 值 | 市场特征 | 投资操作 |
|---|---|---|
| 80~100 | 极强 | 卖出 |
| 20~80 | 徘徊 | 观望 |
| 0~20 | 极弱 | 买入 |

### 3. 多空力量对比

一般而言，当K、D、J三值在50附近时，表示多空双方力量均衡；当K、D、J三值都大于50时，表示多方力量占优势；当K、D、J三值都小于50时，表示空方力量占优势。

## 二、KDJ曲线的形态

KDJ指标还可以从KDJ曲线的形态来研判分析行情走势。当KDJ指标曲线图形形成头肩顶（底）形态、双重顶（底）形态（即M头、W底）及三重顶底等形态时，也可以按照形态理论的研判方法加以分析。KDJ曲线出现的各种形态是判断行情走势、确定买卖时机的一种分析方法。另外，KDJ指标曲线还可以画趋势线、压力线和支撑线等。

（1）当KDJ曲线在50上方的高位时，如果KDJ曲线的走势形成M头或三重顶等顶部反转形态，可能预示股价由强势转为弱势，股价即将大跌，应及时卖出股票。如果股价曲线也出现同样的形态，则更可确认，其跌幅可以用M头或三重顶等形态理论来研判，如图5-1、图5-2所示。

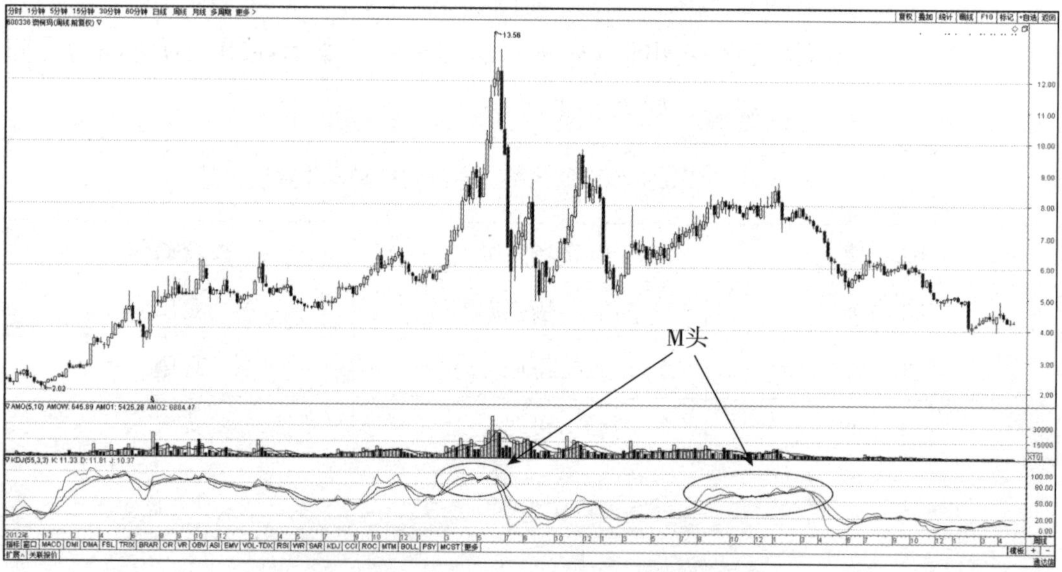


图5-1 澳柯玛（600336）KDJ指标出现M头

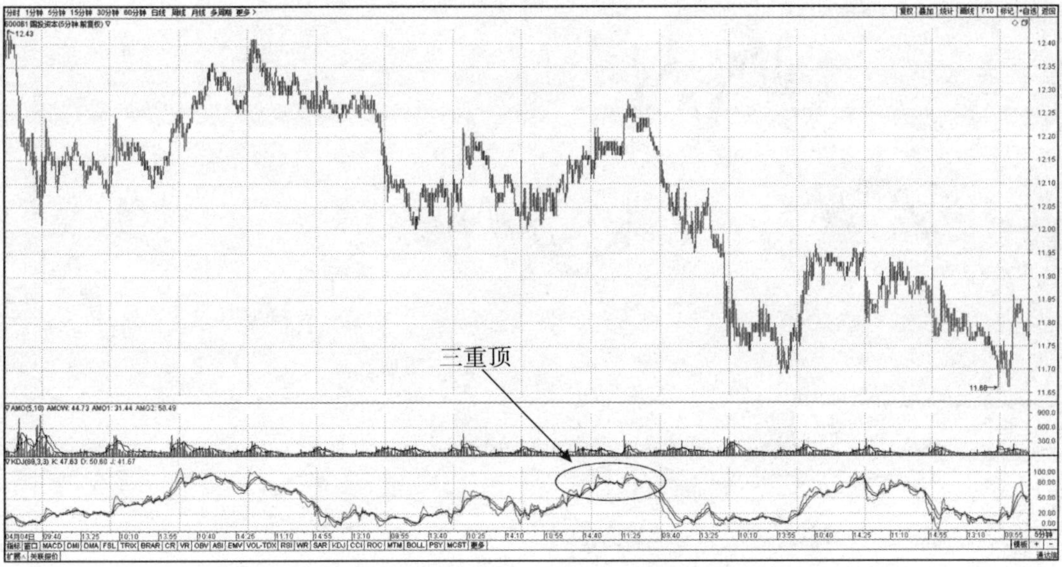


图 5-2　国投资本（600061）KDJ 指标出现三重顶

（2）当 KDJ 曲线在 50 下方的低位时，如果 KDJ 曲线的走势出现 W 底或三重底等底部反转形态，可能预示股价由弱势转为强势，股价即将反弹向上，此时可以逢低少量吸纳股票。如果股价曲线也出现同样的形态，则更加可以确认，其涨幅可以用 W 底或三重底形态理论来研判，如图 5-3、图 5-4 所示。

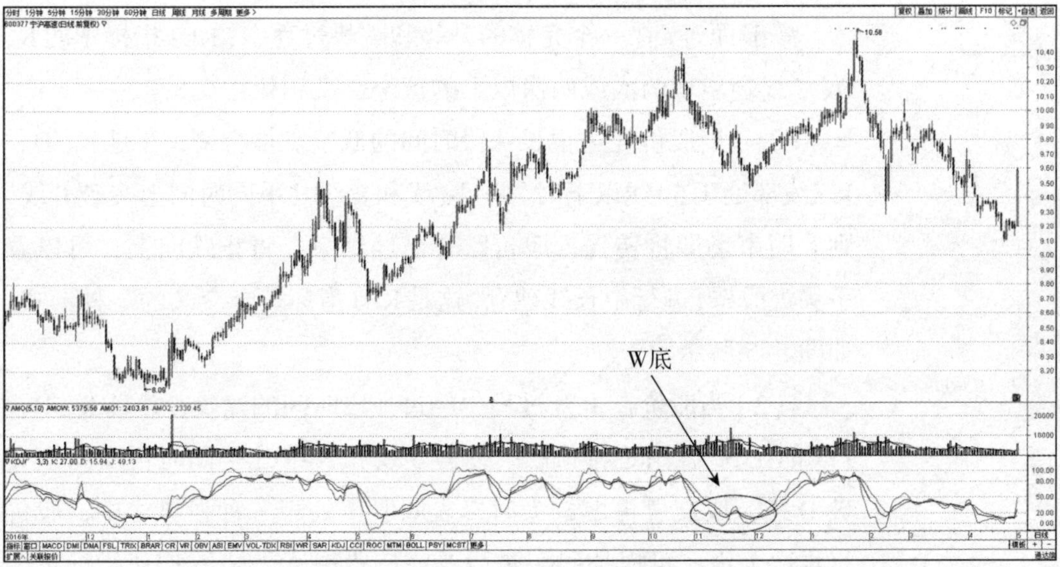


图 5-3　宁沪高速（600377）KDJ 指标出现 W 底

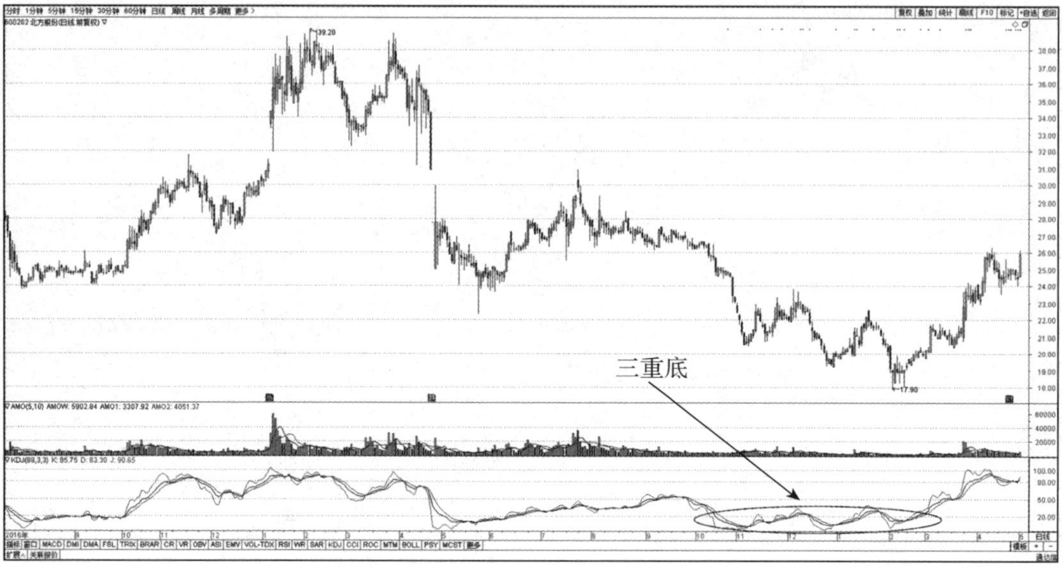


图 5-4 北方股份（600262）KDJ 指标出现三重底

（3）KDJ 曲线形态中 M 头和三重顶形态的准确性要大于 W 底和三重底。

## 三、KDJ 曲线的交叉

KDJ 曲线的交叉分为黄金交叉和死亡交叉两种形式。

一般而言，在一个完整的升势和跌势过程中，KDJ 指标中的 K、D、J 线会出现两次或两次以上的黄金交叉和死亡交叉。

（1）当股价经过很长一段时间的低位盘整行情，并且 K、D、J 三线都处于 50 线以下时，一旦 J 线和 K 线几乎同时向上突破 D 线，则表明市场即将转强，股价跌势已经结束，将止跌向上，可以着手买进股票，进行中长线建仓。这是 KDJ 指标黄金交叉的一种形式，如图 5-5 所示。

（2）当股价在上升过程中经过一段时间的盘整，并且 K、D、J 线都在 50 线附近徘徊时，一旦 J 线和 K 线几乎同时再次向上突破 D 线，成交量再度放大时，表明股市处于一种强势之中，股价将再次上涨，可以加码买进股票或持股待涨。这是 KDJ 指标黄金交叉的另外一种形式，如图 5-6 所示。

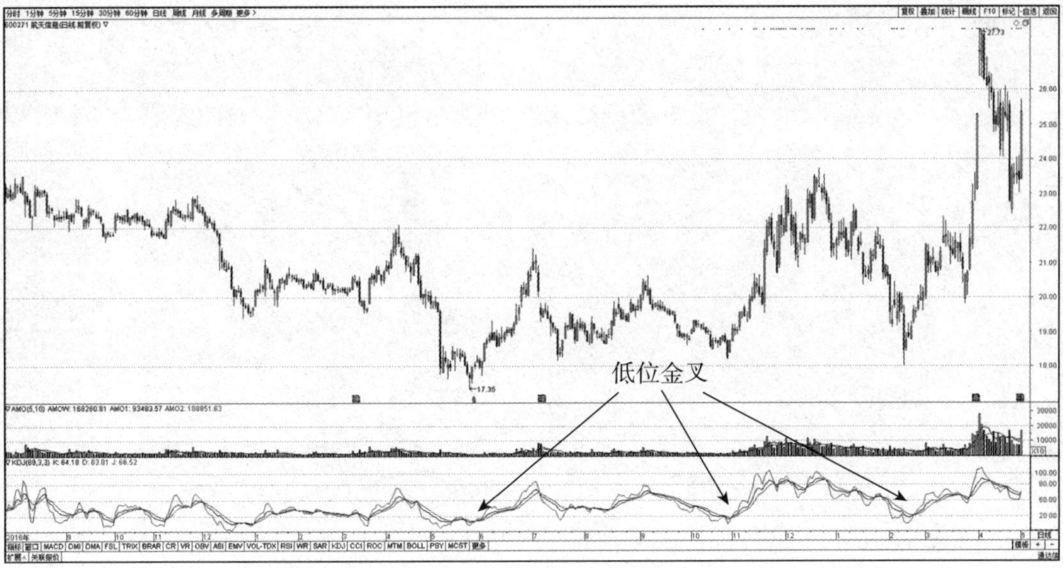


图 5-5　航天信息（600271）KDJ 指标出现低位黄金交叉

图 5-6　新华制药（000756）KDJ 指标出现中位黄金交叉

（3）当股价经过很长一段时间的上升行情后，在股价涨幅已经很大的情况下，一旦 J 线和 K 线在高位（80 以上）几乎同时向下突破 D 线时，表明股市即将由强势转为弱势，股价将迎来大跌，这时应卖出大部分股票，不能买入股票。这是 KDJ 指标死亡交叉的一种形式，如图 5-7 所示。

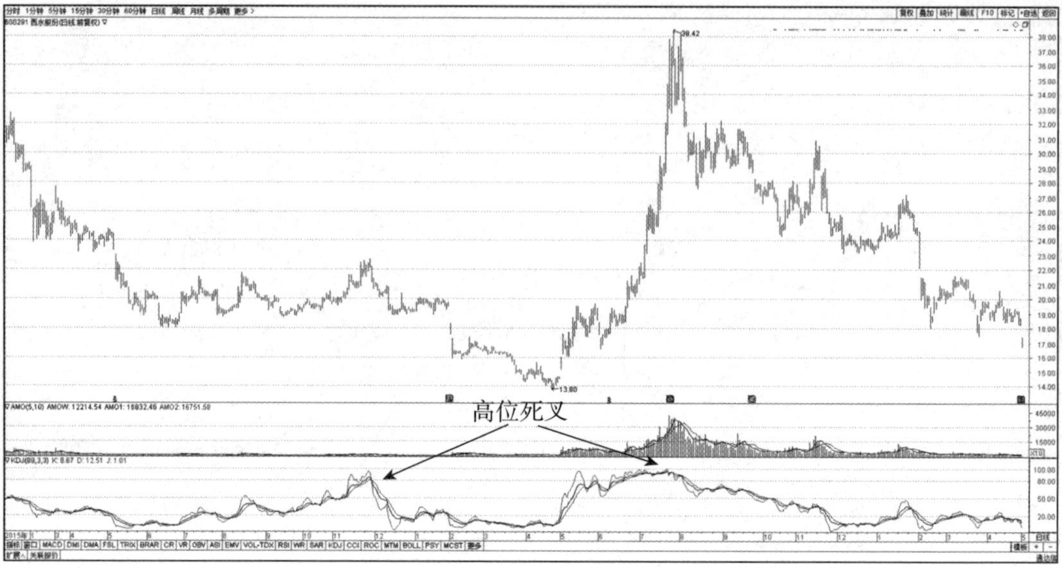


图 5-7　西水股份（600291）KDJ 指标出现高位死亡交叉

（4）当股价经过一段时间的下跌后，缺乏向上反弹的动力，各种均线对股价形成较强的压力时，KDJ 曲线经过短暂的反弹到达 80 线附近，但未能重返 80 线以上时，一旦 J 线和 K 线再次向下突破 D 线时，表明市场将再次进入极度弱市中，股价还将下跌，可以卖出股票或观望。这是 KDJ 指标死亡交叉的另一种形式，如图 5-8 所示。

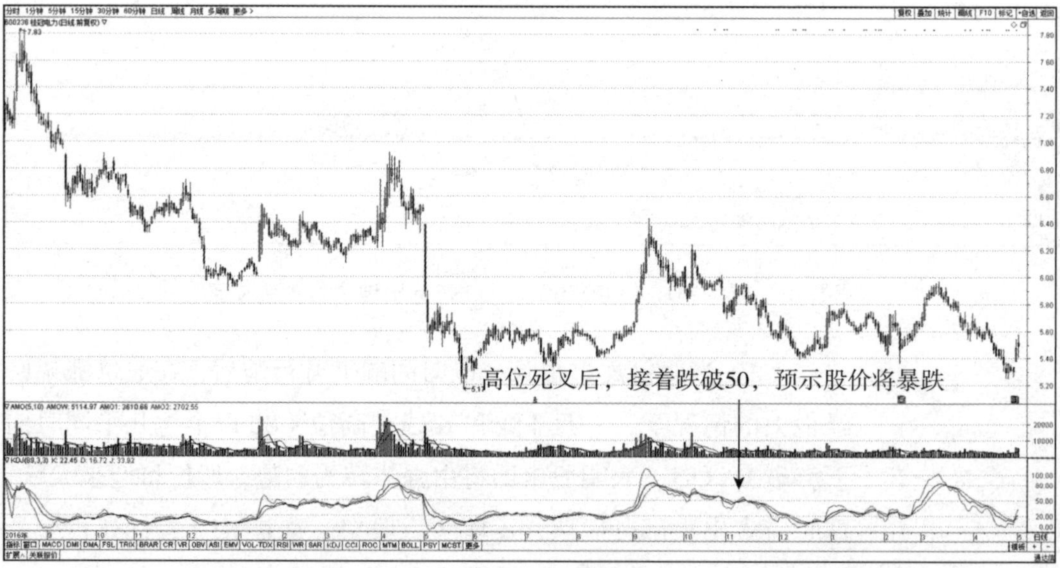


图 5-8　桂冠电力（600236）KDJ 指标出现反弹后死亡交叉

## 四、KDJ 指标的背离

KDJ 指标背离是指 KDJ 指标曲线的走势方向与 K 线图的走势方向相反。KDJ 指标的背离有顶背离和底背离两种。

当股价 K 线图上的走势一峰比一峰高，股价一直向上涨升，而 KDJ 指标图上的 KDJ 曲线走势则是在高位一峰比一峰低，这叫顶背离现象。顶背离现象一般是股价将在高位反转的信号，表明股价中短期内即将下跌，是卖出信号，如图 5–9 所示。

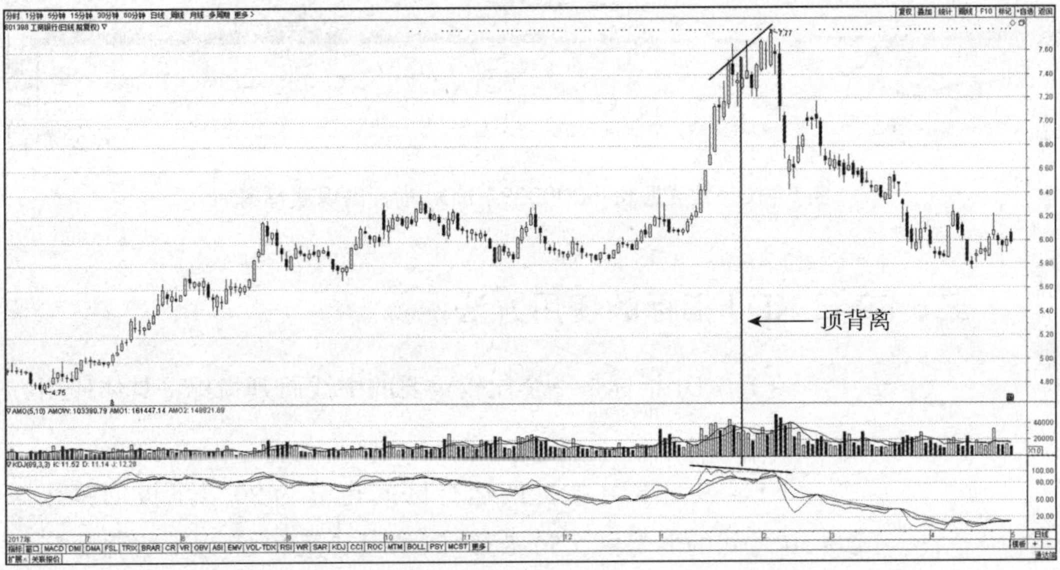


图 5–9　工商银行（601398）KDJ 指标出现顶背离

当股价 K 线图上的走势一峰比一峰低，股价持续下跌，而 KDJ 指标图上的 KDJ 曲线走势则在低位一底比一底高，这叫底背离现象。底背离现象一般是股价将在低位反转的信号，表明股价中短期内将上涨，是买入信号，如图 5–10 所示。

与其他技术指标的背离现象研判一样，KDJ 指标的背离中，顶背离的研判准确性要高于底背离。当股价在高位，KDJ 指标在 80 以上出现顶背离时，可以认为股价即将反转向下，投资者可以及时卖出股票；股价在低位，KDJ 指标也在低位（50 以下）出现底背离时，一般要反复出现几次底背离才能确认趋势反转，并且投资者只能作战略性建仓或短期交易。

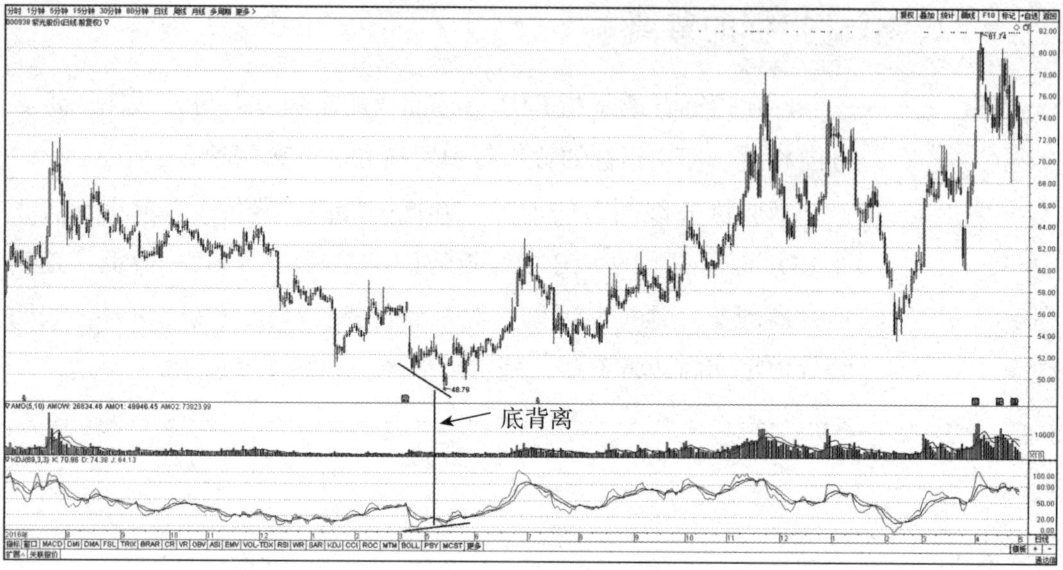


图 5-10　紫光股份（000938）KDJ 指标出现底背离

## 五、89 日 KDJ 指标的使用方法

89 日 KDJ 指标是一个比较重要的中线研判指标，具体使用方法如下。

（1）89 日 KDJ 指标的运行区间也分为 20 以下极弱势区，20~50 之间的弱势区，50~80 之间的强势区和 80 以上极强势区，数值 50 是强弱市场分界线。

89 日 KDJ 指标中的 50 线，对于从弱势区起来的股价来说是一个强大的短线阻力位，只要 KDJ 指标中的 D 值没有有效冲上 50 线，就不能说股价已经走出弱势区。K、D 两值在此点位无功而返是非常正常的事，所以必须十分重视 50 线的阻力作用，很多股票的反弹都在此点位结束了。

89 日 KDJ 指标中的 50 线对于从强势区跌下来的股价而言，虽然有些支撑，却能轻易被击破，并没有重要的参考意义。这与“股价上涨要有成交量的配合，下跌没有量也可以”是同样的道理，如图 5-11 所示。

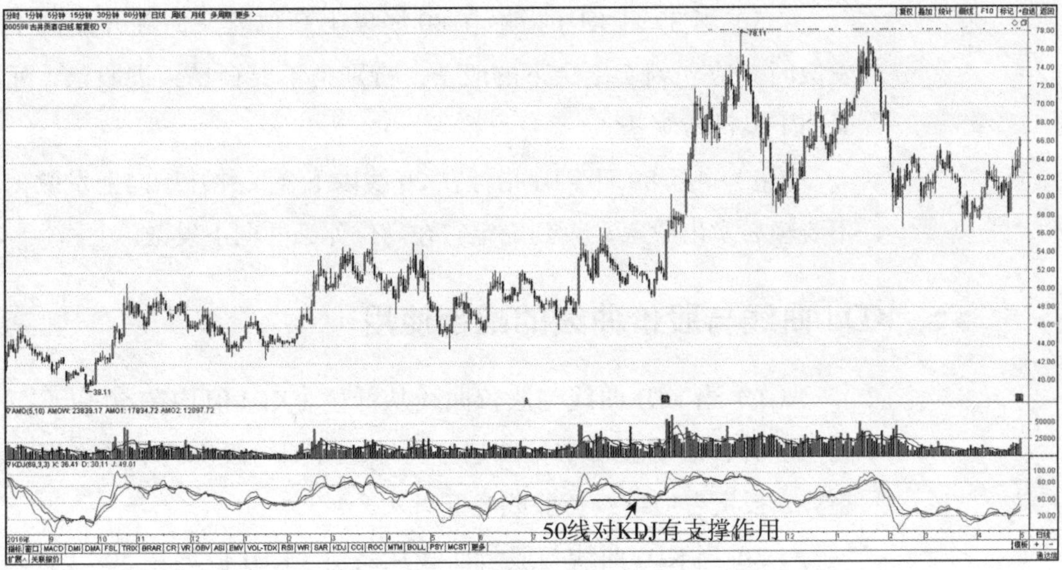


图 5-11 古井贡酒（000596）50 线对 KDJ 有支撑

（2）要关注 0~20 区间的 KDJ 曲线，越靠近底部，股价越有上升力度。89 日 KDJ 曲线在 20 线以下极弱势区运行的时间越长，在极弱势区内发出的金叉越应得到重视，特别是那些向上角度较大、能迅速脱离 20 线的金叉。此时 K 线组合形态也会明确告诉交易者，市场有反转的可能，因此更应该重视此金叉的意义，很有可能是中长期底部形成的第一个信号。

（3）89 日 KDJ 指标中的 80 线这条强弱分界线，对于中线卖出股票有重要的指导意义。只要 89 日 KDJ 曲线没有向下突破 80 线区间，就可以一路持股。指标中的 J 线、K 线、D 线都向下跌破 80 线这条多方防线以后，就可以中线卖出全部或大部分股票。

（4）89 日 KDJ 指标中的 K、D、J 这三条曲线在 80 线以上极强势区运行的时间越长，那么它们在极强势区内发出的死叉越应该得到重视，特别是那些向下角度较大、能迅速跌破 80 线的死叉。此时 K 线形态组合也会明确告诉交易者市场有反转的可能，因此更应该重视此死叉的意义，很有可能是中长期顶部形成的第一个信号。

（5）当89日KDJ指标在80线以上高位死叉，并开始向下发散时，应立刻卖出余下的股票，特别是不要轻易买进股票，死叉向下发散应观望。

（6）一旦89日KDJ指标在20线以下金叉并开始向上发散，不要轻易卖出股票，直到确定它在高位死叉并向下发散。

## 六、KDJ曲线与股价曲线的配合使用

（1）当KDJ曲线与股价曲线从低位（KDJ值均在50以下）同步上升，表明股价中长期趋势向好，短期内股价有继续上涨的趋势，投资者应继续持股或逢低买入。

（2）当KDJ曲线与股价曲线从高位（KDJ值均在50以上）同步下降，表明短期内股价有继续下跌的趋势，投资者应继续持币观望或逢高卖出。

（3）当KDJ曲线从高位回落，经过一段时间的强势盘整后再度向上并创出新高，而股价曲线也在高位强势盘整后再度上升创出新高，表明股价的上涨动力依然较强，投资者可继续持股待涨。

（4）当KDJ曲线从高位回落，经过一段时间盘整后再度向上，到了前期高点附近却掉头向下，未能创出新高，而股价曲线还在缓慢上升并创出新高，KDJ曲线和股价曲线在高位形成了相反的走势，可能意味着股价上涨动力开始减弱，KDJ指标出现了顶背离现象。此时投资者应千万小心，一旦股价下跌，要及时离场。

（5）KDJ曲线长期下跌过程中，经过一段时间的弱势反弹后再度向下并创出新低，股价曲线也在弱势盘整后再度向下创出新低时，表明股价的下跌动能依然较强，投资者可继续持币观望。

（6）当KDJ曲线从低位向上反弹到一定高位后再度向下回落，但回调到前期低点附近时止跌企稳，未能创出新低，而股价曲线还在缓慢下降并创出新低，KDJ曲线和股价曲线在低位形成相反

的走势，可能意味着股价下跌动能开始减弱，KDJ 指标出现了底背离现象。此时投资者应密切关注股价动向，一旦股价向上，就可以短线买入，等待反弹出现。

## 第三节　KDJ 指标的特殊用法

### 一、KDJ 指标的分析周期

KDJ 指标可以在分钟线（主要是 60 分钟线）、日线、周线、月线等各周期图中使用，中长线看月线、周线图，短线看分钟线、日线图，使用方法大同小异。

以日线图为例，分析一下 KD 指标从金叉到死叉持续的时间，以便及早觉察市场风险。

参数在 10 日以下的 KD 指标，从金叉到死叉大概能持续 3 天左右的时间。

参数在 50 日以下的 KD 指标，从金叉到死叉大概能持续 10 天左右的时间。

参数在 50 日以上的 KD 指标，从金叉到死叉大概能持续 20 天左右的时间。

### 二、均线先行原则

股价一旦被长期均线压制，KDJ 指标即便出现金叉，一般也只能做短线操作，切莫做中长线投资，这是 KDJ 指标使用的前提。当股价在长期均线下方且远离均线时，KDJ 指标出现金叉，预示股价有超跌反弹的可能，可以做短线操作。

这就是所谓的均线先行原则，也就是大势优先的原则。

## 三、涨势的大体周期

在上升趋势中，以日线 KDJ 指标参数 34 为例，KD 指标金叉后，行情最多维持 15 天至 1 个月。

在上升趋势中，以周线 KDJ 指标参数 55 为例，KD 指标金叉后，行情维持时间为 1~3 个月，一旦指标金叉，一个月内股价基本会上涨，但涨幅不能确定。

月 KDJ 指标是长周期，原参数不变的情况下，KD 指标金叉后，行情维持时间一般为 3~5 个月。

## 四、使用前复权

除权后，KDJ 指标就丧失了研判意义，起码要三个月以后才能重新使用。实战中，对于该指标，应该经过前复权后使用。

## 五、KDJ 参数的修改

随着技术分析的广泛应用，技术指标的重要性已经不言而喻。由于目前技术指标的运算大为简化，造成技术指标大面积雷同，从而失去其指导作用。为尽量保持其精确性、敏感性和时效性，有必要对某些指标重新设置参数。

设置参数时应注意以下原则。

第一，根据时间循环周期设定参数。无论大盘还是个股，时间周期对其运行都会产生较大的影响，而周期本身往往就是一个非常重要的参数，这一点在均线、强弱指标等方面表现得尤为突出。至于周期的测量，通常可由两个重要低点间的时间跨度来确定。同时，由于存在长线、中线、短线的区别，投资者必须根据具体情况设定个性化且自己熟悉的参数，而 5（日）或其倍数，以及斐波那契数字在这方面都是不错的选择。

第二，保持不同时间标准的一致性。如果将适用于日线的参数放到分钟线，特别是震荡类指标，就会过于敏感，用于周线或月线则会明显滞后，因此，在应用过程中，这一原则必须适当变通后方可使用。关于时间标准的一致性，这绝不是一个简单的计算问题，而是换算之后需要进行微调。个别指标在不同周期中保持绝对一致，仍能取得较好的效果。

第三，注意大盘与个股间的异同点。大盘与个股是一般与特殊的关系，适合于大盘的同一指标参数，通常可直接或略作调整后用于大多数个股，但两者之间的差异毕竟存在。大盘的平均结果往往掩盖了许多真相，或者忽视了个性化。特别需要指出的是，处于超强或超弱状态的个股在走势上不同于大盘，其参数的设定应另开小灶。

第四，随市场变化不断调整并优化。强势股和弱势股与大盘情形迥然不同，平衡市与趋势市运行也有所不同。面对不断变化的市场，一旦发现原参数不太适合当时的走势，就需要对该参数进行修正以优化指标。这应是一项长期的工作，中短期参数更是如此。

## 六、不同周期参数的 KDJ 指标研判

### 1. 34 日 KDJ 指标的使用方法

投资者在大部分股市分析软件中，都可以根据不同的股票、不同时期的走势以及投资者的交易风格来修改指标，从而得出不同的分析结论。下面简单介绍 34 日 KDJ 指标的使用方法。

（1）把 KDJ 指标运行的区间分为 20 以下极弱势区、20~50 之间的弱势区、50~80 之间的强势区和 80 以上极强势区，数值 50 是强弱分界线。

34 日 KDJ 指标中的 50 线，对于从弱势区起来的股价来说，是一个强大的短线阻力位。只要 KDJ 指标中的 D 值没有有效冲上 50 线，就不能说股价已经走出弱势区。K、D 两值在此点位无功而返是非常正常的事，所以必须十分重视此阻力位的作用，很多

股票的反弹都在此点位结束。

对于从强势区跌下来的股价来说，34 日 KDJ 指标中的 50 线虽对股价有些支撑，却能被轻易击破，并没有重要的参考意义。这与“股价上涨要有成交量的配合，下跌没有量也可以”是同样的道理。

（2）K、D、J 三值在极弱势区 20 线以下运行时，一般不做买入交易，以持币观望为主，特别是股价刚刚经历过一轮较长时间的下跌时更是如此，除非股价经过大跌并在低位盘整了很长一段时间后，出现有反转意义的低位放量大阳线，或有反转意义的 K 线组合形态明确告诉投资者可以进场，才能进行买入操作。

（3）K、D、J 三值在极强势区 80 线以上运行时，一般不做卖出交易，以持股待涨为主，除非出现有反转意义的高位放量大阴线（乌云盖顶、穿头破脚等阴线），或有反转意义的 K 线组合形态明确告诉投资者离场。

（4）KDJ 指标在 20 线以下极弱势区运行的时间越长，在极弱势区内发出的金叉信号越应受到重视，特别是那些向上角度较大、能迅速脱离 20 线的金叉。如果 K 线组合形态也在明确告诉大家市场有反转的可能，更应该重视此金叉的意义，这很有可能是中短期底部形成的第一个信号。

（5）KDJ 指标在 80 线以上极强势区运行的时间越长，在极强势区内发出的死叉信号越应该得到重视，特别是那些向下角度较大、能迅速跌破 80 线的死叉。如果 K 线形态组合也在明确告诉大家市场有反转的可能，更应该重视此死叉的意义，这很有可能是顶部形成的第一个信号。

（6）KDJ 指标在 20 线以上（弱势区）和 50 线以上（强势区）的每次 KDJ 指标金叉都是介入机会，金叉的位置越高，市场意义越大。同时还必须关注 KDJ 指标的金叉角度大小，角度越大越好。另外，还要注意 K 线形态组合和成交量的配合情况。如在高位 KDJ 指标金叉（80 线以上）介入之后，不久又看到 KDJ 指标死叉，投资者要立即止损离场，防止损失扩大。但20线以下的金叉如无K、D 两值迅速脱离 20 线极弱势区或 K 线组合形态确认反转，就没有太大的市场意义。

（7）KDJ 指标在 80 线以下（强势区）和 50 线以下（弱势区）的每次 KDJ 指标死叉，都是必须离场的信号。死叉的位置越高，下跌的风险越大。但 KDJ 指标在 20 线以下极弱势区内的死叉，如果 K、D 两值没有继续走低，就没有太大的参考意义。

（8）股价短期内暴涨，会引起 KDJ 指标滞后的连续上升，这时交易者要保持冷静，切忌盲目追涨。此时股价走势可能正好与 KDJ 指标的走势相反，应耐心等待 KDJ 指标的走势与股价走势同步运行，然后再寻找介入机会。

同样，股价短期内暴跌也会引起 KDJ 指标的滞后下降，股价也会出现暴跌后的反弹走势与 KDJ 指标走势相反的情况。当 KDJ 指标走势与股价走势同步时，正是借反弹离场之时。

（9）在下跌趋势中，反弹时产生的 KDJ 指标金叉位置也会越来越低，KDJ 指标随后的死叉位置也越来越低。在上涨趋势中，回调时产生的 KDJ 死叉位置越来越高，随后的 KDJ 指标金叉位置也会越来越高。

（10）KDJ 指标冲出极弱势区 20 线以后，KDJ 指标会出现报复性的上窜，即股价并没有上涨很多，KDJ 指标就很快进入强势区，这时要注意 KDJ 指标的回调整理。要注意 KDJ 指标在强势区的第二次金叉，因为第二次金叉的介入意义比第一次更大，上涨空间也更广阔。

（11）KDJ 指标只是一种辅助研判手段，投资者在实战中应参考股价的K线组合、量价关系、趋势形态，与KDJ指标一起研判。当它们发出的买卖信号趋于一致时，这样的买卖信号比较可靠。

### 2. 55 周 KDJ 指标的使用方法

相比 34 日和 89 日 KDJ 指标，55 周 KDJ 指标是 KDJ 指标研判中的一种长期指标，对于研判一只股票未来半年以上的走势具有很强的参考意义。

（1）周（55）KDJ 指标的使用方法与日（34）KDJ 指标大同小异。

周 KDJ 指标和日 KDJ 指标的研判方法和原则基本一样，周 KDJ 指标运行的区间也分为 20 以下极弱势区、20~50 之间的弱势区、50~80 之间的强势区和 80 以上极强势区，50 线是强弱市场的分界线。

对于从弱势区涨起来的股价来说，周 KDJ 指标中的 50 线是一个强大的阻力位。只要 KDJ 指标中的 D 值没有有效冲上 50 线，就不能说股价已经走出弱势区，K、D 两值在此点位无功而返是非常正常的事，很多股票的反弹都在此位置结束。

对于从强势区跌下来的股价来说，周 KDJ 指标中的 50 线是一个较强的支撑位。如果周 KDJ 指标在 50 线附近获得支撑，股价的中长线走势依然看涨。一旦 KDJ 曲线再次跌破 50 线，则表明股价的中长线依然看跌。

（2）周（55）KDJ 指标在 80 线以下任何区域的金叉，以及在 K 线、技术形态、量价支持下的 J 值强力拐头，都是介入持仓信号。

金叉的位置越低，市场意义越大。同时还必须关注 KDJ 指标金叉的角度大小，角度越大越好。另外还要注意 K 线形态组合和成交量配合的情况。在 KDJ 指标金叉介入之后，如果 KDJ 指标又出现死叉，要立即止损离场。

（3）周（55）KDJ 指标在 50 线以上区域死叉，以及在 K 线形态破位时的 J 值强力拐头，都是止损离场信号。死叉的位置越高，下跌的风险越大。

（4）周（55）KDJ 指标三值在极弱势区 20 线以下运行时，一般不做买入交易，持币观望是上上策。除非出现有反转意义的低位放量大阳线（一阳指），或有反转意义的 K 线组合形态明确告诉大家进场。

（5）周（55）KDJ 指标三值在极强势区 80 线以上运行时，一般不做卖出交易，持股待涨是上上策，除非出现有反转意义的高位放量大阴线（乌云盖顶、穿头破脚等阴线），或有反转意义的 K 线组合形态明确告诉大家退场。

（6）股价短期暴涨，会引起 KDJ 指标滞后的连续上升，这一点比日（34）KDJ 指标更明显，这时要保持冷静，切忌盲目追涨。此时股价走势可能与 KDJ 指标的走势正好相反，交易者最好耐心等待 KDJ 指标走势与股价走势同步运行，然后再寻找机会介入。

同样，股价短期暴跌也会引起 KDJ 指标的滞后下降，股价也会出现暴跌后的反弹走势与 KDJ 指标走势相反的情况。当 KDJ 指标走势与股价走势同步时，正是逢反弹离场之时。

（7）KDJ 指标死叉的位置越高，股价风险就越大。同样，KDJ 指标金叉的位置越低，股价上涨越有保障。在下跌走势中，反弹时产生的 KDJ 指标金叉位置也会越来越低，随后出现的 KDJ 指标死叉位置也会越来越低。在上涨走势中，回调时产生的 KDJ 指标死叉位置越来越高，随后出现的 KDJ 指标金叉位置也会越来越高。

（8）KDJ 指标冲出极弱势区 20 线以后，KDJ 会出现报复性的上窜，即股价并没有上涨很多，KDJ 指标就很快进入强势区，这时要注意 KDJ 指标的回调整理。要注意 KDJ 指标在强势区的第二次金叉，因为第二次金叉的介入意义比第一次更大，有更广阔的上涨空间。

（9）KDJ 指标只是作为一种辅助研判手段存在，特别对于周 KDJ 指标来说，滞后效应更明显，决不能盲目地根据周 KDJ 指标来选择进出点。但周 KDJ 指标也有它的优点，那就是它的稳定性比较好，中长期趋势的指向性比较明确。

# 第四节　KDJ 指标实战应用技巧

KDJ 指标的实战技巧主要集中在 KDJ 指标的金叉、死叉，KDJ 曲线所处的位置，以及 KDJ 曲线运行方向等方面。下面以通达信软件中周参数为（55，3，3）的 KDJ 指标为例，来揭示 KDJ 指标的买卖信号功能。

## 一、KDJ 曲线交叉情况分析

### 1. 买入信号

（1）股价经过较长一段时间的中低位盘整后，KDJ 曲线徘徊在中位线（50 线附近），一旦 KDJ 曲线中的 J 线和 K 线几乎同时向上突破 D 线，同时股价也在较大的成交量配合下向上突破股价的中长期均线，意味着市场即将转强，股价短期内将大概率上涨。这是 KDJ 指标中的一种黄金交叉，即 50 线附近的中位金叉，此时投资者应及时中短线买入股票，如图 5-12 所示。

（2）股价经过一段时间的上升，在中高位出现盘整行情，当 K、D、J 三线都在 80 线附近徘徊时，一旦 J 线和 K 线同时再次向上突破 D 线，成交量再度放大时，表明市场处于强势之中，短期内股价将再次上涨。这是 KDJ 指标黄金交叉的另一种形式，即 80 线附近的高位金叉，此时投资者可短线加码买入股票，如图 5-13 所示。

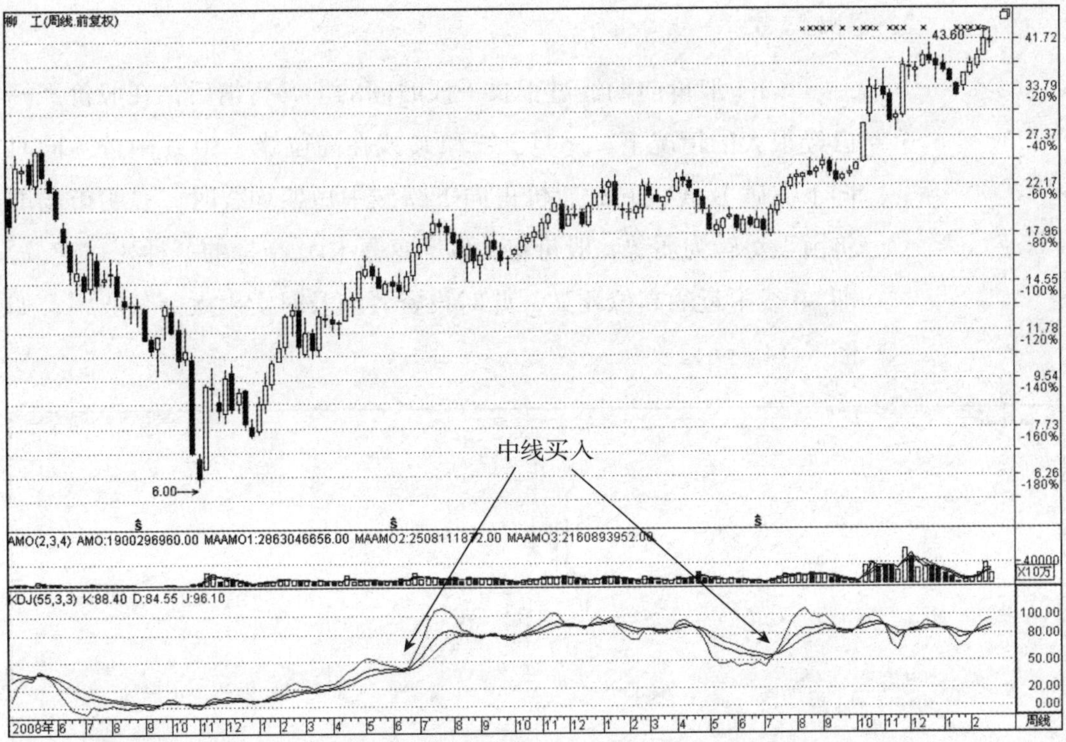


图 5-12　柳工（000528）KDJ 指标在 50 附近的黄金交叉

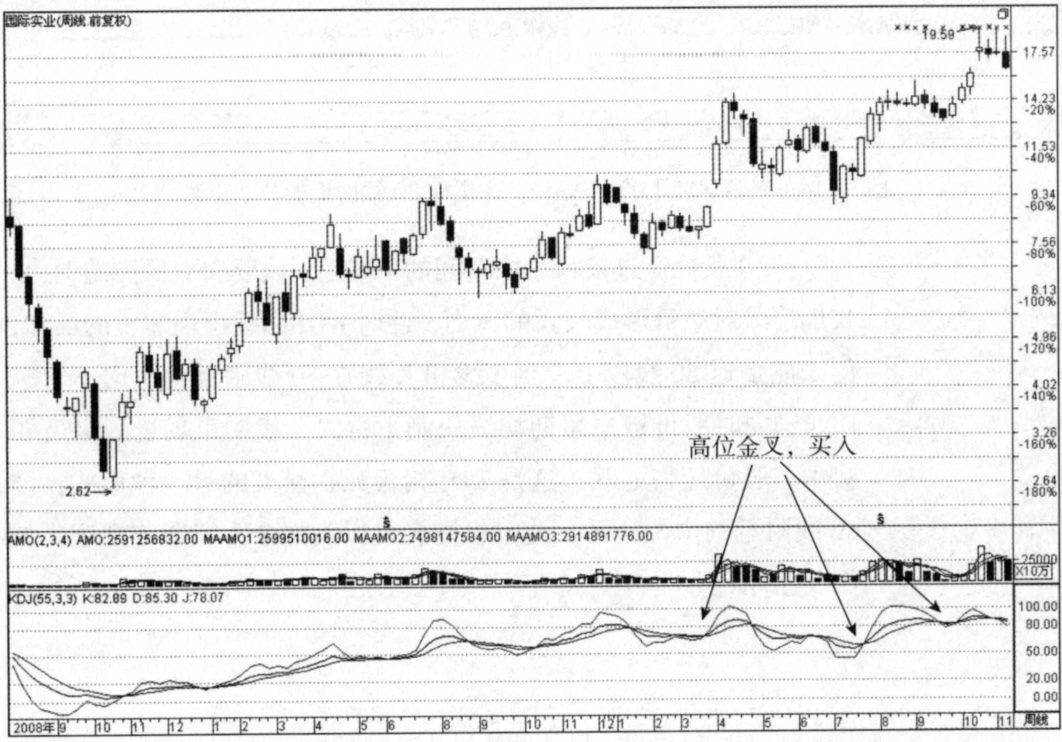


图 5-13　国际实业（000159）KDJ 指标在 80 附近的黄金交叉

## 2. 卖出信号

（1）股价前期经过很长一段时间的上升行情后，在股价涨幅已经很大的情况下，一旦 J 线和 K 线在高位线（80 线附近）同时向下突破 D 线，同时股价也向下跌破中短期均线时，表明市场即将由强势转为弱势，股价将大跌。这是 KDJ 指标的一种死亡交叉，即 80 线附近的高位死叉，此时投资者应及时卖出大部分股票，如图 5-14 所示。

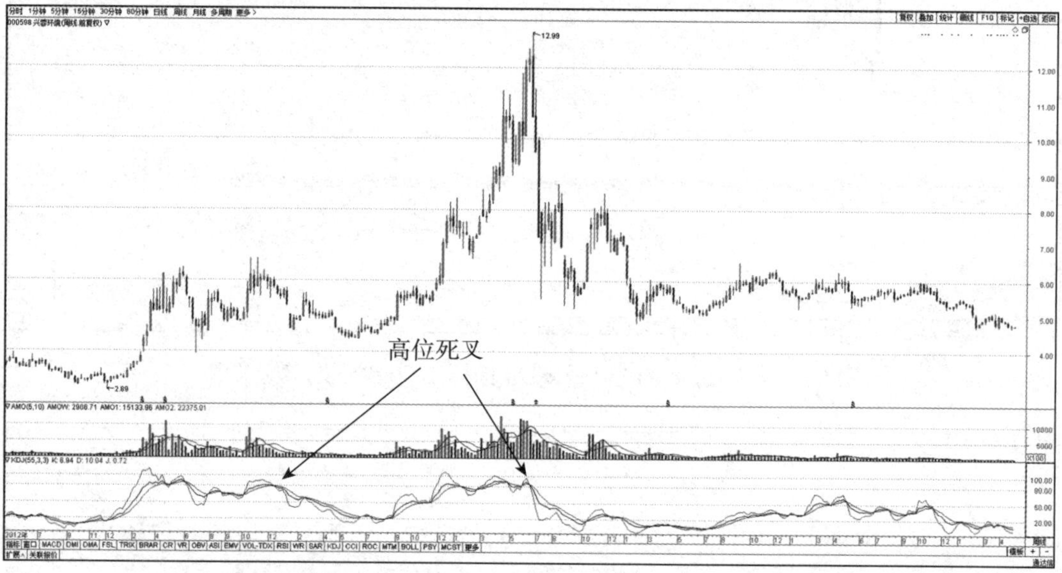


图 5-14　兴蓉环境（000598）KDJ 指标 80 线附近的死亡交叉

（2）股价经过较长一段时间的下跌后，缺乏向上反弹的动力，长期均线对股价形成较大的压力，此时 KDJ 曲线出现短暂的反弹，但未能重返 80 线以上。当 J 线和 K 线在 50 线附近再次向下突破 D 线，同时股价被中短期均线压制下行时，表明市场进入极度弱势中，股价还将下跌。这是 KDJ 指标死亡交叉的另一种形式，即 50 线附近的中位死叉，此时投资者可以卖出余下股票或观望，如图 5-15 所示。

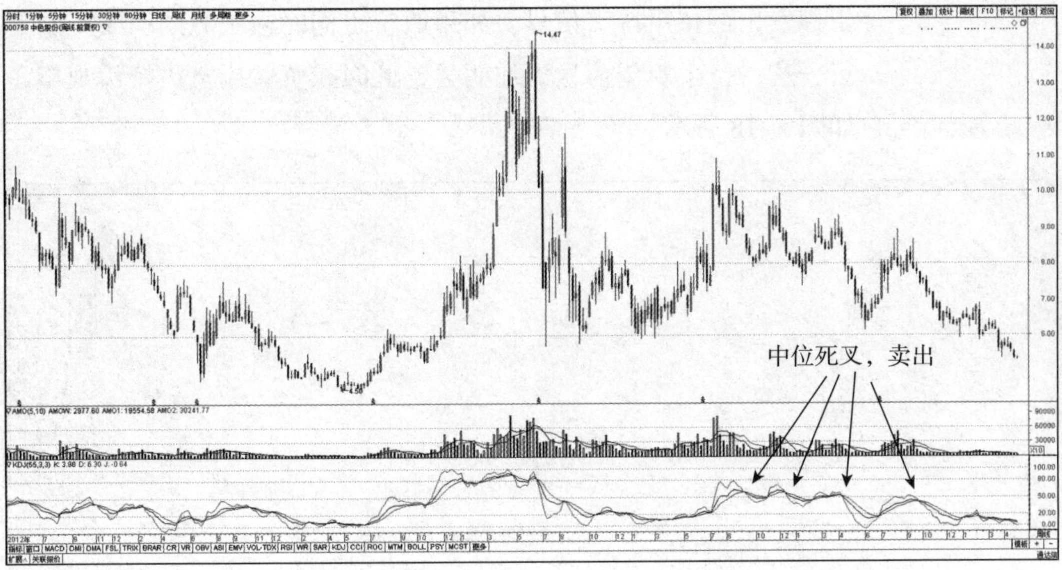


图 5-15　中色股份（000758）KDJ 指标 50 线附近的死亡交叉

## 二、KDJ 曲线所处的位置和运行方向

### 1. 持股待涨信号

（1）KDJ 曲线向上突破 80 线以后，如果 KDJ 曲线一直运行在 80 线以上区域，则意味着股价处于强势上涨行情之中，这是 KDJ 指标发出的持股待涨信号。如果股价同时依托中短期均线上行，这种持股信号更加明显，此时投资者应坚决短线持股待涨，如图 5-16 所示。

（2）KDJ 曲线中的三条曲线同时向上运行，表明股价处于强势上升行情之中，这也是 KDJ 指标发出的持股待涨信号。只要 KDJ 指标中的 K 线和 J 线不向下跌破 D 线，并且 D 线的运行方向始终向上，投资者可一路持股待涨，如图 5-17 所示。

### 2. 持币观望信号

（1）KDJ 曲线向下突破 50 线以后，如果 KDJ 曲线一直运行在 50 线以下区域，意味着股价处于弱势下跌行情之中，这是 KDJ

指标发出的持币待涨信号。如果股价也同时被中短期均线压制下行，这种持币观望信号更加明显，此时投资者应坚决持币观望，如图 5-18 所示。

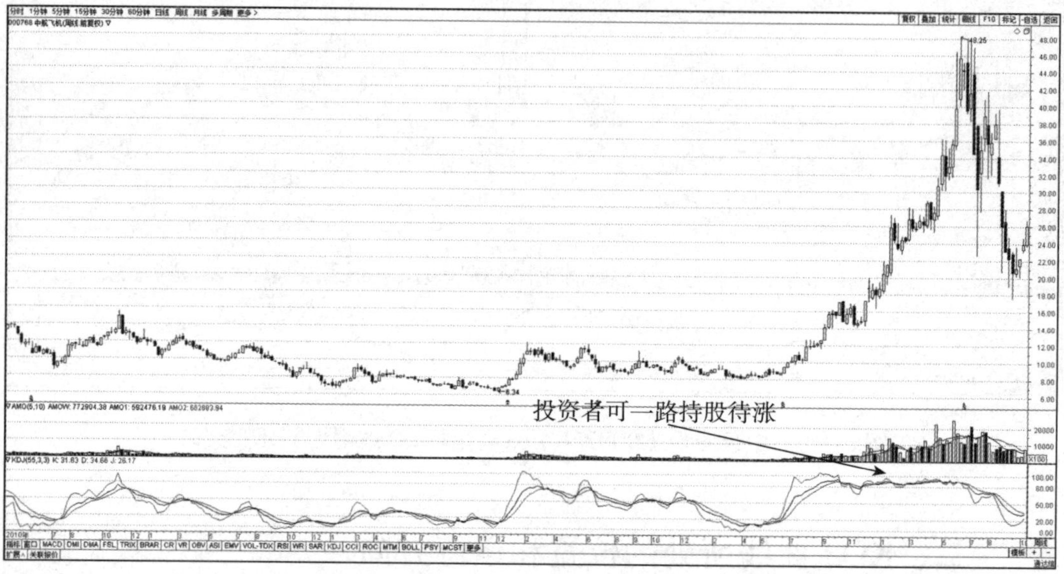


图 5-16　中航飞机（000768）KDJ 处于强势区，坚决持股

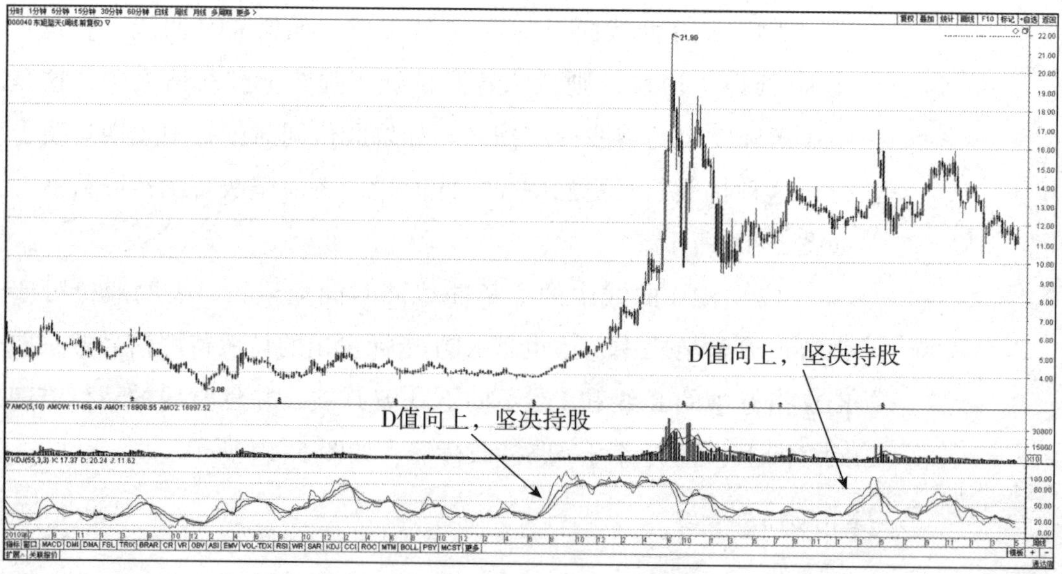


图 5-17　东旭蓝天（000040）D 值向上，坚决持股

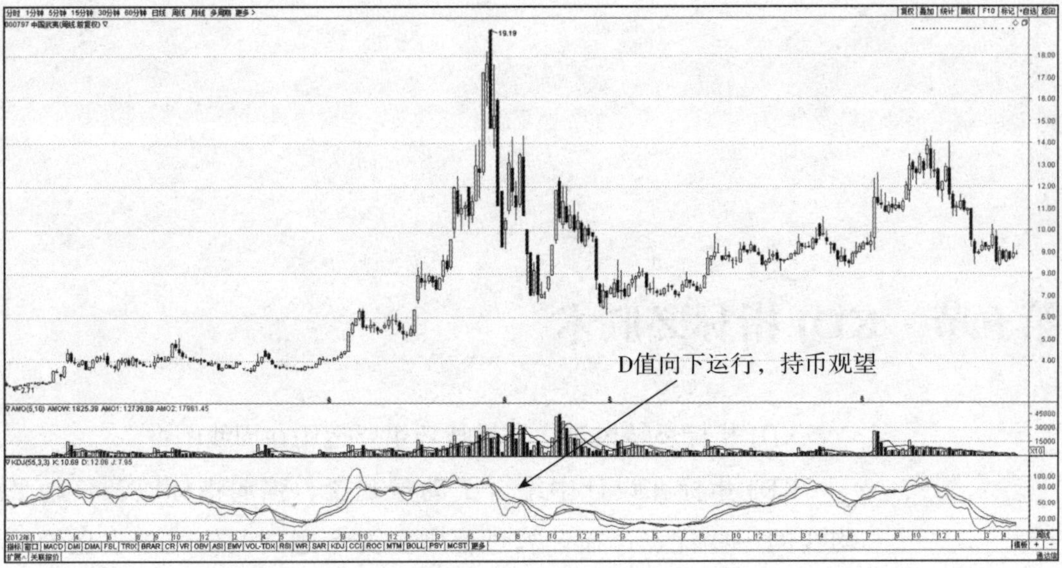


图 5-18　中国武夷（000797）D 值向下运行，坚决持币观望

（2）KDJ 曲线在中高位（50 线以上）死叉后，如果三条曲线同时向下发散，表示股价处于弱势下跌行情之中，这也是 KDJ 指标发出的持币观望信号。此时，投资者应坚决持币观望，如图 5-19 所示。

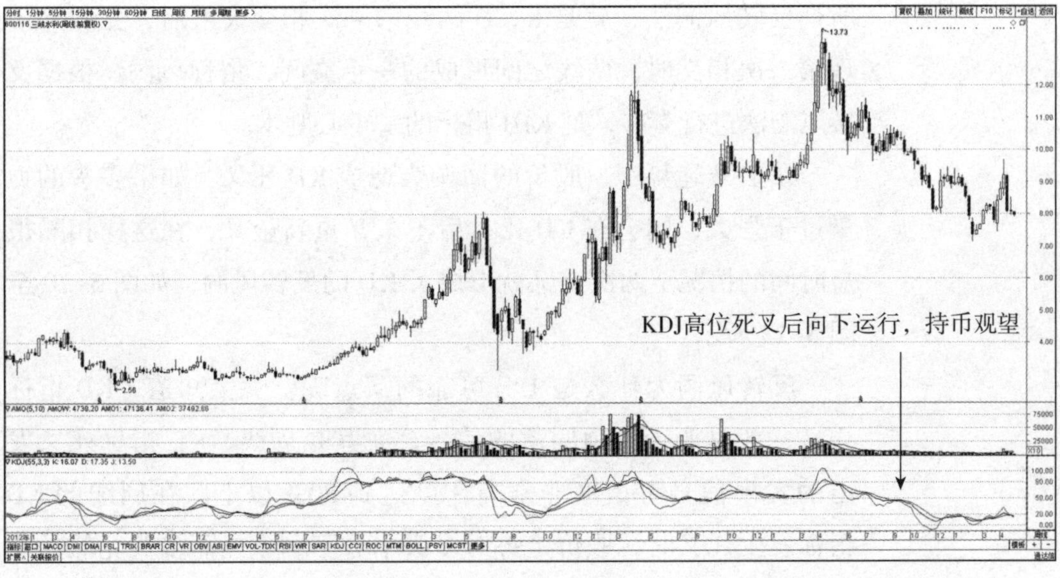


图 5-19　三峡水利（600116）KDJ 三条曲线同时向下运行，持币观望

## 第五节 KDJ 指标必胜术

KDJ 指标反转风洞法交易技巧主要运用在周线图中。

KDJ 指标在设计中综合了动量观念、强弱指标以及移动平均线的一些优点，在计算过程中主要考虑高低价位与收盘价的关系，即通过计算当周或最近数周的最高价、最低价以及收盘价，反映价格走势的强弱和超买超卖现象。该指标的主要理论根据是，当股价上涨时，收盘价倾向于接近当周价格区间的上端；相反，在下降趋势中，收盘价倾向于接近当周价格区间的下端。

在KDJ指标中,有一个赢家不传的必胜之术,就是反转风洞法。所谓反转风洞法，就是 K、D 两线第一次相交失败后，立即又出现第二次相交时，两线之间形成的一个空间，俗称风洞。根据反转风洞法进行交易，是 KDJ 指标的一个必胜术。

在上升趋势中，股价的回调会造成 KD 死叉，如果多头的力量过于强大，则会在 KD 死叉后不久又重新金叉，在这样相隔很短时间的情况下两次交叉就形成了 KD 的反转风洞，如图 5-20 至图 5-23 所示。

反转风洞为什么是十分可靠的买点呢？大家知道，KD 指标死叉一般是股价见顶回落的信号，尤其是周线，KD 指标死叉发出的卖出信号可信度非常高，可达到 80% 以上。在周线的 KD 指标发生死叉时，股价走势对多头十分不利，然而多头竟然丝毫不在意，稍微调整后卷土重来，在成交量的配合下使 KD 指标再次金叉，从而在盘面上形成一个小小的风洞，表明多头占据压倒性优势。

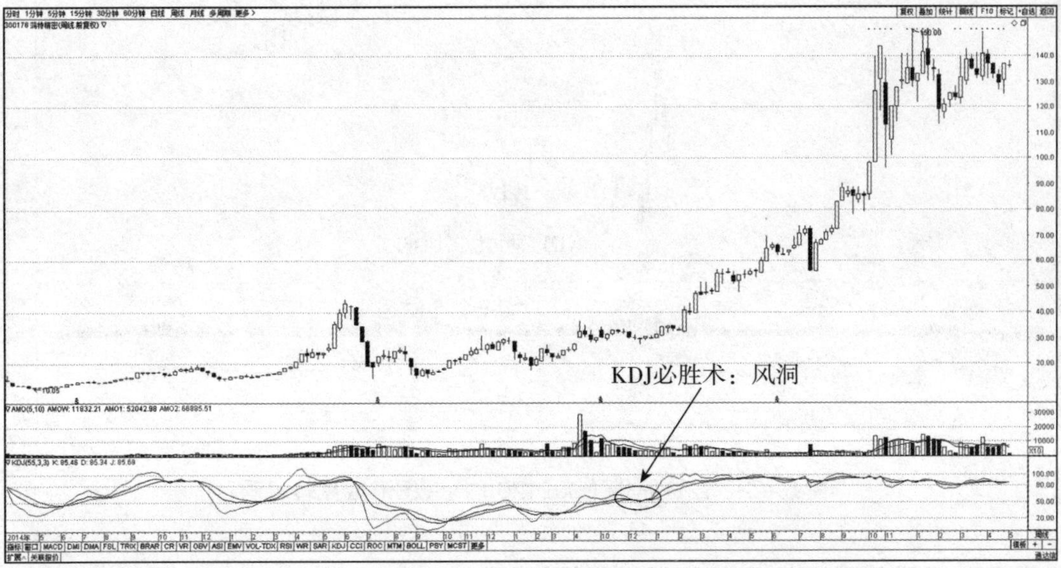


图 5-20 鸿特精密（300176）周线图形成反转风洞

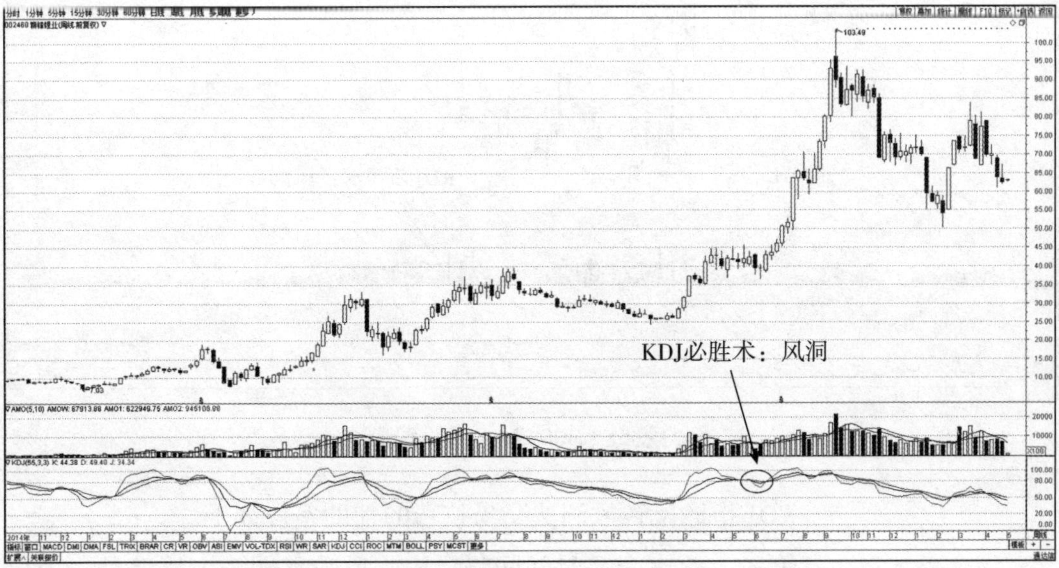


图 5-21 赣锋锂业（002460）周线图形成反转风洞

图 5-22 韵达股份（002120）周线图形成反转风洞

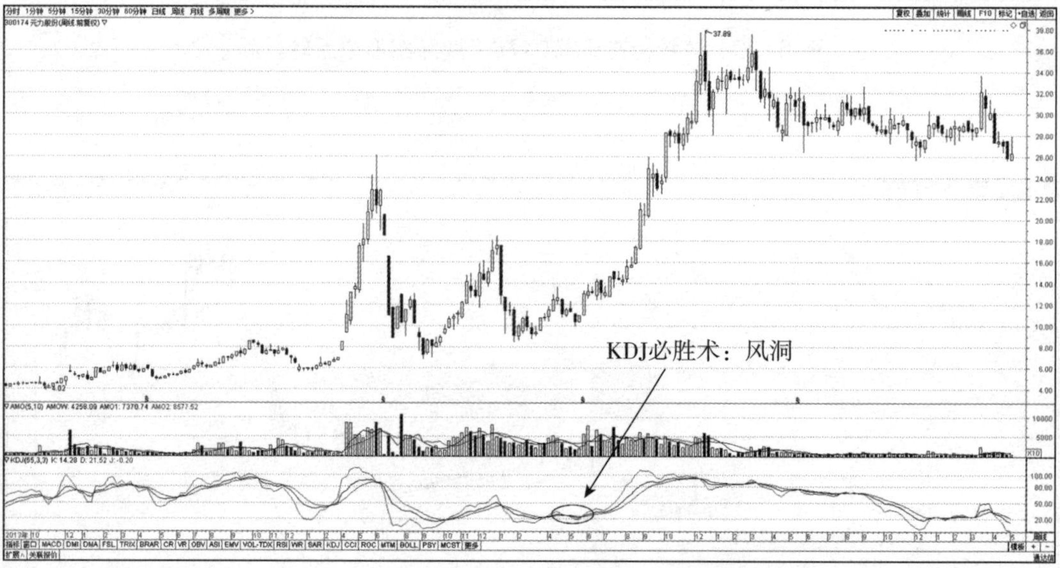


图 5-23 元力股份（300174）周线图形成反转风洞

KDJ 指标反转风洞法交易技巧的辅助条件如下。

第一，两次交叉时间间隔要短，反映在图表上，就是一个很小的风洞。形成风洞的时间长度最好不要超过 4 个周期，风洞越小越值钱。如果时间间隔较长，KD 线的相交区域就会形成一个狭长的空间，就不能算是反转风洞了。

第二，形成反转风洞后，K 线要在成交量的配合下拉出中阳或者连续的小阳，股价稳稳站在 5 周、10 周、30 周均线以上，5 周均线将要金叉或已金叉 10 周均线。以上两点同时具备，方可视为较可靠的买进信号。

第三，该方法用于周 K 线的图表中可靠性极高，在日 K 线图中，则较容易出现骗线现象。

## ★ 本章内容总结

如何提高使用 KDJ 指标指导操作的成功率呢？方法只有一个，那就是添加几项必要的辅助条件。具体来说，除了 KD 指标金叉以外，还要看该股是否具备以下条件。

（1）是否放量。标志是当日成交量明显大于 5 日、10 日均量线。

（2）30 日均线是否处于明显上升趋势。

（3）当前股价在整体行情中所处的位置。

除此之外，还要看该股此前的调整是否真正到位，出现调整的原因是什么，是大盘的原因还是主力的原因？如果是主力控盘造成股价大幅回调，那么主力是在出货还是在洗盘？

注意：尤其是周 K 线，其 KD 指标死叉发出的卖出信号，可信度在 70% 以上。

# 第六章　CCI 技术指标必胜术

使用 CCI 指标炒股时，因其重点是研判股价偏离度，所以在抓强势股方面有独到之处。不过在应用该指标的过程中，必须准确地了解指标发挥作用的“辅助条件”。

①强调在周线系统中使用，推荐使用周线 CCI（42）指标。

②大盘由弱转强。特别要看大盘成交量是否在持续上升。

③个股要经过长期的相对低位横盘。

④个股历史上曾有过连续拉升的良好记录。

⑤股价三条以上周均线处于黏合后的多头发散状态。

# 第一节 CCI 指标的来龙去脉

CCI 指标又叫顺势指标，其英文全称为 Commodity Channel Index，是由美国股市分析家唐纳德·蓝伯特（Donald Lambert）创造的，是一种重点研判股价偏离度的股市分析工具，在抓强势股方面有独到之处。

## 一、CCI 指标的设计原理

CCI 指标是唐纳德·蓝伯特在 20 世纪 80 年代提出的，是一种比较新颖的技术指标。它最早用于期货市场的分析，后来扩展运用于股票市场的研判并被广泛使用。与大多数单一利用股票收盘价、开盘价、最高价或最低价设计出来的各种技术分析指标不同，CCI 指标是根据统计学原理，引进价格与固定期间的股价平均区间的偏离程度概念，强调股价平均绝对偏差在股市技术分析中的重要性，是一种比较独特的技术分析指标。

CCI 指标专门衡量股价是否超出常态分布范围，属于超买超卖类指标的一种，但它与其他超买超卖型指标相比，又有自己的独特之处。KDJ、WR% 等大多数超买超卖型指标，都有 0~100 的指标值上下界限，因此它们对待一般常态行情的研判比较适用，但对于那些短期内暴涨暴跌的股票价格走势，就可能发生指标钝化的现象。CCI 指标波动于正无穷大到负无穷大之间，因此不会出现指标钝化现象，有利于投资者更好地研判行情，特别是那些短期内暴涨暴跌的非常态行情。

## 二、CCI 指标的计算方法

与其他技术分析指标一样，由于选用的计算周期不同，顺势指标 CCI 也包括分钟线 CCI 指标、日线 CCI 指标、周线 CCI 指标以及月线 CCI 指标等多种类型。经常用于股市研判的是日线 CCI 指标和周线 CCI 指标。虽然它们计算时的取值有所不同，但基本方法一样。

以日线 CCI 指标为例，其计算方法有以下两种。

第一种计算过程如下：

$$CCI（N 日）=（TP-MA）\div MD \div 0.015$$

其中：

$$TP=（最高价 + 最低价 + 收盘价）\div 3$$

$$MA= 最近 N 日收盘价的累积之和 \div N$$

$$MD= 最近 N 日（MA- 收盘价）的累积之和 \div N$$

0.015 为计算系数，$N$ 为计算周期。

第二种计算方法表述为：中价与中价的 N 日内移动平均差除以 $N$ 日内中价的平均绝对偏差，其中，中价等于最高价、最低价和收盘价之和除以 3，平均绝对偏差为统计函数。

从上面的计算过程可以看出，相对于其他技术分析指标，CCI 指标的计算是比较复杂的。由于现在股市技术分析软件的普及，对于投资者来说，无须自己计算 CCI 指标值，重点是通过了解 CCI 指标的计算方法，能熟练地运用它来研判股市行情。

# 第二节　CCI 指标的一般用法

CCI 指标对于研判非常态行情走势具有独到的作用。它的一般分析方法主要集中在 CCI 指标区间的划分、CCI 指标区间的判断等方面。

## 一、CCI 指标的区间划分

在以钱龙软件为代表的大部分股市分析软件中，CCI 指标的分析区间集中在 -100~+100 之间，而以分析家为代表的股市分软件中，CCI 指标的分析区间则为 -200~+200 之间。为了便于大家理解，在下面的内容中，关于 CCI 的研判以 -100~+100 为分析区间。

按市场通行标准，CCI 指标的运行区间可分为三大类：大于 +100、小于 -100 和 -100~+100 之间。

（1）当 CCI > +100 时，表明股价已经进入非常态区间——超买区间，此时对于股价的异动现象应多加关注，如图 6-1 所示。

图 6-1　美克家居（600337）股价进入超买区

（2）当 CCI < -100 时，表明股价已经进入另一个非常态区间——超卖区间，此时投资者可以逢低吸纳股票，如图 6-2 所示。

（3）当 CCI 介于 -100~+100 之间时，表明股价处于窄幅震荡整理区间——常态区间，投资者应以观望为主。

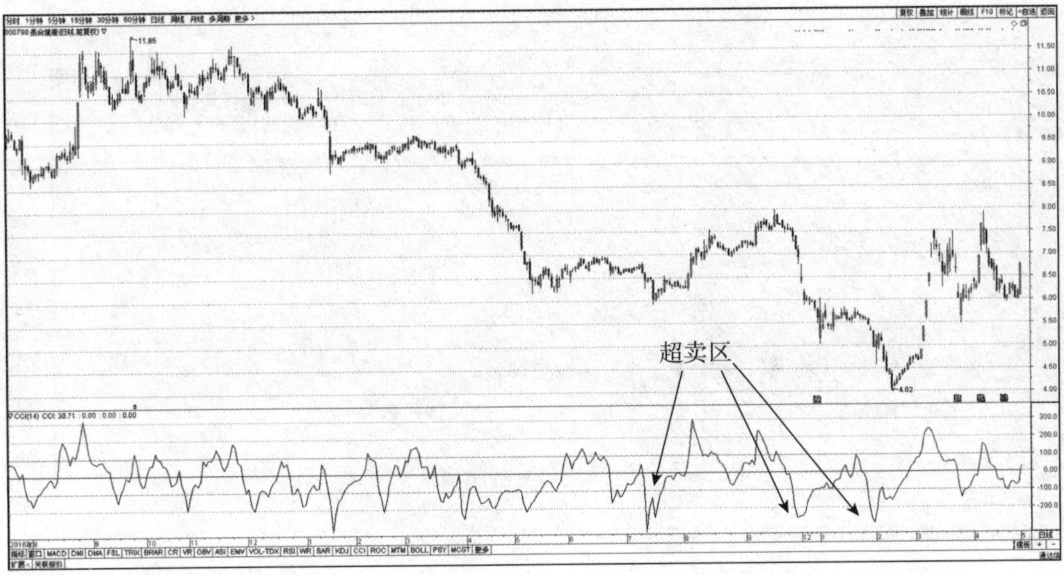


图 6-2 泰合健康（000790）股价进入超卖区

## 二、CCI 指标的区间判断

（1）当 CCI 指标从下向上突破 +100 线进入非常态区间时，表明股价脱离常态，进入异常波动阶段，中短线应及时买入。如果有比较大的成交量配合，则买入信号更为可靠，如图 6-3 所示。

（2）当 CCI 指标从上向下突破 -100 线进入另一个非常态区间时，表明股价的盘整阶段已经结束，将进入一个比较长的寻底过程，投资者应以持币观望为主，如图 6-4 所示。

（3）当 CCI 指标从上向下突破 +100 线重新进入常态区间时，表明股价的上涨阶段可能结束，将进入一个比较长的盘整阶段，投资者应及时逢高卖出股票，如图 6-5 所示。

（4）当 CCI 指标从下向上突破 -100 线重新进入常态区间时，表明股价的探底阶段可能结束，又将进入一个盘整阶段，投资者可以逢低少量买入股票，如图 6-6 所示。

（5）当 CCI 指标在 -100~+100 的常态区间运行时，投资者可以用 KDJ、CCI 等其他超买超卖指标进行研判。

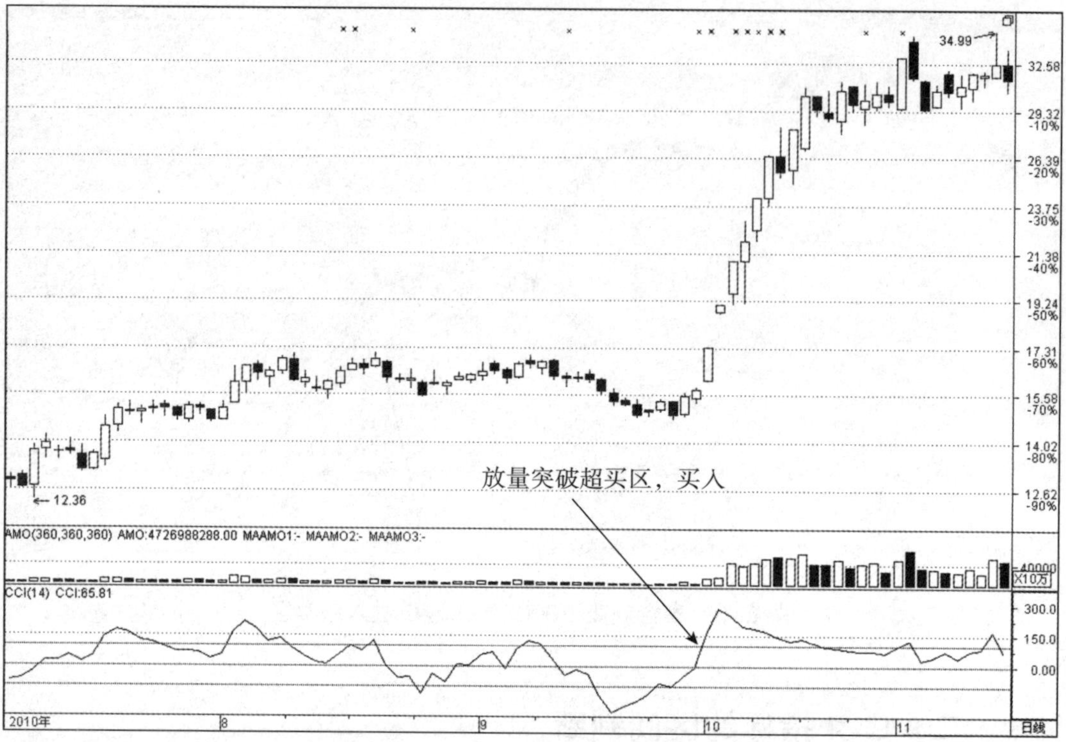


图 6-3 阳泉煤业（600348）股价进入超买区放量，买入

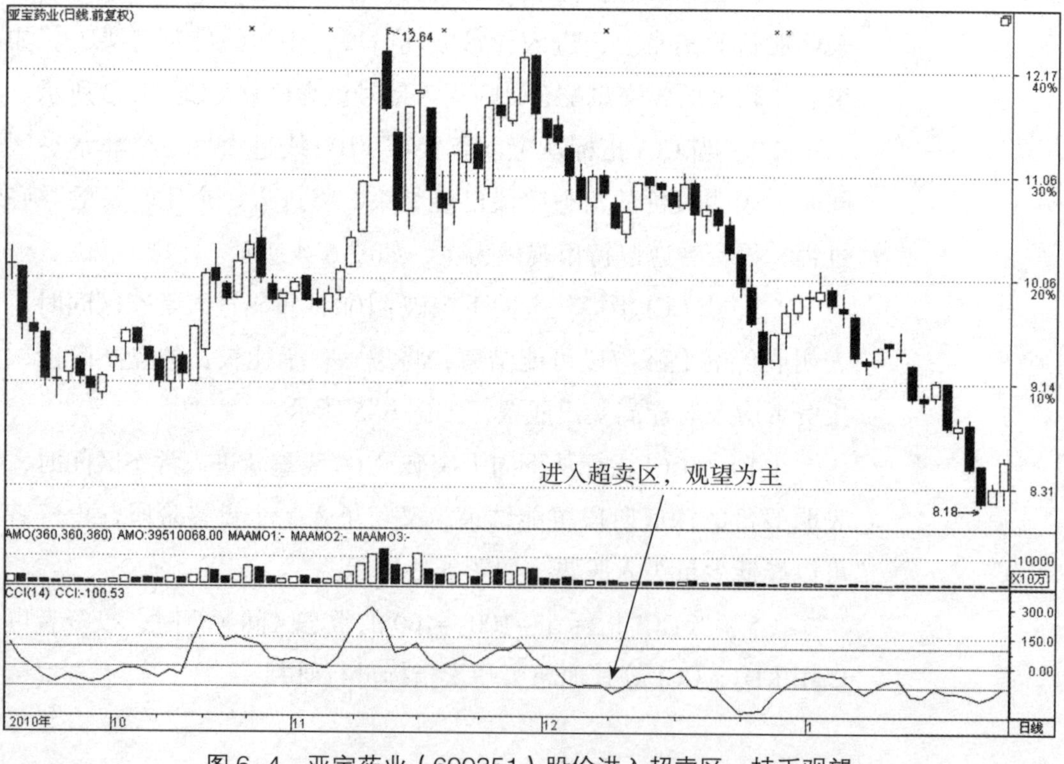


图 6-4 亚宝药业（600351）股价进入超卖区，持币观望

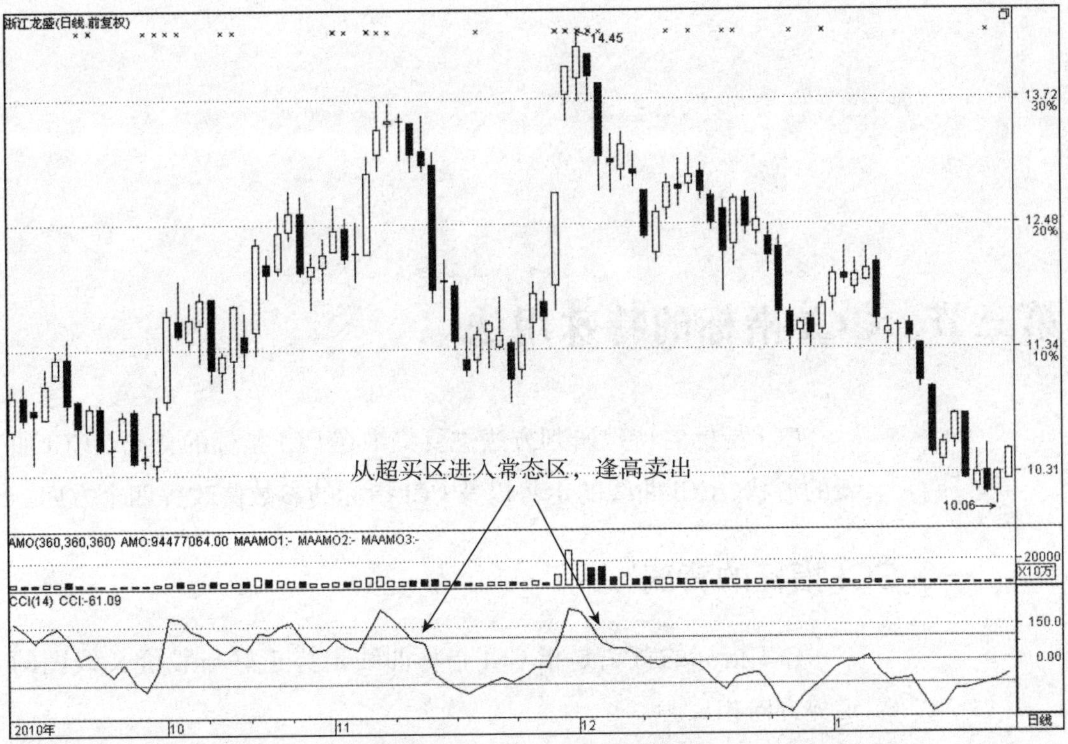


图 6-5　浙江龙盛（600352）股价进入常态区，逢高卖出

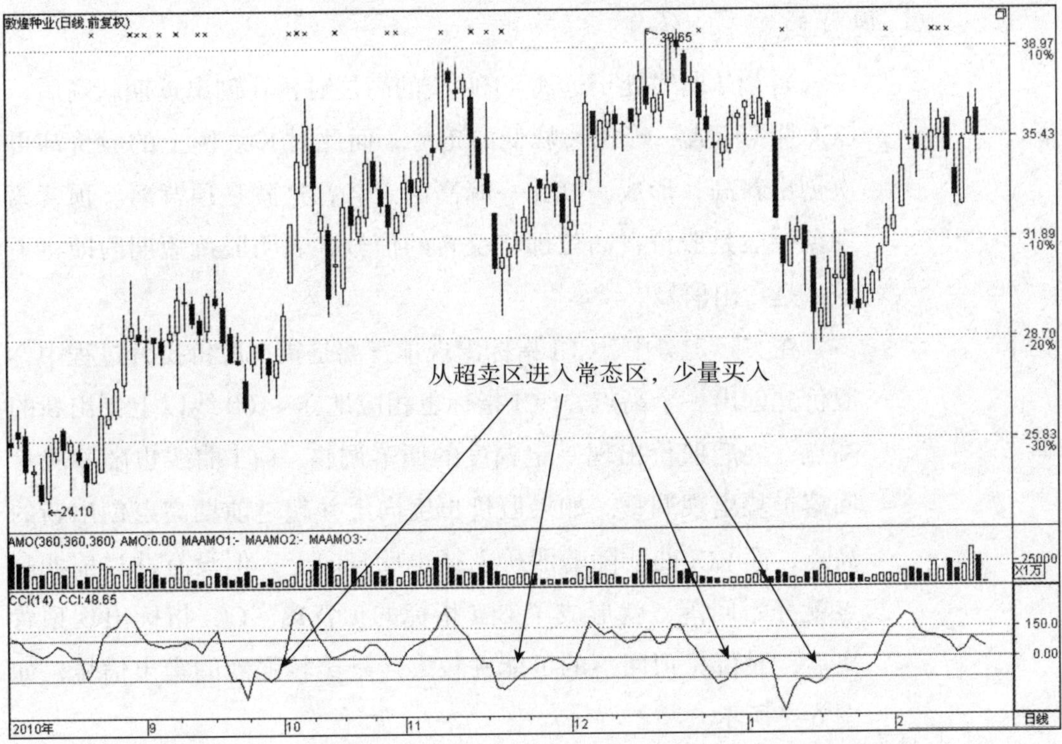


图 6-6　敦煌种业（600354）股价进入常态区，逢低少量买入

# 第三节　CCI 指标的特殊用法

CCI 指标的特殊研判方法主要集中在 CCI 指标的背离、CCI 曲线的形状、CCI 曲线的走势以及 CCI 指标的参数修改等四个方面。

## 一、CCI 指标的背离

CCI 指标的背离是指 CCI 指标曲线走势正好与股价 K 线图的走势方向相反。

CCI 指标背离分为顶背离和底背离两种。

### 1. 顶背离

当 CCI 曲线处于远离 +100 线的高位时，在创出近期新高后，CCI 曲线形成一峰比一峰低的走势，而此时 K 线图上的股价却再次创出新高，形成一峰比一峰高的走势，这就是顶背离。顶背离现象一般是股价在高位即将反转的信号，表明股价短期内即将下跌，是卖出信号。

在实际走势中，CCI 指标出现顶背离是指在股价拉升过程中，股价先创出一个高点，CCI 指标也相应地在 +100 线以上创出新的高点，之后股价出现一定幅度的回落调整，CCI 曲线也随着股价回落走势出现调整。如果股价再度向上并超越前期高点创出新的高点，而 CCI 曲线随着股价上扬也反身向上，但没有冲过前期高点就开始回落，就形成了 CCI 指标的顶背离。CCI 指标出现顶背离后，股价见顶回落的可能性较大，是比较强烈的卖出信号，如图 6-7 所示。

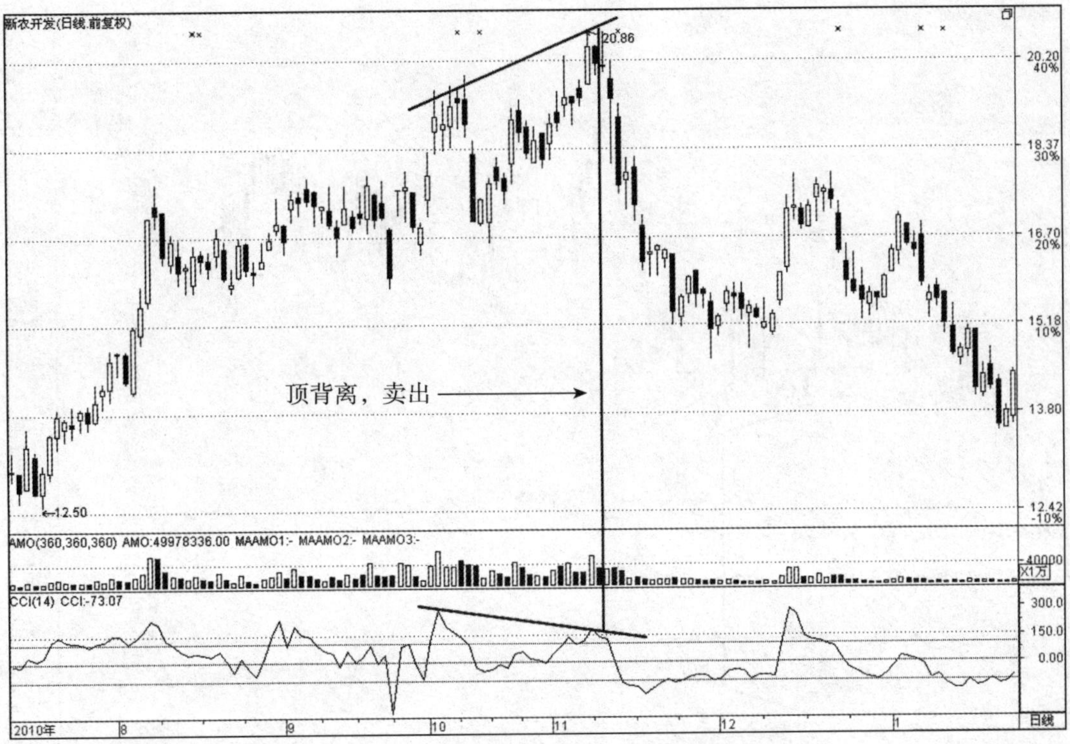


图 6-7 新农开发（600359）出现顶背离卖出信号

## 2. 底背离

CCI 指标的底背离一般出现在远离 -100 线以下的低位区。当 K 线图上的股价一路下跌，形成一波比一波低的走势，而 CCI 曲线却在低位率先止跌企稳，并形成一底比一底高的走势，这就是底背离。底背离现象一般预示着股价短期内可能会反弹，是短期买入信号，如图 6-8 所示。

与 MACD、KDJ 等指标的背离研判一样，对于 CCI 指标的背离，顶背离的研判准确性要高于底背离。当股价处于高位，CCI 指标在远离 +100 线以上区域出现顶背离时，可以认为股价即将反转向下，投资者可以及时卖出股票；当股价处于低位，CCI 指标在远离 -100 线以下低位区域出现底背离时，一般要反复出现几次底背离才能确认，并且投资者只能做战略建仓或短线交易。

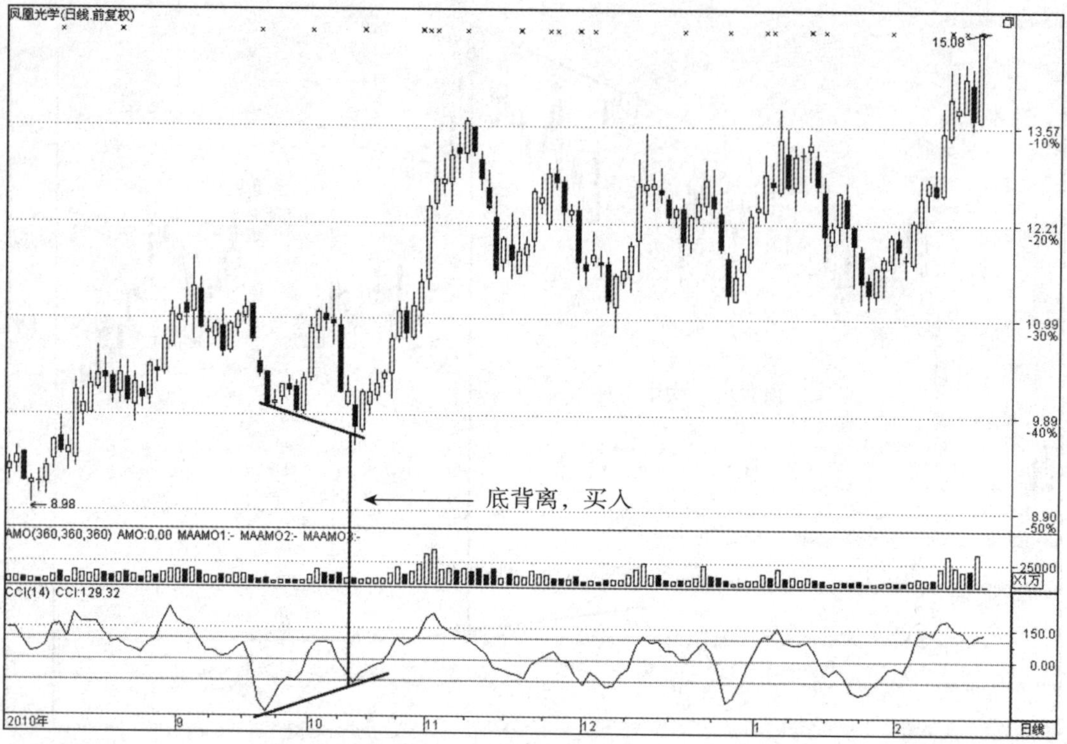


图 6-8 凤凰光学（600071）出现底背离，买入

## 二、CCI 曲线的形状

CCI 曲线出现的各种形态也是判断行情走势、决定买卖时机的一种分析方法。

（1）CCI 曲线在远离 +100 线上方的高位时，如果 CCI 曲线走势形成 M 头或三重顶等顶部反转形态，可能预示着市场由强势转为弱势，股价即将大跌，应及时卖出股票。如果股价曲线也出现同样的形态，则更可确认，其跌幅可以用 M 头或三重顶等形态理论来研判，如图 6-9、图 6-10 所示。

（2）CCI 曲线在远离 -100 线下方的低位时，如果 CCI 曲线走势出现 W 底或三重底等底部反转形态，可能预示着市场由弱势转为强势，股价即将反弹向上，可以逢低少量吸纳股票。如果股价曲线也出现同样形态，则更加可以确认，其涨幅可以用 W 底或三重底形态理论来研判，如图 6-11、图 6-12 所示。

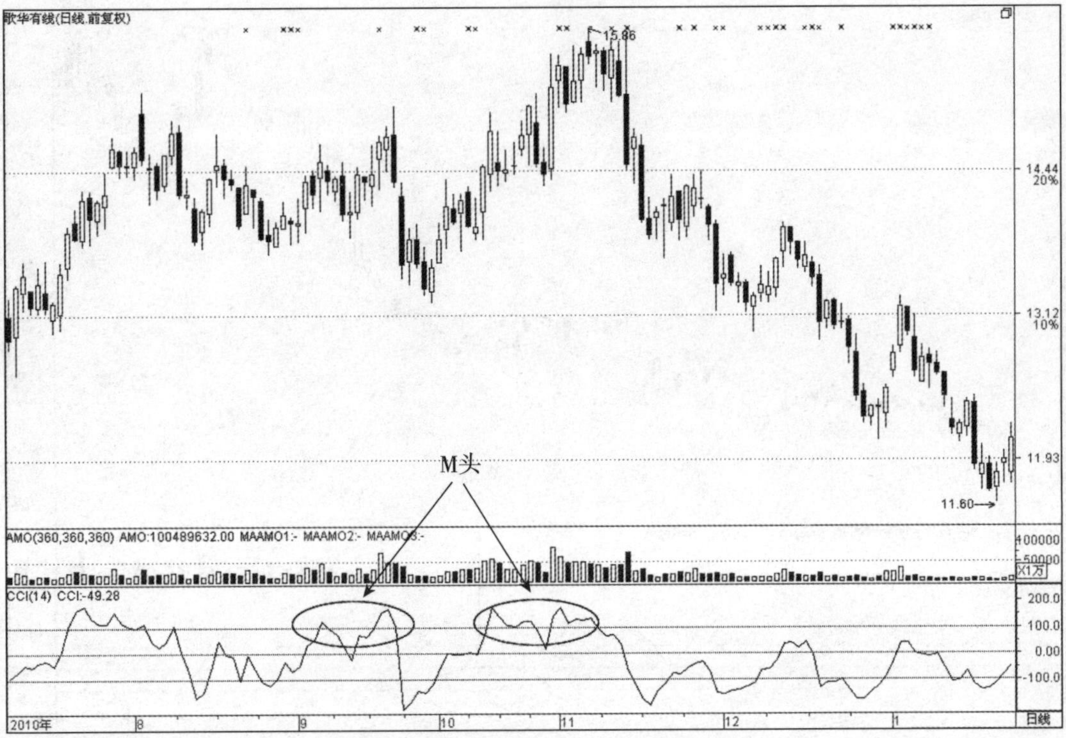


图 6-9　歌华有线（600037）CCI 曲线出现 M 头

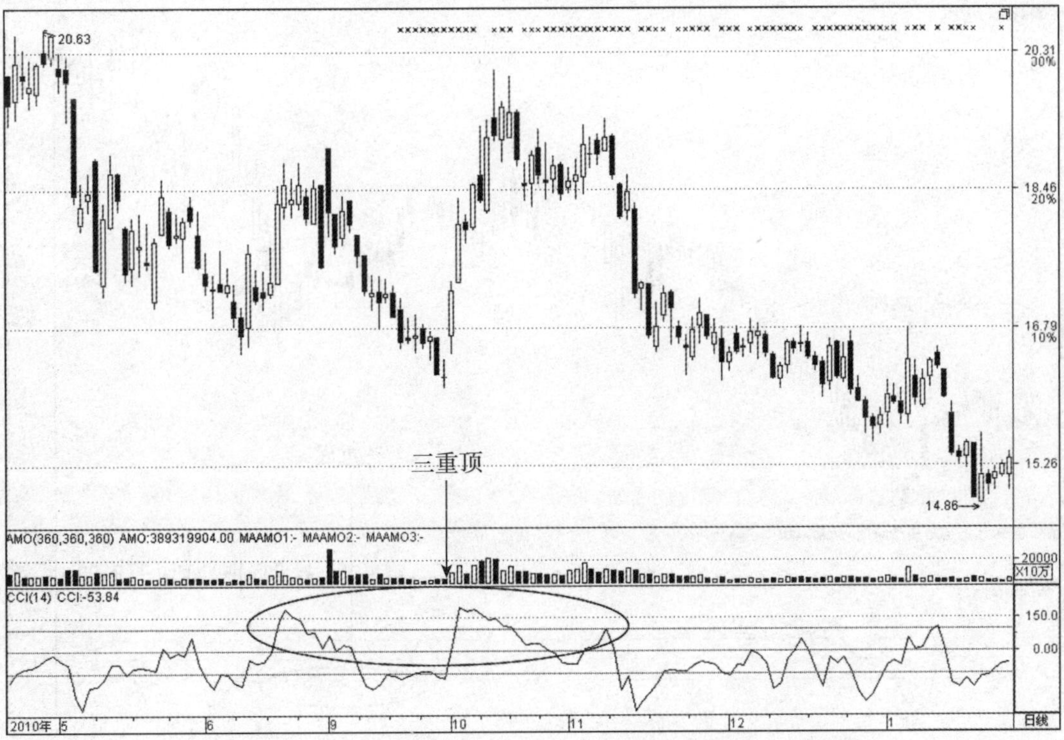


图 6-10　平安银行（000001）CCI 曲线出现三重顶

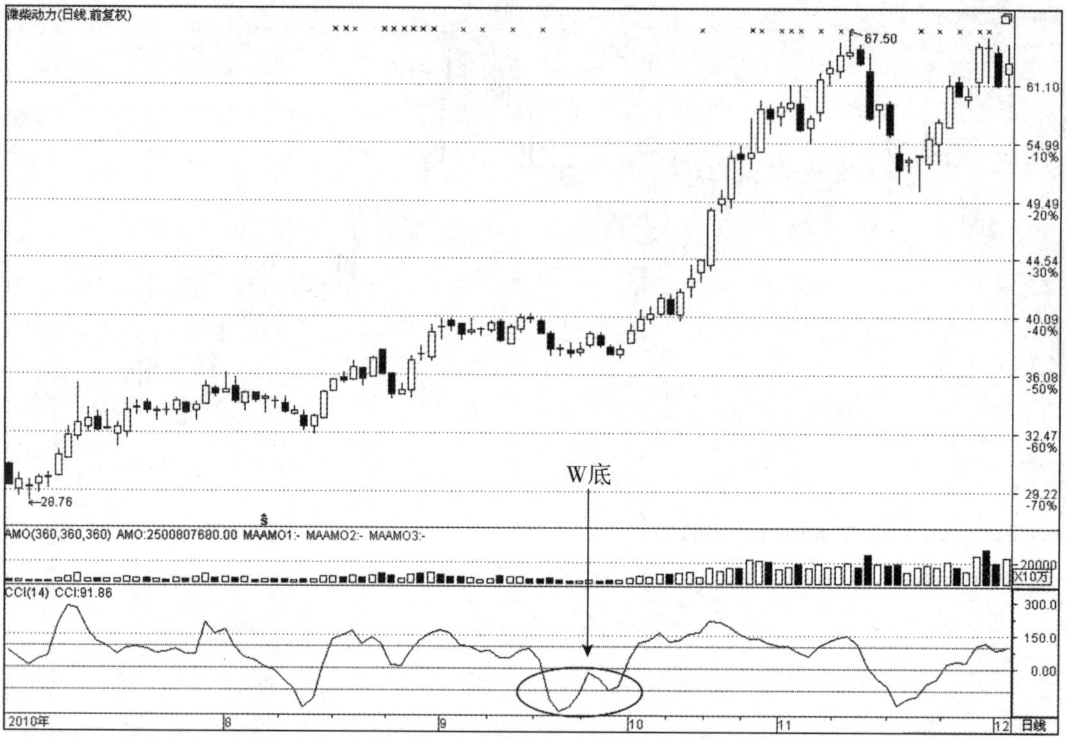


图 6-11 潍柴动力（000338）CCI 曲线出现 W 底

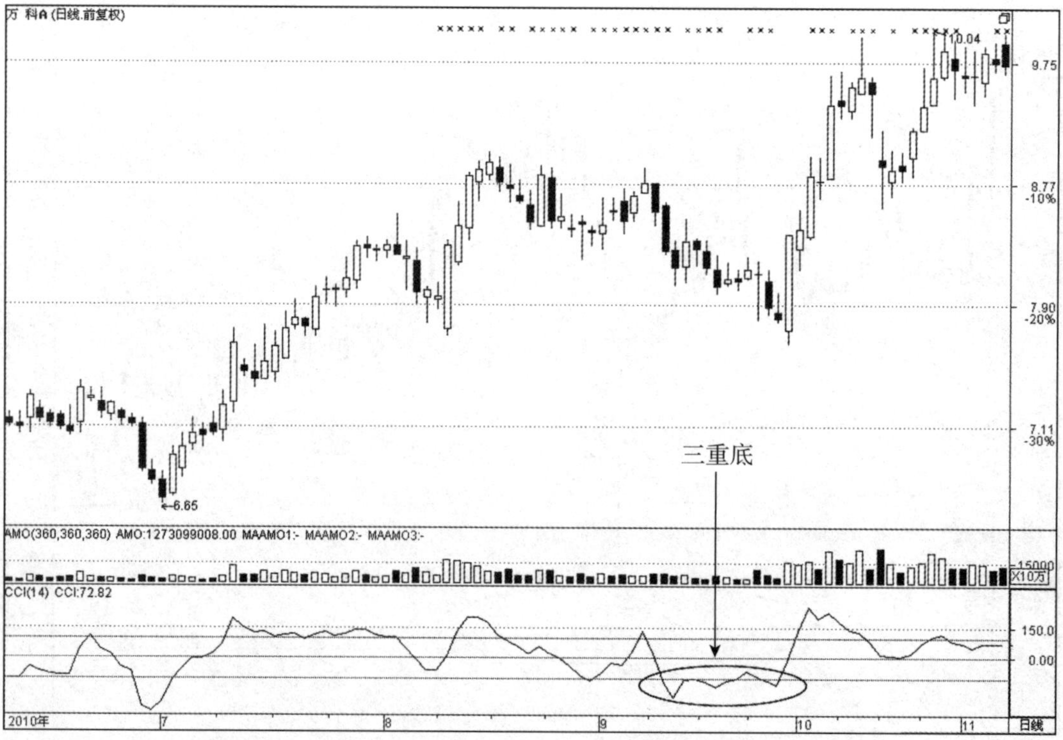


图 6-12 万科 A（000002）CCI 曲线出现三重底

（3）CCI 曲线形态中，M 头和三重顶形态的准确性要大于 W 底和三重底。

## 三、CCI 曲线的走势

（1）当 CCI 曲线向上突破 +100 线进入非常态区间时，表明股价开始进入强势状态，投资者应及时买入股票，如图 6–13 所示。

图 6–13　万科 A（000002）CCI 曲线进入强势区

（2）当 CCI 曲线向上突破 +100 线进入非常态区间后，只要 CCI 曲线一直向上运行，就表明股价强势依旧，投资者可一路持股待涨，如图 6–14 所示。

（3）当 CCI 曲线在 +100 线以上的非常态区间运行，在远离 +100 线的地方开始掉头向下时，表明股价的强势状态将难以维持，是比较可靠的市场转势信号。如果前期短期涨幅过大时，则更加可以确认。此时，投资者应及时逢高卖出股票，如图 6–15 所示。

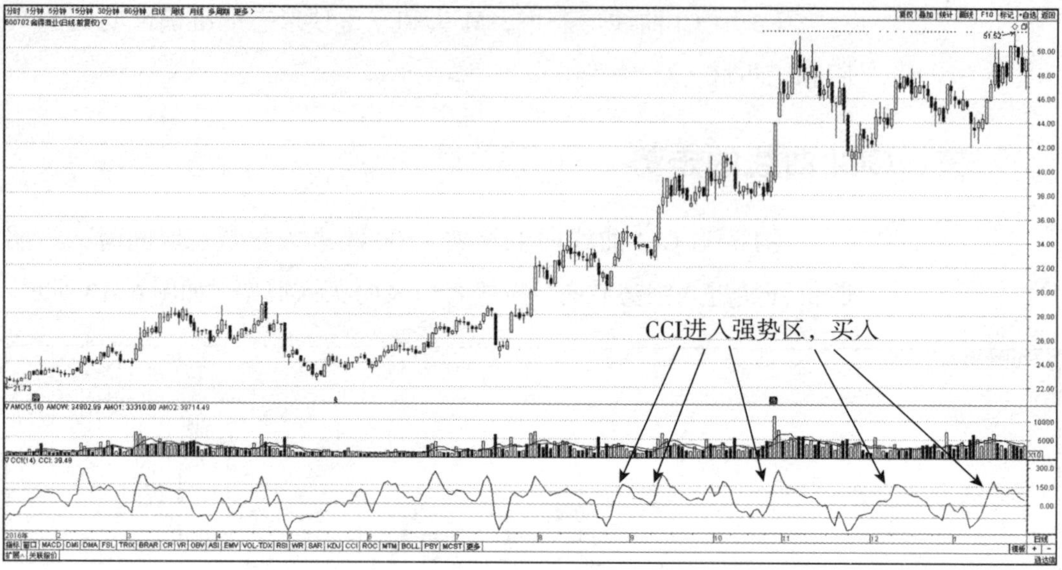


图 6-14　舍得酒业（600702）CCI 曲线进入强势区

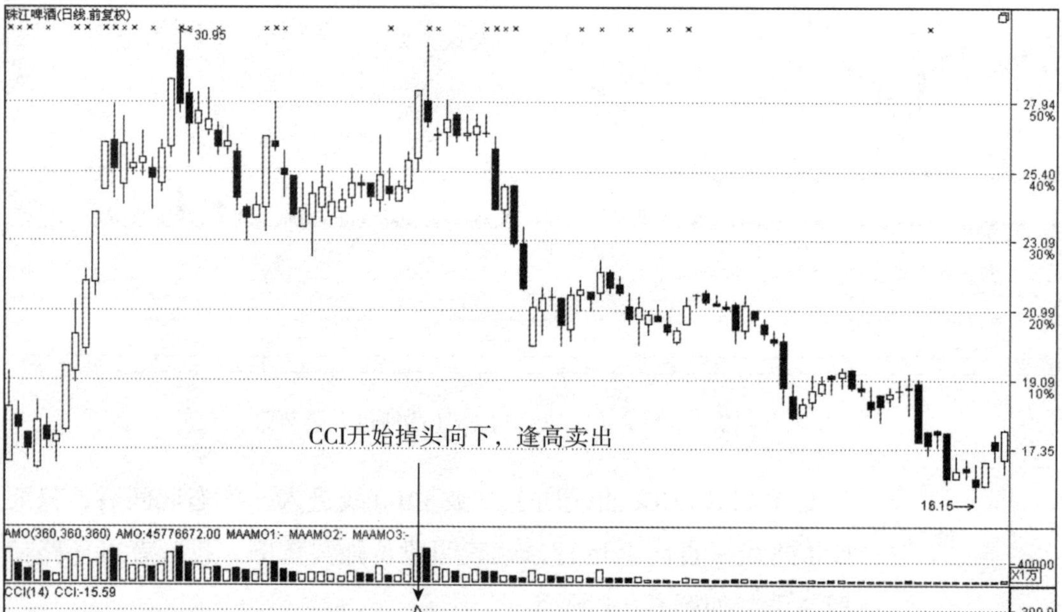


图 6-15　珠江啤酒（002461）CCI 曲线在高位掉头向下

（4）当 CCI 曲线在 +100 线以上的非常态区间运行，在远离 +100 线的位置一路下跌时，表明股价的强势状态已经结束，投资者应以逢高卖出股票为主，如图 6-16 所示。

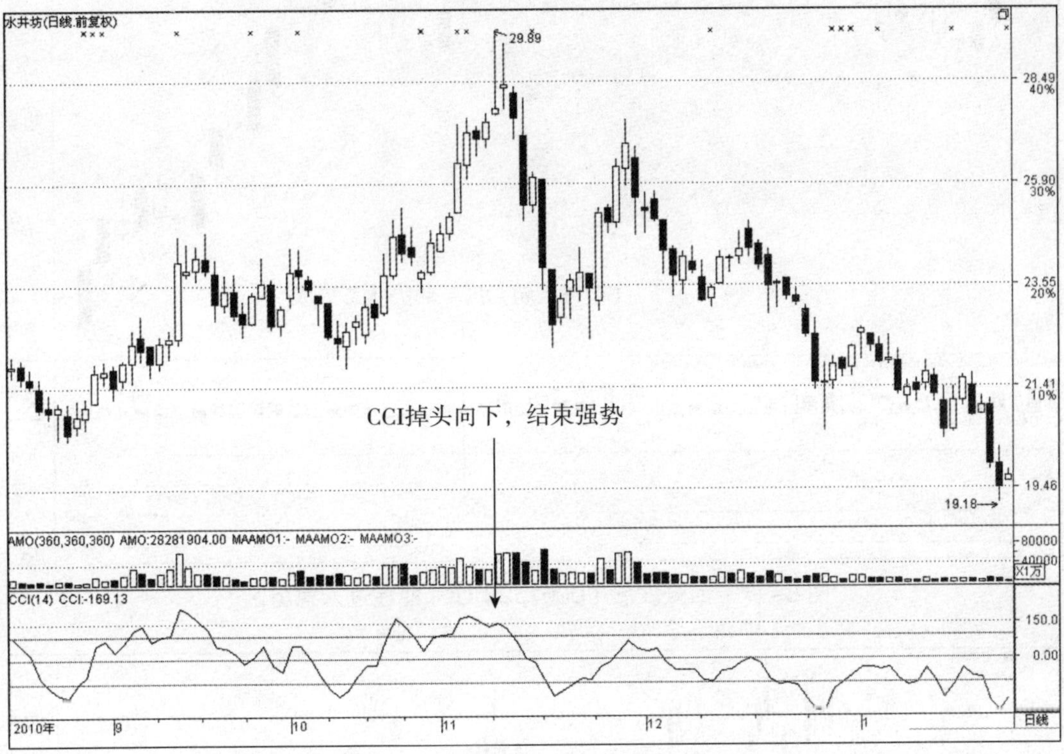


图 6-16　水井坊（600779）CCI 曲线结束强势状态

（5）当 CCI 曲线向下突破 -100 线进入另一个非常态区间时，表明股价的弱势状态已经形成，投资者应以持币观望为主，如图 6-17 所示。

（6）当 CCI 曲线向下突破 -100 线进入另一个非常态区间后，只要 CCI 曲线一路向下运行，就表明股价弱势依旧，投资者可一路观望，如图 6-18 所示。

（7）CCI 曲线向下突破 -100 线进入另一个非常态区间，如果 CCI 曲线在超卖区运行了相当长一段时间后开始掉头向上，表明股价短期底部初步找到，投资者可少量建仓。CCI 曲线在超卖区运行的时间越长，越可以确认短期底部，如图 6-19 所示。

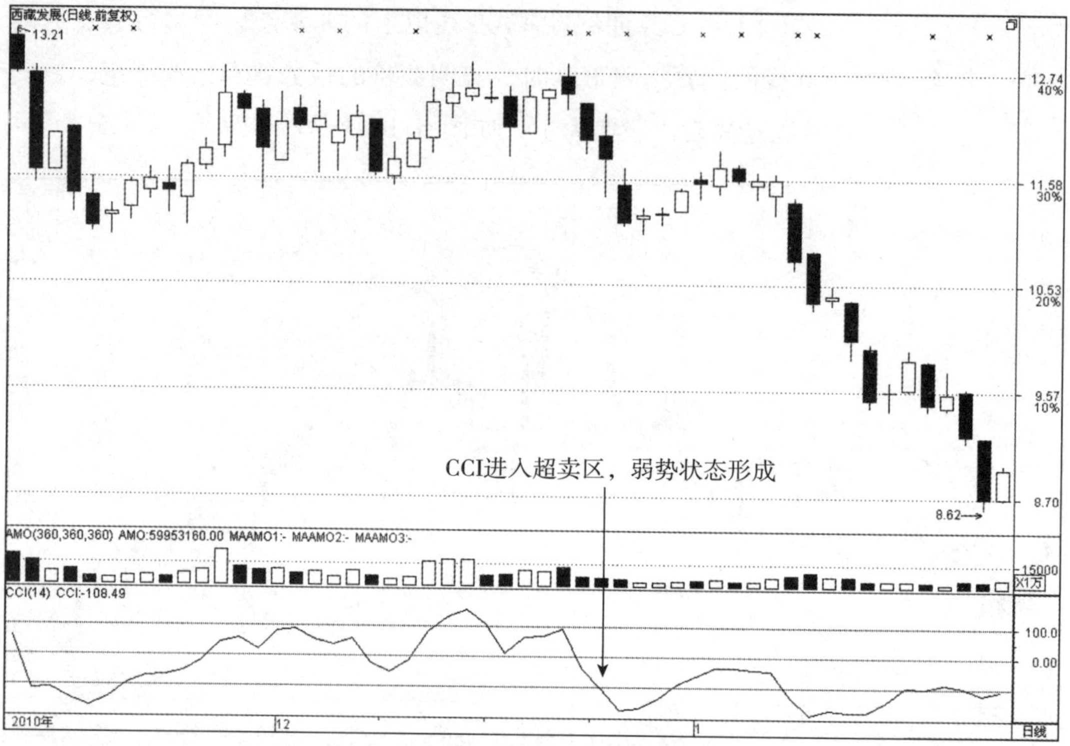


图 6-17 西藏发展（000752）CCI 曲线进入弱势区

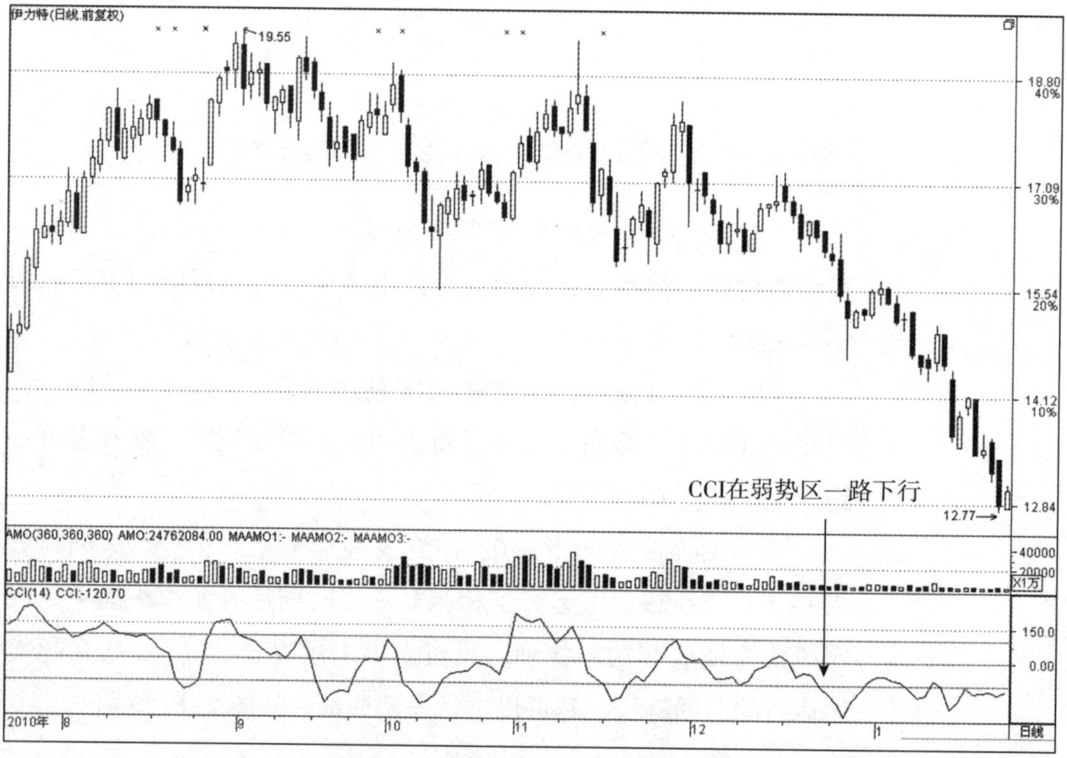


图 6-18 伊力特（600197）CCI 曲线在弱势区一路朝下

图 6–19 大众交通（600611）CCI 曲线在超卖区运行很长时间后掉头向上

## 四、参数的修改

从 CCI 指标的计算方法可以看出，CCI 指标也是以时间周期为参数，构成参数的时间周期可以是分钟、日、周、月、年等。对于时间周期，投资者可以根据股票上市时间长短和交易风格来确定，理论上可以采用任意时间长度。

在大部分主流股市分析软件（如钱龙、分析家）中，各种时间周期的变动范围大多被限定在 1~99 内，如 1~99 日、1~99 周等。也有一些股市分析软件对参数的设定扩大到 1~999，但这部分软件比较少。本节讨论的 CCI 指标，参数还是限定在 1~99 的范围内。

从 CCI 指标的实际运用来看，大多数投资者选择的时间周期单位为日，而日线 CCI 指标参数的选择，又大多局限在 6 日和 12 日等少数几个数值上。按照这些短期时间参数来分析股票走势，其 CCI 指标得出的数值变动范围大部分是在 -100~+100 之间，而且波动过于频繁。和其他技术分析指标一样，在这么一个狭小空间里，要用 CCI 曲线来比较准确地研判行情走势很不容易。实战中，可以充分利用各类股市分析软件上提供的各种短期、中期、长期日参数，结合 K 线、均线等股市分析理论，综合研判股票走势。

# 第四节　CCI 指标实战应用技巧

与其他指标相比，CCI 指标的构造比较简单，研判要点集中在 CCI 曲线所处的位置及运行方向上。下面以 89 日 CCI 指标为例，来揭示 CCI 指标的买卖信号作用。

## 一、买卖信号

（1）当 89 日 CCI 曲线向上突破 +100（数值或线，下同）进入非常态区间时，表明股价开始进入强势拉升状态，这是 CCI 指标发出的买入信号，此时投资者应及时买入股票。特别是对于那些股价带量突破中长期均线的股票，这种买入信号更加准确，如图 6-20 所示。

（2）当 89 日 CCI 曲线从上向下突破 +100 线重新进入常态区间时，表明股价的上涨阶段可能结束，将进入一个长时间的盘整阶段，投资者应及时逢高卖出股票。如果 CCI 曲线继续下滑并跌破 -100，表明股价即将进入加速下跌阶段，这是 CCI 指标发出的中线卖出信号，此时投资者应及时清仓离场，如图 6-21 所示。

（3）当 89 日 CCI 曲线向上突破 -100 进入常态区间时，表明股价开始进入常态，这是 CCI 指标发出的买入信号。此时，积极的投资者可少量建仓买入股票，如图 6-22 所示。

图 6-20　耀皮玻璃（600819）CCI 指标进入强势区

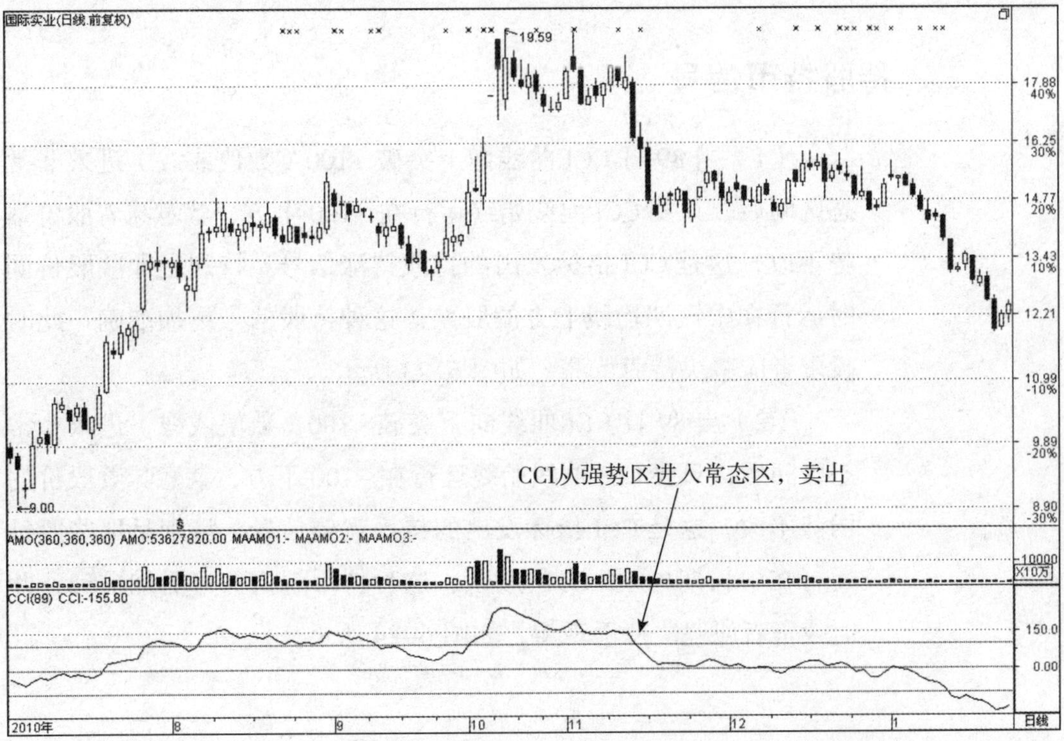


图 6-21　国际实业（000159）CCI 指标从强势区进入常态区

图 6-22　南山铝业（600219）CCI 指标从弱势区进入常态区

## 二、持股持币信号

（1）当 89 日 CCI 曲线向上突破 +100（数值或线）进入非常态区间后，只要 CCI 曲线始终运行在 +100 上方，就意味着股价强势不改，这是 CCI 指标发出的持股待涨信号。特别是那些股价同时运行在中短期均线上方的股票，这种持股信号更加准确，此时投资者应坚决持股待涨，如图 6-23 所示。

（2）当 89 日 CCI 曲线向下突破 -100（数值或线）进入非常态区间后，只要 CCI 曲线始终运行在 -100 下方，就意味着股价的弱势不改，这是 CCI 指标发出的持币观望信号。特别是那些股价运行在中长期均线下方的股票，这种持币观望信号更加准确，此时投资者应坚决持币观望，如图 6-24 所示。

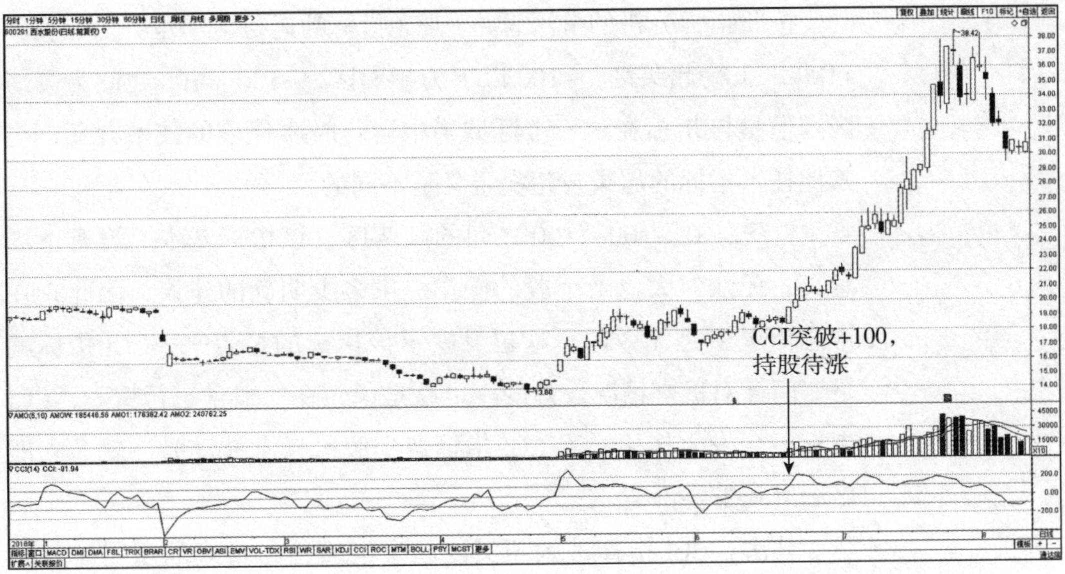


图 6-23　西水股份（600291）CCI 指标始终在强势区运行，可持股待涨

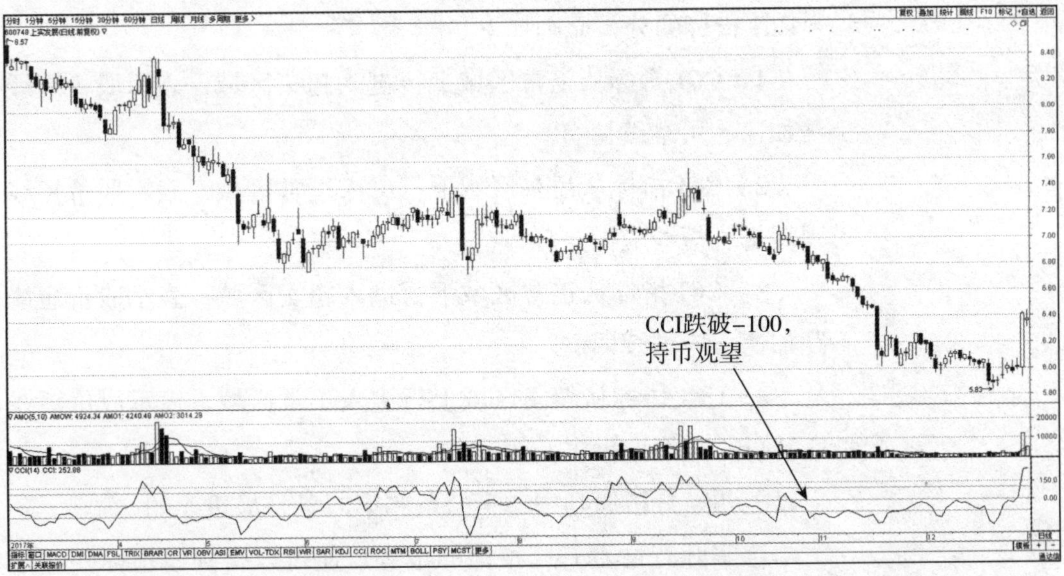


图 6-24　上实发展（600748）CCI 指标在弱势区徘徊，可持币观望

在常用的技术分析指标中，CCI 指标（顺势指标）恐怕是最为奇特的一种。CCI 指标没有运行区间的限制，在正无穷和负无穷之间变化，但是，和所有其他没有运行区域限制的指标不一样的是，它有一个相对的技术参照线：+100 和 -100。

按照指标分析的常用思路，CCI 指标的运行区间也分为三类：+100 以上为超买区，-100 以下为超卖区，-100~+100 之间为震荡区。但是该指标在这三个区域当中运行时所代表的技术含义，与其他技术指标的超买与超卖定义是不同的。

首先，在 -100~+100 之间的震荡区，该指标基本上没有市场意义，无法对大盘及个股的操作提供多少明确的建议，因此它在常态情况下是无效的。这也反映了该指标的特点——CCI 指标就是专门针对极端情况设计的。也就是说，在一般常态行情下，CCI 指标不会发生作用。当 CCI 指标遇到股价异常波动时，就会立即显示出其重要价值。

其次，CCI 指标进入超买或超卖区域，与常规的超买与超卖思路并不相同。在常规思路中，指标进入超买区域应该出局，进入超卖区域该吸纳，但 CCI 指标并不是如此。

CCI 指标的分析原则如下。

（1）CCI 指标从正常区域上行进入超买区域，表示股价短线上涨加速，可继续持有。

（2）CCI 指标从超买区域下行进入正常区域，表示股价短线见顶转折，短线应做空。

（3）CCI 指标从正常区域下行进入超卖区域，表示股价短线下跌加速，应继续回避。

（4）CCI 指标从超卖区域上行进入正常区域，表示股价短线见底转折，短线应做多。

以上四条分析原则中，第二条和第四条是最重要的。

结合实际行情看 CCI 指标的走势，还可以得到该指标一些很有价值的结论。CCI 指标只在超买和超卖区域发生作用，但是在不同的市场走势中，这两种作用又是不同的。在一个牛市里，CCI 指标最有价值的应用是判断短线回调的底部拐点；在一个熊市里，CCI 指标最有价值的应用是判断短线反弹的顶点。这并不是熊市和牛市固有的特点，而是与 CCI 指标本身的特点有关。

CCI 指标主要用于判断“非正常”走势。如果该指标长期停留在超卖区域，说明超卖并非是非正常的，那么用该指标判断超卖就失去了应用价值。同理，如果该指标长期停留在超买区域，就说明超买并非是非正常的，那么用该指标判断超买价值也不大。

# 第五节　CCI 指标必胜术

在周线图中，把 CCI 指标的参数修改为 42。如果股价运行趋势向上，CCI 指标上穿 +100，可买入股票并中线持有，这类股票一般都是强势股，操作这样的股票必有不菲的回报。如果 CCI 指标下穿 -100，后期跌幅也是非常可怕的，通常是“神仙也救不活”。一般把 +100 称为天线，把 -100 称为地线。

股价在上升趋势初期要及时介入，如图 6-25 至图 6-30 所示。

股价跌破地线要及时卖出，如图 6-31 至图 6-36 所示。

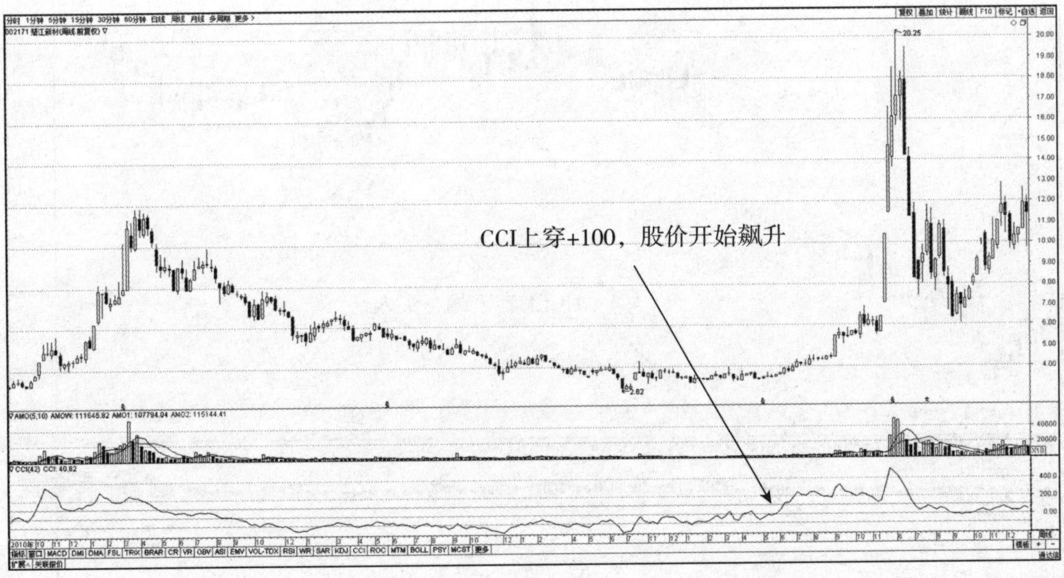


图 6-25　楚江新材（002171）CCI 指标上穿天线

图 6-26　三峡水利（600116）CCI 指标上穿天线

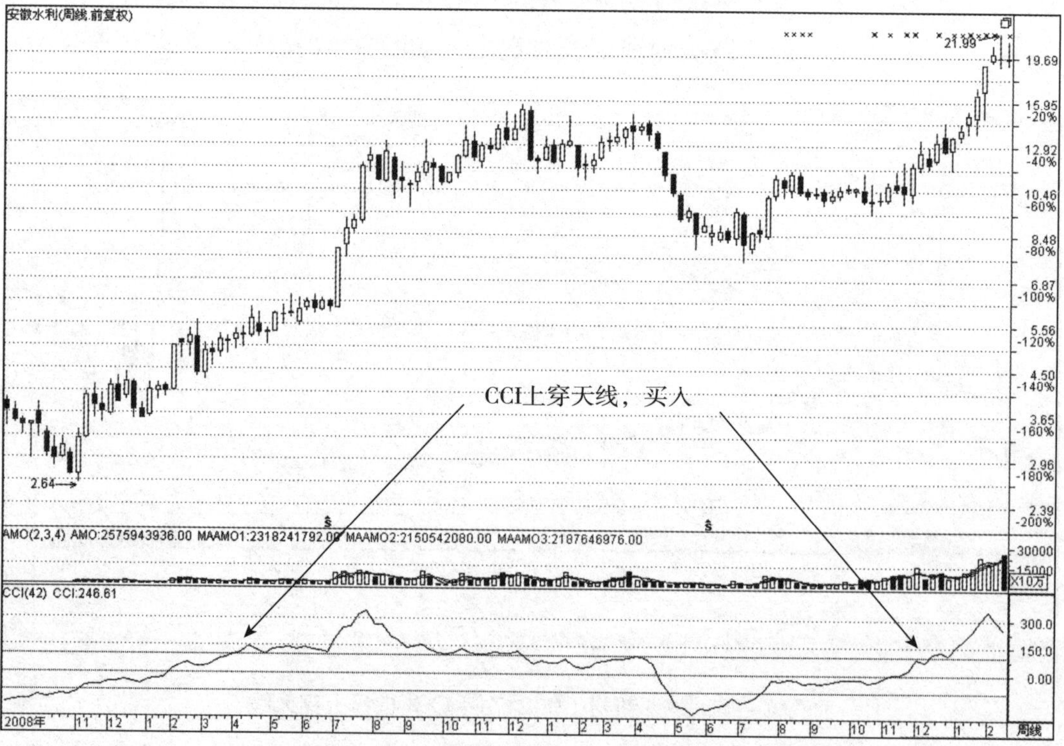


图 6-27　安徽水利（600502）CCI 指标上穿天线

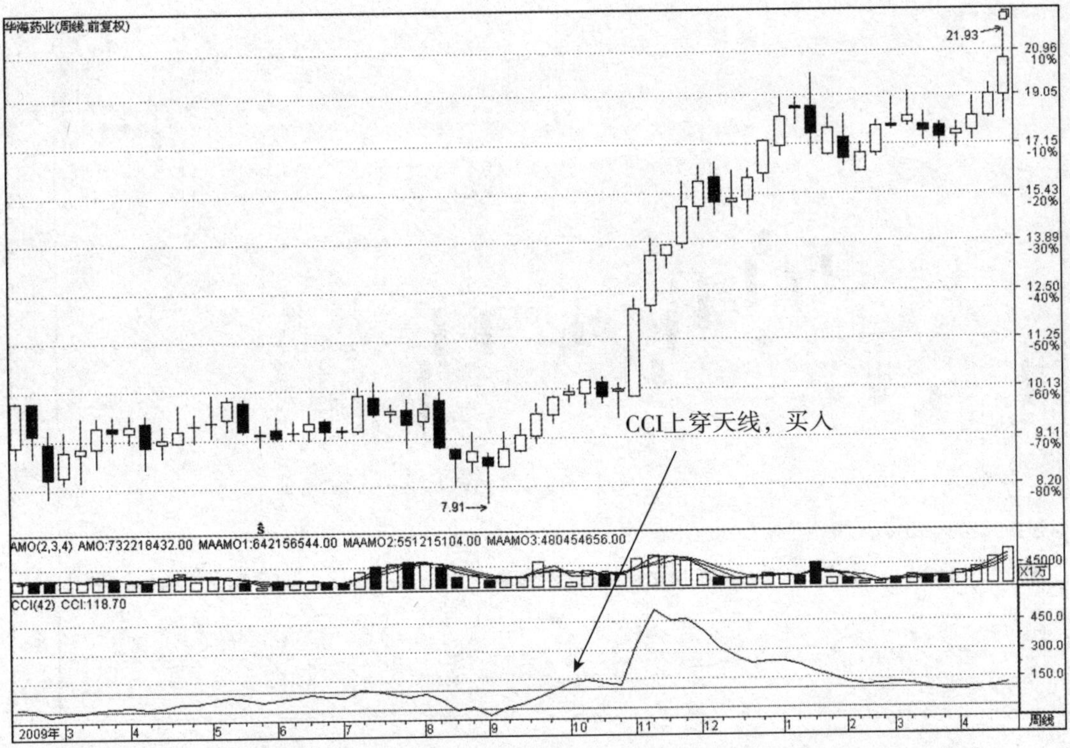


图 6-28　华海药业（600521）CCI 指标上穿天线

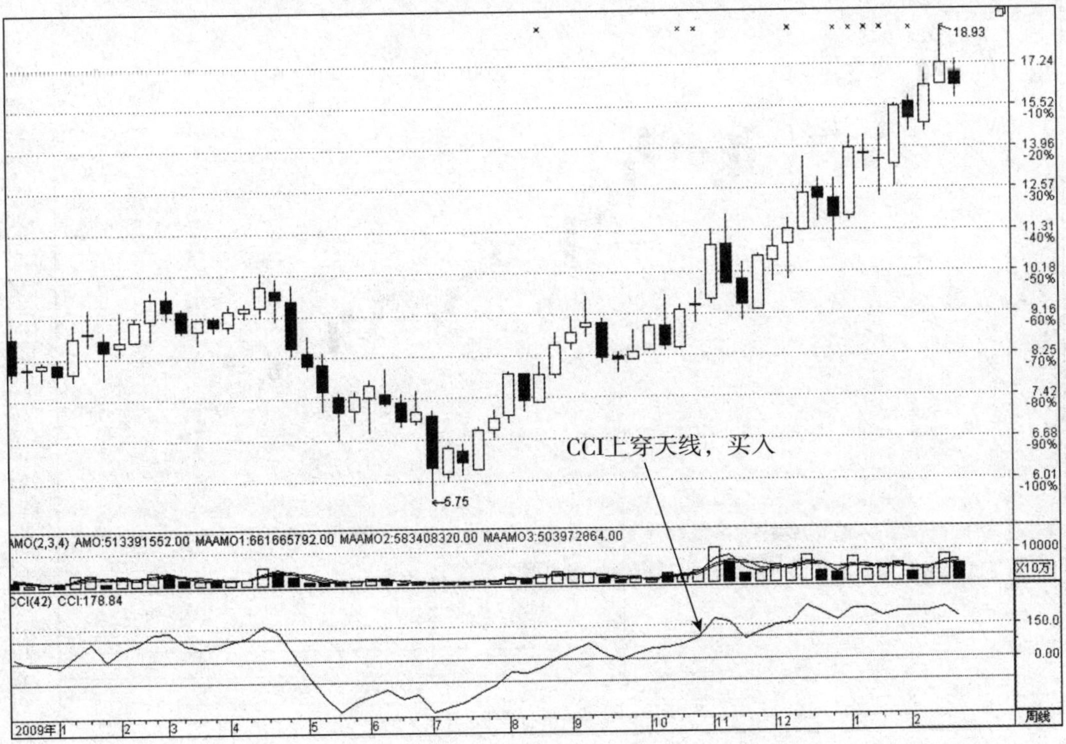


图 6-29　新力金融（600318）CCI 指标上穿天线

图 6-30　江铃汽车（000550）CCI 指标上穿天线

图 6-31　云南铜业（000878）CCI 指标下穿地线

图 6–32　潍柴重机（000880）CCI 指标下穿地线

图 6–33　海南高速（000886）CCI 指标下穿地线

图 6-34　云内动力（000903）CCI 指标下穿地线

图 6-35　大亚圣象（000910）CCI 指标下穿地线

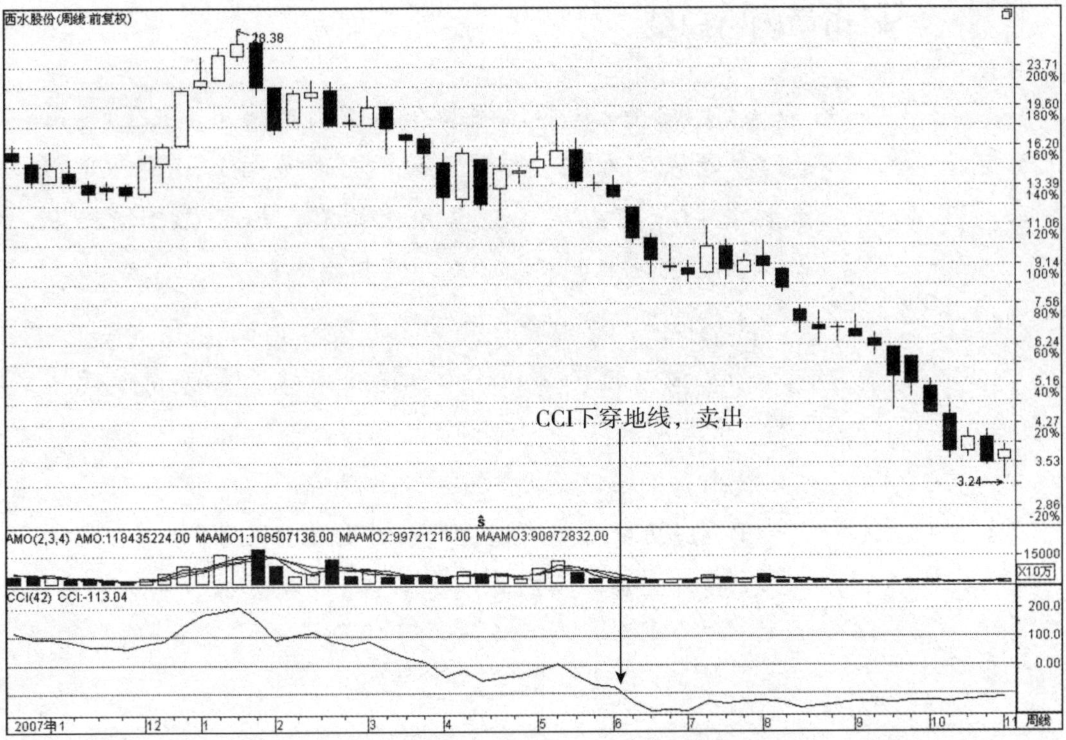


图 6-36 西水股份（600291）CCI 指标下穿地线

周线 CCI（42）指标的使用条件如下。

（1）大盘由弱转强，基本上向好，没有大跌的可能性。

（2）个股经过长期相对低位横盘，筹码达到高度集中。

（3）个股股性要好，历史上有过连续拉升的记录。

（4）坚决回避机构获过大利的股票，最好是一两年内没有出现过股价翻番的股票。

（5）周线图上均线处于黏合多头发散的状态。

（6）CCI 指标上穿天线时，要放量上攻。

大多数投资者在使用某一种技术指标时，不能准确地知道必要的辅助条件，当他用了一次没有成功之后，就不再信任这个指标。其实不是指标不行，而是使用指标的人不行，不懂使用这个指标必须具备的“辅助条件”。一种工具好不好用，全在于个人的悟性。

## ★ 本章内容总结

CCI 指标必胜术强调要在周线图中使用，把 CCI 指标的参数修改为 42。如果股价运行趋势向上，则 CCI 指标上穿 +100 可以买入股票中线持有；如果 CCI 指标下穿 −100，则跌幅也会非常大，应坚决清仓。

使用中必须要具备以下辅助条件。

①大盘由弱转强。这一点主要看成交量是否在持续上升。

②个股要经过长期的相对低位横盘。

③个股历史上曾有过连续拉升的良好记录。

④股价三条以上周均线处于黏合多头发散状态。

# 第七章　四大经典指标综合运用

有的指标是研判趋势的，有的指标是指示买卖点的，有的指标是抓强势股的，把这些指标综合在一起使用，操作胜算的概率更高。

## 第一节 运用四种经典指标选出强势股

很多股民在操作过程中没有计划，今天听一位邻居说哪只股票不错，第二天一看果然上涨，于是就毫不犹豫地买进。后天又听电视上一位股评家说哪只股票上涨空间非常大，现在几个机构都在布局这只股票，未来一个月的时间翻番是极有可能的，于是又忍不住买进了这只。大后天又听证券公司的投资顾问说，近来他们推荐的股票都不错，客户都赚钱了，于是又忍不住跟风证券公司了。这样一路下来，账户始终是绿的，而且亏损越来越大。

这样的情况并不少见，很多股民像无头苍蝇一样到处乱撞，又像墙头草一样，东说随东，西说倒西。这就是股民不相信自己，不相信盘面，没有操作计划导致的。正确的做法应该是踏踏实实地学好技术分析，然后制定切实可行的操作计划，克服人性的弱点，一步一步地稳扎稳打，稳定操作。

要制定切实可行的操作计划，第一步是选股。如果你选的股票全是处于下降趋势或没有大幅拉升可能性的，就是操作技术再高明也无济于事。实战中，大家一定要把选股当成一件大事，这项工作甚至比寻找买卖点更重要。

选股一定要选出处于上升趋势的股票，最好是强势股或龙头股。本书讲解的四种经典指标中的 MACD 指标和 CCI 指标搭配在一起，能帮助大家选出强势股。

在盘面中调出四个窗口，一个是 K 线图，一个是 MACD 指标，一个是 CCI 指标，一个是成交量。

选股一定要看大趋势，看大趋势就要看月线图或周线图。

首先，在月线图中，MACD 指标最好是刚跨上 0 轴，并且趋势向上。

其次，在周线图中，MACD指标正处于0轴附近，最好两线黏合，表明股价经过横盘整理。

再次，周线图中CCI指标参数为42，即将上穿天线。

最后，量能要配合，成交量一定要放量。

选出强势股后，放到自选股里，然后再在日线或60分钟图中寻找买卖点，如图7-1至图7-4所示。

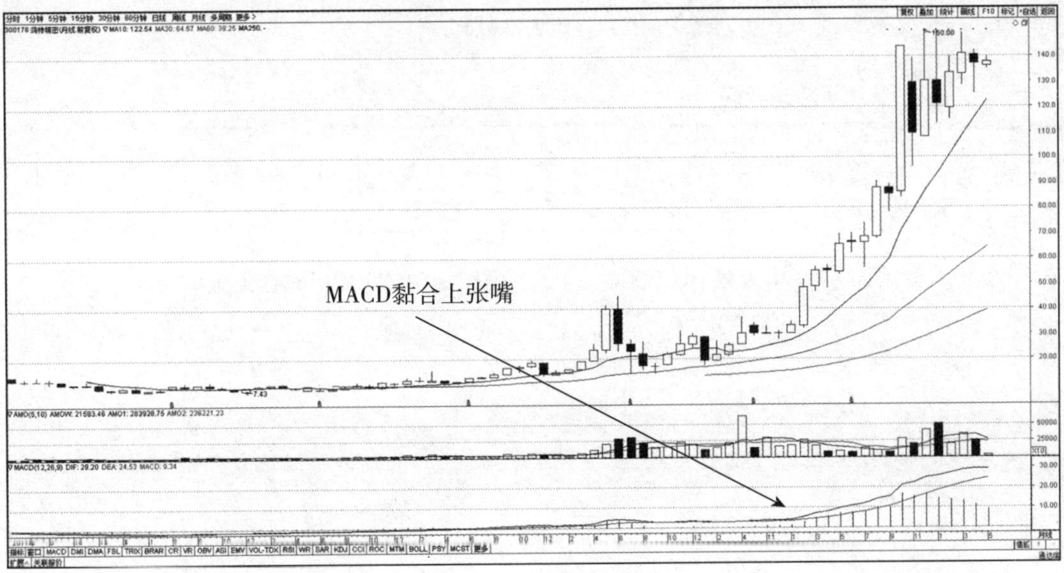


图7-1　鸿特精密（300176）月线图中MACD指标黏合上张嘴

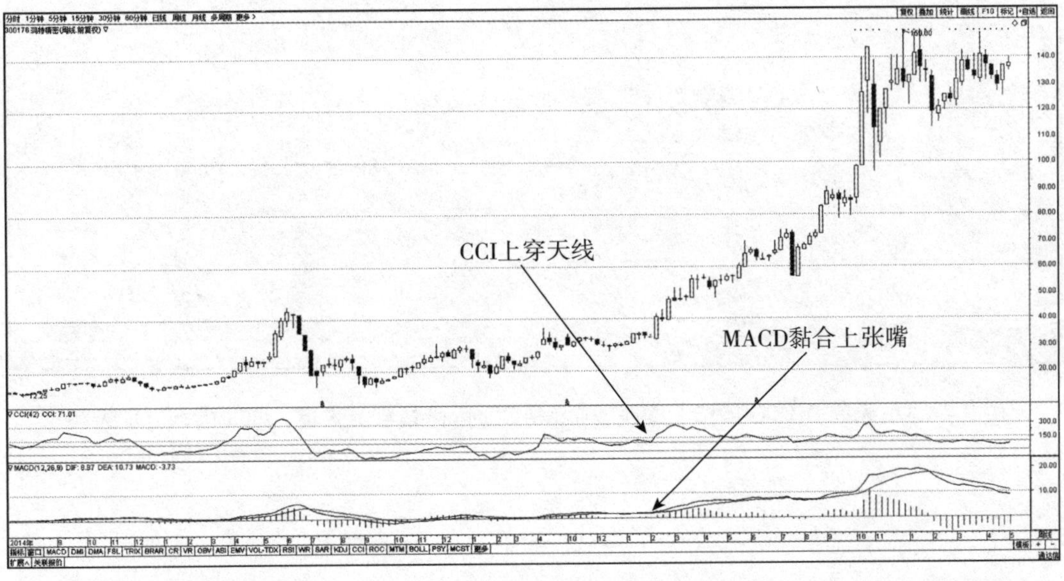


图7-2　鸿特精密（300176）周线图中MACD指标黏合上张嘴，CCI指标上穿天线

图 7-3　小天鹅 A（000418）月线图中 MACD 指标黏合上张嘴

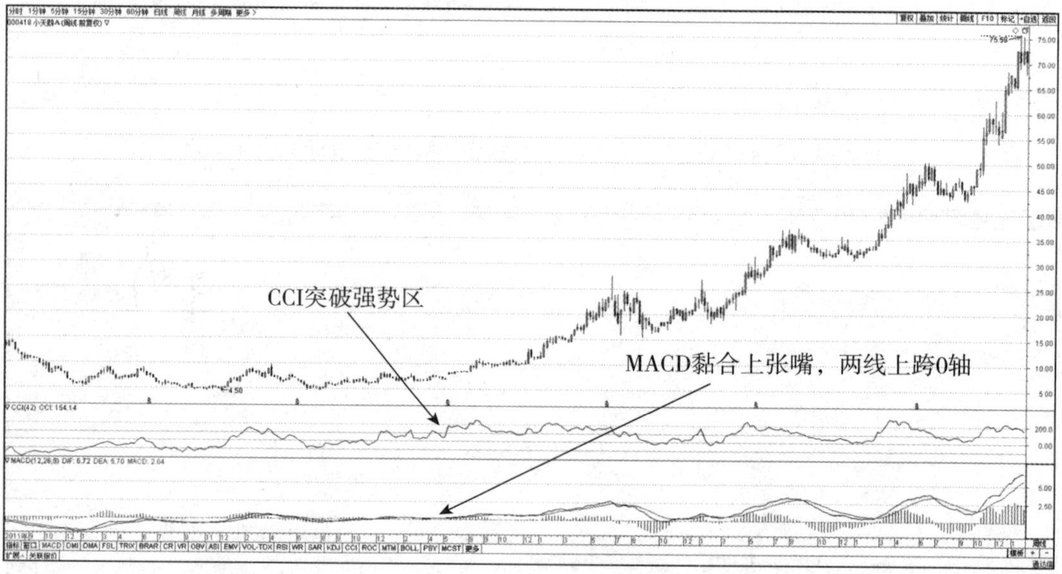


图 7-4　小天鹅 A（000418）周线图中 MACD 指标黏合上张嘴，CCI 指标上穿天线

# 第二节 运用四种经典指标找准买卖点

在月线和周线图中选出强势股后，可以在日线或 60 分钟图中寻找买卖点。投资者可以将 MACD 指标和 RSI（参数为 5）指标搭配在一起寻找准确的买卖点，如图 7-5 和图 7-6 所示。

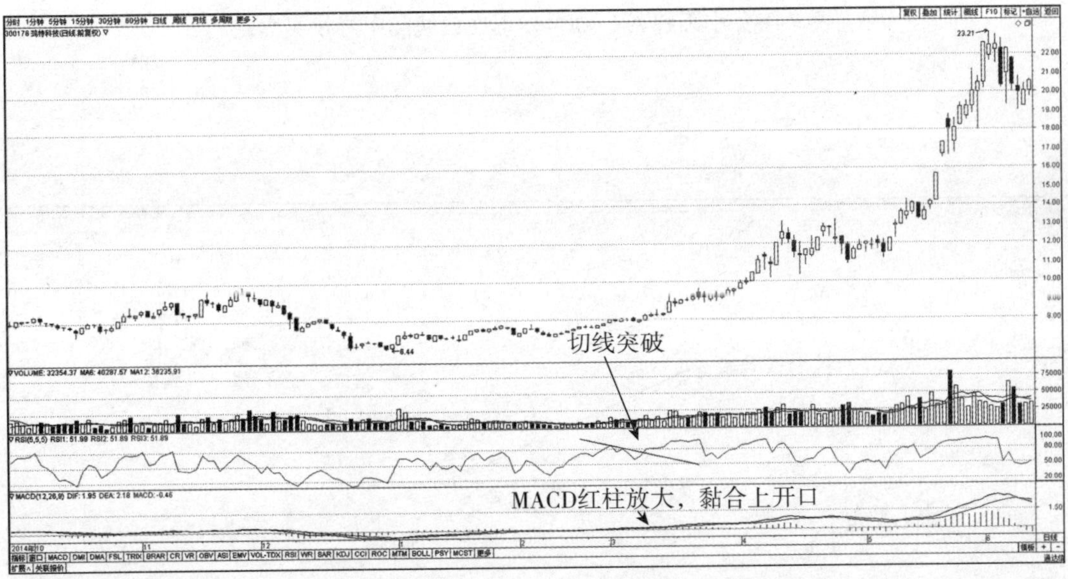


图 7-5 鸿特科技（300176）在日线图中寻找买卖点

在月线和周线图中选出强势股后，可以在日线或 60 分钟图中寻找买卖点，比如将 MACD 指标和 KDJ（参数为 34）指标搭配在一起寻找买卖点，如图 7-7 和图 7-8 所示。

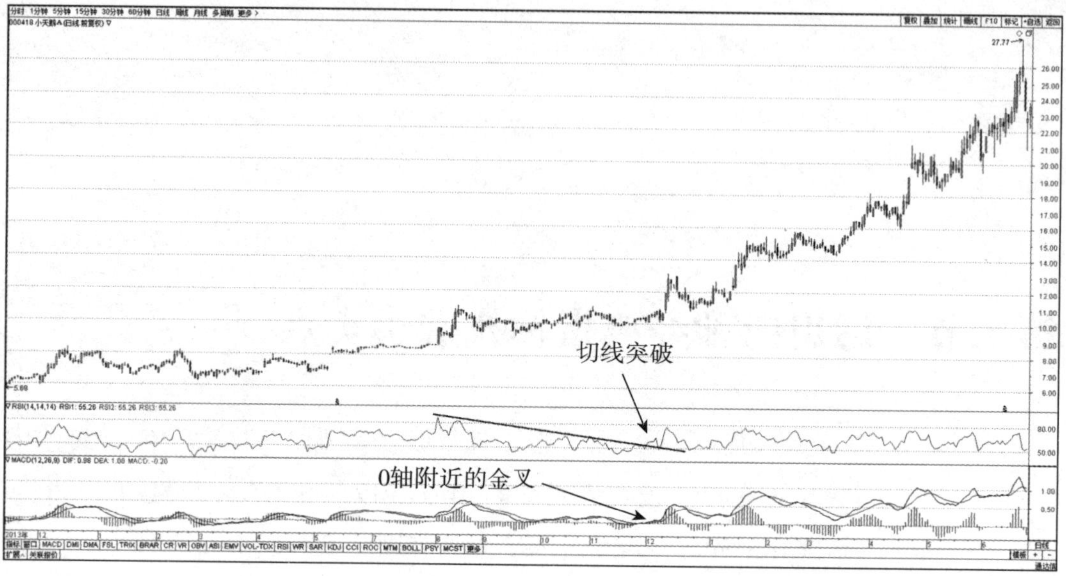


图 7-6　小天鹅 A（000418）在日线图中寻找买卖点

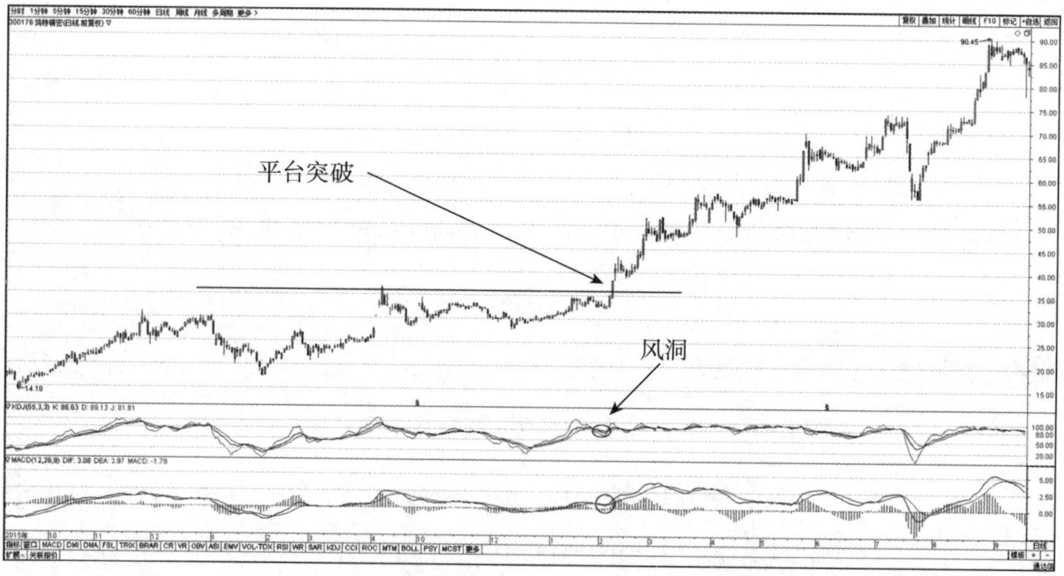


图 7-7　鸿特精密（300176）在日线图中寻找买卖点

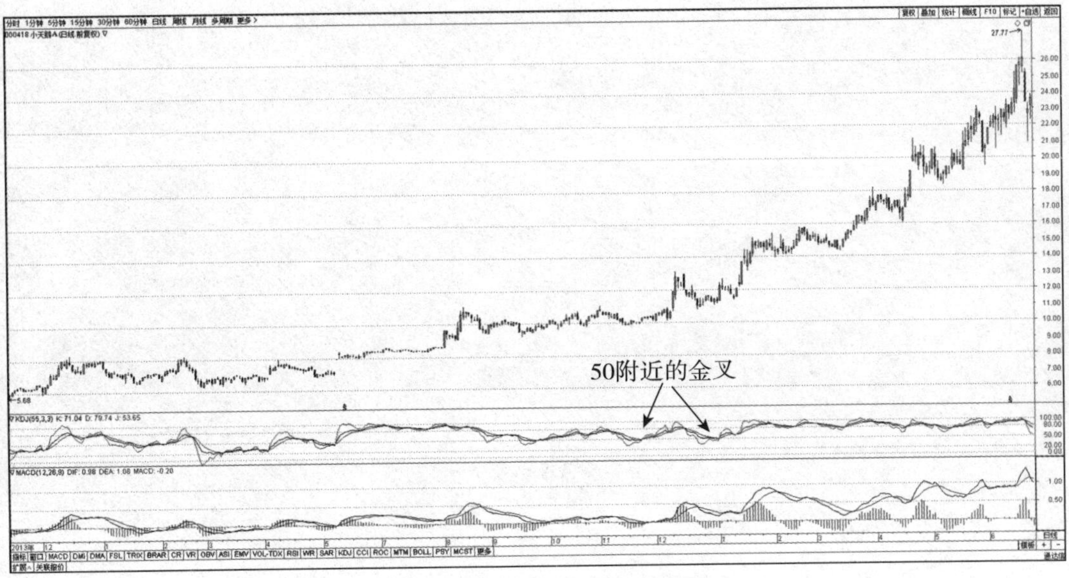


图 7-8　小天鹅 A（000418）在日线图中寻找买卖点

## ★ 本章内容总结

炒股是一项技术，更是一项艺术，需要运用多种知识，综合分析盘面情况，再结合价量时空等要素找出买卖点来，根据自己的资金及仓位作出加减仓的决定。

# 第八章　做最终的胜利者

股市中没有专家，只有赢家和输家。投资者都希望做最后的赢家，但这是一条漫长的道路。决定输家和赢家的不仅仅是技术，还要靠心态及资金仓位控制。赢家通常都有严格的操作计划与操作纪律，每天所做的事情与输家也不一样，希望投资者要像赢家一样严格要求自己。

# 第一节　赢家要做的功课

## 一、训练盘感

技术分析需要长期的经验积累，特别是要有良好的盘感，这是投资股票的必备条件。盘感需要训练，通过训练，大多数人都会进步很快。

（1）坚持每天复盘，把 100 只涨得好的股票走势看一遍，并按照自己的选股方法选出目标个股。重点在于浏览个股走势，然后才是寻找目标股。复盘这项工作大概需要两个小时，投资者要每天坚持。在复盘过程中，如果按照自己的选股方法选出的目标个股具有共性，就要有板块、行业的概念。个股强不叫强，整体走势强才是真的强。

（2）对当天涨幅、跌幅靠前的个股，认真浏览一遍，找出个股走强（走弱）的原因，分析是否发出你认为买入或卖出的信号。符合条件的选进股票池。

（3）实盘中跟踪目标股的实时走势，明确当日开盘价、收盘价、最高价、最低价的具体含义，以及盘中主力上拉、抛售、护盘、洗盘等实际情况，了解量价关系是否正常。

（4）反复研究一些经典的底部启动拉升图，进行条件反射训练，不断刺激自己的大脑。历史会重演，黑马股启动都是相似的。

（5）训练自己每日快速浏览大盘动态的能力，找到涨幅或跌幅较大的个股，做到查阅速度要快，盯的内容要准。

（6）最核心的是要有一套适合自己的操作系统和操作方法。

坚持就是胜利。以上这些步骤，如果你坚持了一年甚至更长时间，你的盘感就会突飞猛进，能从个股趋同性发现大盘的趋势，从个股趋同性发现板块趋势。

## 二、复盘的具体步骤

很多技术分析高手盘面感觉堪称一流，但他们的盘面上除了一条均线，就是光溜溜的K线。这可能就是“大道至简”的写照。

复盘就是收盘以后查看静态盘，再看一遍市场全天的走势全貌，针对白天动态盯盘来不及观察和总结的情况，在收盘后进行一次翻阅，查看哪些个股资金流入活跃，哪些个股主力在出逃，资金在流出，大盘的抛压主要来自哪里，大盘做多动能来自哪里，它们是不是有行业、板块的联系，出现这些情况的原因是什么，哪些个股正处于上涨的黄金时期，哪些即将形成完美突破，大盘今日涨跌的主要原因等，都需要通过复盘对市场重新认识一遍，以便了解市场的细微变化。

每个人对市场理解的不同，复盘的习惯也不一样，笔者就以自己的复盘步骤为例进行讲解。

（1）进入涨跌幅排行榜，根据涨跌幅排名对全部股票复盘。

①看个股当日走势，对照大盘走势，与大盘比较强弱。了解主力参与程度，包括主力攻击、护盘、打压、洗盘、不参与等情况。分析个股量价关系是否正常，主力拉抬或打压时的动作、真实性以及目的和用意。了解一般投资者的参与程度和热情。

②看完当日走势，再看日K线图。了解当日K线在整个K线图中的位置、含义。再看周K线图和月K线图，在时间、空间上了解主力的参与程度、用意和状态。

③逐个翻阅个股。仔细研究涨幅前两板和跌幅后两板的个股，了解哪些个股在悄悄走强，哪些个股已是强弩之末，哪些个股在不计成本地出逃，哪些个股正在突破启动，哪些个股正在强势中

震荡。也就是说，要了解各类个股的状态，才能对整个大盘情况有基本的了解。

④在了解个股的过程中，挑出处于底部攻击状态的个股。仔细观察日K线、周K线、月K线所处的时间、空间及位置等情况，剔除控盘严重的庄股和主力介入不深、游资阻击的个股，剩余的再看一下基本面，有最新的调研报告最好调出来看一下，符合要求的加入自选股。

（2）查看自己的自选股（包括当日选入的）。观察这些个股是不是还按照自己预想的走势在运行，检验自己的选股方法有哪些地方不到位，或有哪些错误，为什么出错，找出原因并改进。看哪些个股已经出现买点（买点是自己确定的，标准也是自己确定的），如果大盘处于上升趋势，那么出现买点的个股，要做好第二天买入的投资计划，包括在什么情况下买入、买多少、什么价格买进、止损设置在什么位置等。

（3）查看涨幅在前两板的个股。看它们之间哪些个股存在板块、行业之间的联系，了解资金在流进哪些行业和板块；看跌幅在后两板的个股，看哪些个股资金在流出，是否具有板块和行业之间的联系，了解主力做空的板块。

（4）看大盘今日走势。主要是K线收阴收阳情况、成交量情况、与昨日相比是强还是弱、整个量价关系是否正常等。看日K线的位置、含义，日K线整体趋势，判断是否可以参与个股，能否出现中线波段，目前大盘处于哪一级趋势的哪个阶段。看当日大盘波动情况，什么时候在拉升，什么时候在打压，拉升的是哪些个股，打压的是哪些个股，它们对大盘走势的影响怎样。看上涨、下跌、平盘个股家数，分析大盘涨跌是否正常。了解流通市值前10名个股的运行状况，以及对大盘的影响。如果不是大盘股影响大盘走势，找出影响大盘走势的板块。了解大盘当日的高低点含义，了解大盘的阻力位和支撑位，了解大盘在什么位置有吸盘和抛压，了解哪些个股在大盘打压之前先打压，哪些个股在大盘打压末期先止跌启动，等等。

（5）进入沪 A 综合排名窗口。市场各要素都展现在这里，哪些个股活跃，哪些个股出逃最强烈，哪些个股在拉尾市，哪些个股在尾市打压制造恐慌假象，哪些个股盘面身轻如燕，哪些个股步履蹒跚，抛压重重，这里是主力的照妖镜，这些都能真实地反映主力的情况。

（6）再看一下其他市场和品种，比如回购情况如何、国债情况如何、B 股情况如何等，分析它们反映的资金面情况以及对大盘走势的影响等。

## 第二节 赢家与输家的区别

赢家：只做龙头，只做热点，只做波段行情。跟着资金走，吃喝不用愁。

输家：量大的股票不敢做，涨停的股票不敢做，每天忙忙碌碌看很多媒体节目，跟踪很多股票，最后一无所获。

赢家：实战中最高的行为准则是保护资金安全，严格遵守操作纪律，具有完备的保护措施。

输家：什么时候都在买股票，但是从来不会卖股票，赚钱不卖，赔钱不卖。从进入股市开始，就成了“套牢”专家，股票“收藏家”。

赢家：炒股就是炒心态，无论涨还是跌，无论利好还是利空，都以一颗平常心对待。炒股、工作、生活一样也不误，既有规律也有节奏。

输家：天天泡股市，涨喜跌忧，情绪完全被股价牵着走。久而久之，股市成了生活中的唯一，自己、家人、生活全部被股市套牢。

赢家：系统学习和阅读各种证券书籍，深深懂得知识就是力量，知识就是财富。

输家：一进入股市，满脑子都是发财的梦想，其实什么都不懂，平时也不学，就像不识水性的人下海游泳，注定只有一个结果，就是失败与赔钱。

赢家：丰富的实战经验，过硬的技术能力，良好的心理素质。将军来自战场，战绩靠智勇双全。

输家：盲人摸象，碰碰运气，不知道股市虽然变化莫测，但是也有规律可循。

赢家：第一步，学习关；第二步，实战关；第三步，心理关。成功的道路上没有捷径，只有智慧、汗水和不懈的努力 。

输家：一开始就借钱或贷款炒股，背负沉重的心理负担，从此全部生活被股市套牢。什么实战经验、系统学习，统统见鬼去吧！

赢家：赢和输，只有一念之差，一字之差，但是它折射出一个人的股市人生，幸福的人都是一样的，不幸的人千姿百态。

输家：输钱的人，不仅股市赔钱，家庭也不幸，前途迷茫，股市人生更像一个人人生的全部缩影。

赢家：运筹帷幄，决胜千里。

输家：随心所欲，必败无疑。

赢家：时刻让自己的资金高速运转，每天追逐上涨的股票，不能上涨的股票就是坏股票。

输家：股票死水一潭，总喜欢和股票“谈恋爱”，殊不知爱得越深，伤害越深，旧船票始终登不上新客轮。

赢家：简单唯美，股价包含一切。

输家：想得太多，什么基本面不好，什么技术超买。同事说涨高了，朋友说传闻有利空，殊不知股价能上涨才是买进的最大理由，股价下跌就是卖出的最大理由。

# 后　记

十年磨一剑，在十几年的市场拼杀中，我经历过欣喜若狂的飙升，也经历过心惊肉跳的暴跌。曾经有过一夜暴富的梦想，也有过椎心泣血的绝望。值得高兴的是，经过十多年的潜心研究，终于总结出一套炒股的方法，在市场上获得了收益，在心理上战胜了自我。

把这十几年运作资金的方法和经验总结出来，经历了无数个不眠之夜，数易其稿，以熬干热血磨破肘的态度，终于汇集成稿。“字字看来皆是血，十年辛苦不寻常。”用这两句诗来表达我的心情，再合适不过了。

撰写这本书原是给自己看的，想在实战中不断总结和完善自己的操作方法。最初打印成的小册子，常常被亲友们视为宝贝，他们不断地传阅，看过后都说受益匪浅。后来，不断有一些做分析师、操盘手、基金经理的朋友向我索要，看到自己的操作方法被大家认可，我心里非常高兴。这里还要感谢很多网友，参考了你们的资料。

希望广大股民朋友在阅读本书后提出意见和建议，以便在以后的内容中改进。

现在，我想把它献给有志于在证券市场有所成就的投资者朋友，希望你们能够喜欢，也希望这套书能够改变你们的命运。

交流邮箱：geyan100@126.com，QQ：782951749。

戈　岩

2018年9月